I0771893

CUENTOS COMPLETOS DE ÓSCAR WILDE

EL PRÍNCIPE FELIZ

EL CRIMEN DE LORD ARTHUR SAVILE

UNA CASA DE GRANADAS

astria

EL PRÍNCIPE FELIZ Y OTROS CUENTOS/EL CRIMEN DE LORD ARTHUR SAVILE Y OTRAS HISTORIAS/UNA CASA DE GRANADAS
ÓSCAR WILDE

©Astria Ediciones
Diseño de portada: Andrea Rodríguez—Mariana Turcios
Supervisión Editorial: Óscar Flores López
Administración: Tesla Rodas y Jessica Cordero
Director Ejecutivo: José Azcona Bocock

Primera edición
Tegucigalpa, Honduras—Febrero de 2025

CONTENIDO

LIBRO PRIMERO: EL PRÍNCIPE FELIZ Y OTROS CUENTOS

EL GIGANTE EGOÍSTA

Cada tarde, a la salida de la escuela, los niños se iban a jugar al jardín del Gigante. Era un jardín amplio y hermoso, con arbustos de flores y cubierto de césped verde y suave. Por aquí y por allá, entre la hierba, se abrían flores luminosas como estrellas, y había doce albaricoqueros que durante la primavera se cubrían con delicadas flores color rosa y nácar, y, al llegar el otoño, se cargaban de ricos frutos aterciopelados. Los pájaros se demoraban en el ramaje de los árboles y cantaban con tanta dulzura que los niños dejaban de jugar para escuchar sus trinos.

—¡Qué felices somos aquí! —se decían unos a otros.

Pero un día el Gigante regresó. Había ido de visita donde su amigo el Ogro de Cornish, y se había quedado con él durante los últimos siete años. Durante ese tiempo ya se habían dicho todo lo que se tenían que decir, pues su conversación era limitada, y el Gigante sintió el deseo de volver a su mansión. Al llegar, lo primero que vio fue a los niños jugando en el jardín.

—¿Qué hacen aquí? —surgió con su voz retumbante.

Los niños escaparon corriendo en desbandada.

—Este jardín es mío. Es mi jardín propio —dijo el Gigante—; todo el mundo debe entender eso y no dejaré que nadie se meta a jugar aquí.

Y, de inmediato, alzó una pared muy alta, y en la puerta puso un cartel que decía:

ENTRADA ESTRICTAMENTE PROHIBIDA
BAJO LAS PENAS CONSIGUIENTES

Era un Gigante egoísta…

Los pobres niños se quedaron sin tener dónde jugar. Hicieron la prueba de ir a jugar en la carretera, pero estaba llena de polvo, plagada de pedruscos, y no les gustó. A menudo rondaban alrededor del muro que ocultaba el jardín del Gigante y recordaban nostálgicamente lo que había detrás.

—¡Qué dichosos éramos allí! —se decían unos a otros.

Cuando la primavera volvió, toda la comarca se pobló de pájaros y flores. Sin embargo, en el jardín del Gigante Egoísta permanecía el invierno todavía. Como no había niños, los pájaros no cantaban y los árboles se olvidaron de florecer. Solo una vez una lindísima flor se asomó entre la hierba, pero, apenas vio el cartel, se sintió tan triste por los niños que volvió a meterse bajo tierra y se quedó dormida.

Los únicos que ahí se sentían a gusto eran la Nieve y la Escarcha.

—La primavera se olvidó de este jardín —se dijeron—, así que nos quedaremos aquí todo el resto del año.

La Nieve cubrió la tierra con su gran manto blanco y la Escarcha cubrió de plata los árboles. Y, en seguida, invitaron a su triste amigo, el Viento del Norte, para que pasara con ellos el resto de la temporada. Y llegó el Viento del Norte. Venía envuelto en pieles y anduvo rugiendo por el jardín durante todo el día, desganchando las plantas y derribando las chimeneas.

—¡Qué lugar más agradable! —dijo—. Tenemos que decirle al Granizo que venga a estar con nosotros también.

Y vino el Granizo también. Todos los días se pasaba tres horas tamborileando en los tejados de la mansión, hasta que rompió la mayor parte de las tejas. Después se ponía a dar vueltas alrededor, corriendo lo más rápido que podía. Se vestía de gris y su aliento era como el hielo.

—No entiendo por qué la primavera se demora tanto en llegar aquí —decía el Gigante Egoísta cuando se asomaba a la ventana y veía su jardín cubierto de gris y blanco—. Espero que pronto cambie el tiempo.

Pero la primavera no llegó nunca, ni tampoco el verano. El otoño dio frutos dorados en todos los jardines, pero al jardín del Gigante no le dio ninguno.

—Es un gigante demasiado egoísta —decían los frutales.

De esta manera, el jardín del Gigante quedó para siempre sumido en el invierno, y el Viento del Norte, el Granizo, la Escarcha y la Nieve bailoteaban lúgubremente entre los árboles.

Una mañana, el Gigante estaba en la cama todavía cuando oyó que una música muy hermosa llegaba desde afuera. Sonaba tan dulce en sus oídos que pensó que tenía que ser el rey de los elfos que pasaba por allí. En realidad, era solo un jilguerito que estaba cantando frente a su ventana, pero hacía tanto tiempo que el Gigante no escuchaba cantar a un pájaro en su jardín, que le pareció la música más bella del mundo. Entonces, el Granizo detuvo su danza, el Viento del Norte dejó de rugir y un perfume delicioso penetró por entre las persianas abiertas.

—¡Qué bueno! Parece que al fin llegó la primavera —dijo el Gigante, y saltó de la cama para correr a la ventana.

¿Y qué es lo que vio?

Ante sus ojos había un espectáculo maravilloso. A través de una brecha del muro habían entrado los niños y se habían trepado a los árboles. En cada árbol había un niño, y los árboles estaban tan felices de tenerlos nuevamente con ellos que se habían cubierto de flores y balanceaban suavemente sus ramas sobre sus cabecitas infantiles. Los pájaros revoloteaban cantando alrededor de ellos, y los pequeños reían. Era realmente un espectáculo muy bello.

Solo en un rincón el invierno reinaba. Era el rincón más apartado del jardín y en él se encontraba un niñito. Pero era tan pequeñín que no lograba alcanzar las ramas del árbol, y el niño daba vueltas alrededor del viejo tronco llorando amargamente. El pobre árbol estaba todavía completamente cubierto de escarcha y nieve, y el Viento del Norte soplaba y rugía sobre él, sacudiéndole las ramas que parecían a punto de quebrarse.

—¡Sube a mí, niñito! —decía el árbol, inclinando sus ramas todo lo que podía. Pero el niño era demasiado pequeño.

El Gigante sintió que el corazón se le derretía.

—¡Cuán egoísta he sido! —exclamó—. Ahora sé por qué la primavera no quería venir hasta aquí. Subiré a ese pobre niñito al árbol y después voy a botar el muro. Desde hoy mi jardín será para siempre un lugar de juegos para los niños.

Estaba de veras arrepentido por lo que había hecho.

Bajó entonces la escalera, abrió cautelosamente la puerta de la casa y entró en el jardín. Pero en cuanto lo vieron los niños se aterrorizaron, salieron a escape y el jardín quedó en invierno otra vez. Solo aquel pequeñín del rincón más alejado no escapó, porque tenía los ojos tan llenos de lágrimas que no vio venir al Gigante. Entonces, el Gigante se le acercó por detrás, lo tomó gentilmente entre sus manos y lo subió al árbol. Y el árbol floreció de repente, y los pájaros vinieron a cantar en sus ramas, y el niño abrazó el cuello del Gigante y lo besó.

Y los otros niños, cuando vieron que el Gigante ya no era malo, volvieron corriendo alegremente. Con ellos, la primavera regresó al jardín.

—Desde ahora el jardín será para ustedes, hijos míos —dijo el Gigante, y, tomando un hacha enorme, echó abajo el muro.

Al mediodía, cuando la gente se dirigía al mercado, todos pudieron ver al Gigante jugando con los niños en el jardín más hermoso que habían visto jamás.

Estuvieron allí jugando todo el día, y al llegar la noche los niños fueron a despedirse del Gigante.

—Pero, ¿dónde está el más pequeñito? —preguntó el Gigante—. ¿Ese niño que subí al árbol del rincón?

El Gigante lo quería más que a los otros, porque el pequeño le había dado un beso.

—No lo sabemos —respondieron los niños—, se marchó solito.

—Díganle que vuelva mañana —dijo el Gigante.

Pero los niños contestaron que no sabían dónde vivía y que nunca lo habían visto antes. Y el Gigante se quedó muy triste.

Todas las tardes, al salir de la escuela, los niños iban a jugar con el Gigante. Pero al más chiquito, a ese que el Gigante más quería, no lo volvieron a ver nunca más. El Gigante era muy bueno con todos los niños, pero echaba de menos a su primer amiguito y, muy a menudo, se acordaba de él.

—¡Cómo me gustaría volverlo a ver! —repetía.

Fueron pasando los años, y el Gigante se puso viejo y sus fuerzas se debilitaron. Ya no podía jugar; pero, sentado en un enorme sillón, miraba jugar a los niños y admiraba su jardín.

—Tengo muchas flores hermosas —se decía—, pero los niños son las flores más hermosas de todas.

Una mañana de invierno miró por la ventana mientras se vestía. Ya no odiaba el invierno, pues sabía que el invierno era simplemente la primavera dormida, y que las flores estaban descansando.

Sin embargo, de pronto se restregó los ojos, maravillado, y miró, miró...

Era realmente maravilloso lo que estaba viendo. En el rincón más lejano del jardín había un árbol cubierto por completo de flores blancas. Todas sus ramas eran doradas, y de ellas colgaban frutos de plata. Debajo del árbol estaba parado el pequeñito a quien tanto había echado de menos.

Lleno de alegría, el Gigante bajó corriendo las escaleras y entró en el jardín. Pero cuando llegó junto al niño, su rostro enrojeció de ira y dijo:

—¿Quién se ha atrevido a hacerte daño?

Porque en la palma de las manos del niño había huellas de clavos, y también había huellas de clavos en sus pies.

—¿Pero quién se atrevió a herirte? —gritó el Gigante—. Dímelo, para tomar la espada y matarlo.

—¡No! —respondió el niño—. Estas son las heridas del Amor.

—¿Quién eres tú, mi pequeño niñito? —preguntó el Gigante, y un extraño temor lo invadió, y cayó de rodillas ante el pequeño.

Entonces, el niño sonrió al Gigante y le dijo:

—Una vez tú me dejaste jugar en tu jardín; hoy jugarás conmigo en el jardín mío, que es el Paraíso.

Y cuando los niños llegaron esa tarde, encontraron al Gigante muerto debajo del árbol. Parecía dormir, y estaba entero cubierto de flores blancas.

EL RUISEÑOR Y LA ROSA

—Dijo que bailaría conmigo si le llevaba una rosa roja —se lamentaba el joven estudiante—, pero no hay una sola rosa roja en todo mi jardín.

Desde su nido en la encina, lo oyó el ruiseñor. Miró por entre las hojas, asombrado.

—¡No hay ni una rosa roja en todo mi jardín! —gritaba el estudiante. Y sus bellos ojos se llenaron de llanto.

—¡Ah, de qué cosa más insignificante depende la felicidad! He leído cuanto han escrito los sabios, poseo todos los secretos de la filosofía y encuentro mi vida destrozada por carecer de una rosa roja.

—He aquí, por fin, al verdadero enamorado —dijo el ruiseñor—. Le he cantado todas las noches sin conocerlo; todas las noches les cuento su historia a las estrellas, y ahora lo veo. Su cabellera es oscura como la flor del jacinto y sus labios rojos como la rosa que desea; pero la pasión lo ha puesto pálido como el marfil y el dolor ha sellado su frente.

—El príncipe da un baile mañana por la noche —murmuraba el joven estudiante—, y mi amada asistirá a la fiesta. Si le llevo una rosa roja, bailará conmigo hasta el amanecer. Si le llevo una rosa roja, la tendré en mis brazos, reclinará su cabeza sobre mi hombro y su mano estrechará la mía. Pero no hay rosas rojas en mi jardín. Por lo tanto, tendré que estar solo y no me hará ningún caso. No se fijará en mí para nada y se destrozará mi corazón.

—He aquí el verdadero enamorado —dijo el ruiseñor—. Sufre todo lo que yo canto: todo lo que es alegría para mí es pena para él. Realmente el amor es algo maravilloso: es más bello que las esmeraldas y más raro que los finos ópalos. Perlas y rubíes no pueden pagarlo porque no se halla expuesto en el mercado. No puede uno comprarlo al vendedor ni ponerlo en una balanza para adquirirlo a peso de oro.

—Los músicos estarán en su estrado —decía el joven estudiante—. Tocarán sus instrumentos de cuerda y mi adorada bailará al son del arpa y del violín. Bailará tan ligera que su pie no tocará el suelo, y los cortesanos, con sus alegres atavíos, la rodearán solícitos; pero conmigo no bailará, porque no tengo rosas rojas que darle.

Y dejándose caer en el césped, se cubrió la cara con las manos y lloró.

—¿Por qué llora? —preguntó la lagartija verde, correteando cerca de él con la cola levantada.

—Sí, ¿por qué? —dijo una mariposa que revoloteaba persiguiendo un rayo de sol.

—Eso digo yo, ¿por qué? —murmuró una margarita a su vecina, con una vocecilla tenue.

—Llora por una rosa roja.

—¿Por una rosa roja? ¡Qué tontería!

Y la lagartija, que era algo cínica, se echó a reír con todas sus ganas.

Pero el ruiseñor, que comprendía el secreto del dolor del estudiante, permaneció silencioso en la encina, reflexionando sobre el misterio del amor.

De pronto desplegó sus alas oscuras y emprendió el vuelo.

Pasó por el bosque como una sombra, y como una sombra atravesó el jardín.

En el centro del prado se levantaba un hermoso rosal, y al verlo, voló hacia él y se posó sobre una ramita.

—Dame una rosa roja —le gritó—, y te cantaré mis canciones más dulces.

Pero el rosal meneó la cabeza.

—Mis rosas son blancas —contestó—, blancas como la espuma del mar, más blancas que la nieve de la montaña. Ve en busca de mi hermano, el que crece alrededor del viejo reloj de sol, y quizá él te dé lo que quieres.

Entonces el ruiseñor voló al rosal que crecía en torno al viejo reloj de sol.

—Dame una rosa roja —le gritó—, y te cantaré mis canciones más dulces.

Pero el rosal meneó la cabeza.

—Mis rosas son amarillas —respondió—, tan amarillas como los cabellos de las sirenas que se sientan sobre un tronco de árbol, más amarillas que el narciso que florece en los prados antes de que llegue el segador con la hoz. Ve en busca de mi hermano, el que crece debajo de la ventana del estudiante, y quizá él te dé lo que quieres.

Entonces el ruiseñor voló al rosal que crecía debajo de la ventana del estudiante.

—Dame una rosa roja —le gritó—, y te cantaré mis canciones más dulces.

Pero el arbusto meneó la cabeza.

—Mis rosas son rojas —respondió—, tan rojas como las patas de las palomas, más rojas que los grandes abanicos de coral que el océano mece en sus abismos; pero el invierno ha helado mis venas, la escarcha ha marchitado mis botones, el huracán ha partido mis ramas, y no tendré más rosas este año.

—No necesito más que una rosa roja —gritó el ruiseñor—, una sola rosa roja. ¿No hay ningún medio para que yo la consiga?

—Hay un medio —respondió el rosal—, pero es tan terrible que no me atrevo a decírtelo.

—Dímelo —contestó el ruiseñor—. No soy miedoso.

—Si necesitas una rosa roja —dijo el rosal—, tienes que formarla con notas de música al claro de luna y teñirla con la sangre de tu propio corazón. Cantarás para mí con el pecho apoyado en mis espinas. Cantarás para mí durante toda la noche y las espinas te atravesarán el corazón: la sangre de tu vida correrá por mis venas y se convertirá en savia mía.

—La muerte es un buen precio por una rosa roja —replicó el ruiseñor—, y todo el mundo ama la vida. Es grato posarse en el bosque verdeante y mirar al sol en su carro de oro y a la luna en su carro de perlas. Suave es el aroma de los nobles espinos. Dulces son las campanillas que se esconden en el valle y los brezos que cubren la colina. Sin embargo, el amor es mejor que la vida. ¿Y qué es el corazón de un pájaro comparado con el de un hombre?

Entonces desplegó sus alas oscuras y emprendió el vuelo. Pasó por el jardín como una sombra y, como una sombra, cruzó el bosque.

El joven estudiante permanecía tendido sobre el césped donde el ruiseñor lo había dejado y las lágrimas no se habían secado aún en sus bellos ojos.

—Sé feliz —le gritó el ruiseñor—, sé feliz; tendrás tu rosa roja. La crearé con notas de música al claro de luna y la teñiré con la sangre de mi propio corazón. Lo único que te pido, en cambio, es que seas un verdadero enamorado, porque el amor es más sabio que la filosofía, aunque esta sea sabia; más fuerte que el poder, por fuerte que este lo sea. Sus alas son color de fuego y su cuerpo color de llama; sus labios son dulces como la miel y su aliento es como el incienso.

El estudiante levantó los ojos del césped y prestó atención; pero no pudo comprender lo que le decía el ruiseñor, pues solo sabía las cosas que están escritas en los libros.

Pero la encina lo comprendió y se puso triste, porque amaba mucho al ruiseñor que había construido su nido en sus ramas.

—Cántame la última canción —murmuró—. ¡Me quedaré tan triste cuando te vayas!

Entonces el ruiseñor cantó para la encina, y su voz era como el agua que ríe en una fuente de plata.

Al terminar la canción, el estudiante se levantó, sacando al mismo tiempo su cuaderno de notas y su lápiz.

"El ruiseñor —se decía, paseándose por la alameda—, el ruiseñor posee una belleza innegable, ¿pero siente? Me temo que no. Después de todo, es como muchos artistas: puro estilo, exento de sinceridad. No se sacrifica por los demás. No piensa más que en la música y en el arte; como todo el mundo sabe, es egoísta. Ciertamente, no puede negarse que su garganta tiene notas bellísimas. ¡Qué lástima que todo eso no tenga sentido alguno, que no persiga ningún fin práctico!"

Y volviendo a su habitación, se acostó sobre su jergón y se puso a pensar en su adorada.

Al poco rato se quedó dormido.

Y cuando la luna brillaba en los cielos, el ruiseñor voló al rosal y colocó su pecho contra las espinas.

Y toda la noche cantó con el pecho apoyado sobre las espinas, y la fría luna de cristal se detuvo y estuvo escuchando toda la noche.

Cantó durante toda la noche, y las espinas penetraron cada vez más en su pecho, y la sangre de su vida fluía de su corazón.

Al principio cantó el nacimiento del amor en el corazón de un joven y de una muchacha, y sobre la rama más alta del rosal floreció una rosa maravillosa, pétalo tras pétalo, canción tras canción.

Primero era pálida como la bruma que flota sobre el río, pálida como los pies de la mañana y plateada como las alas de la aurora.

La rosa que florecía sobre la rama más alta del rosal parecía la sombra de una rosa en un espejo de plata, la sombra de la rosa en un lago.

Pero el rosal gritó al ruiseñor que se apretara más contra las espinas.

—Apriétate más, ruiseñorcito —le decía—, o llegará el día antes de que la rosa esté terminada.

Entonces el ruiseñor se apretó más contra las espinas y su canto fluyó más sonoro, porque cantaba el nacimiento de la pasión en el alma de un hombre y de una virgen.

Y un delicado rubor apareció sobre los pétalos de la rosa, lo mismo que enrojece el rostro de un enamorado que besa los labios de su prometida.

Pero las espinas no habían llegado aún al corazón del ruiseñor; por eso el corazón de la rosa seguía blanco: porque solo la sangre de un ruiseñor puede colorear el corazón de una rosa.

Y el rosal gritó al ruiseñor que se apretara más contra las espinas.

—Apriétate más, ruiseñorcito —le decía—, o llegará el día antes de que la rosa esté terminada.

Entonces el ruiseñor se apretó aún más contra las espinas, y estas tocaron su corazón y él sintió en su interior un cruel tormento de dolor.

Cuanto más acerbo era su dolor, más impetuoso salía su canto, porque cantaba el amor sublimado por la muerte, el amor que no termina en la tumba.

Y la rosa maravillosa enrojeció como las rosas de Bengala. Purpúreo era el color de los pétalos y purpúreo como un rubí era su corazón.

Pero la voz del ruiseñor desfalleció. Sus breves alas empezaron a batir y una nube se extendió sobre sus ojos.

Su canto se fue debilitando cada vez más. Sintió que algo se le ahogaba en la garganta.

Entonces su canto tuvo un último destello. La blanca luna lo oyó y, olvidándose de la aurora, se detuvo en el cielo.

La rosa roja lo oyó, tembló toda ella de arrobamiento y abrió sus pétalos al aire frío del alba.

El eco lo condujo hacia su caverna purpúrea en las colinas, despertando de sus sueños a los rebaños dormidos.

El canto flotó entre los cañaverales del río, que llevaron su mensaje al mar.

—Mira, mira —gritó el rosal—, ya está terminada la rosa.

Pero el ruiseñor no respondió; yacía muerto sobre las altas hierbas, con el corazón traspasado de espinas.

Al mediodía, el estudiante abrió su ventana y miró hacia afuera.

—¡Qué extraña buena suerte! —exclamó—. ¡He aquí una rosa roja! No he visto rosa semejante en toda mi vida. Es tan bella que estoy seguro de que debe tener en latín un nombre muy enrevesado.

E inclinándose, la cogió.

Inmediatamente se puso el sombrero y corrió a casa del profesor, llevando en su mano la rosa.

La hija del profesor estaba sentada a la puerta. Devanaba seda azul sobre un carrete, con un perrito echado a sus pies.

—Dijiste que bailarías conmigo si te traía una rosa roja —le dijo el estudiante—. He aquí la rosa más roja del mundo. Esta noche la prenderás cerca de tu corazón y, cuando bailemos juntos, ella te dirá cuánto te quiero.

Pero la joven frunció el ceño.

—Temo que esta rosa no armonice bien con mi vestido —respondió—. Además, el sobrino del chambelán me ha enviado varias joyas de verdad, y ya se sabe que las joyas cuestan más que las flores.

—¡Oh, qué ingrata eres! —dijo el estudiante, lleno de cólera.

Y tiró la rosa al arroyo.

Un pesado carro la aplastó.

—¡Ingrato! —dijo la joven—. Te diré que te portas como un grosero; y después de todo, ¿qué eres? Un simple estudiante. ¡Bah! No creo que puedas tener nunca hebillas de plata en los zapatos como las del sobrino del chambelán.

Y levantándose de su silla, se metió en su casa.

"¡Qué tontería es el amor! —se decía el estudiante a su regreso—. No es ni la mitad de útil que la lógica, porque no puede probar nada; habla siempre de cosas que no sucederán y hace creer a la gente cosas que no son ciertas. Realmente, no es nada práctico, y como en nuestra época todo estriba en ser práctico, voy a volver a la filosofía y al estudio de la metafísica."

Y dicho esto, el estudiante, una vez en su habitación, abrió un gran libro polvoriento y se puso a leer.

EL AMIGO FIEL

Una mañana, la vieja Rata de Agua sacó la cabeza fuera de su madriguera. Tenía los ojos claros, parecidos a dos gotas brillantes, unos bigotes grises muy tiesos y una cola larga, que parecía una cinta elástica negra. Los patitos nadaban en el estanque, como si fueran una bandada de canarios amarillos, y su madre, que tenía el plumaje blanquísimo y las patas realmente rojas, trataba de enseñarles a mantener la cabeza bajo el agua.

—Nunca podréis codearos con la alta sociedad, a menos que aprendáis a manteneros bajo el agua —les repetía machaconamente, mostrándoles de vez en cuando cómo se hacía.

Pero los patitos no prestaban atención; eran tan pequeños que no entendían las ventajas de pertenecer a la sociedad.

—¡Qué chiquillos más desobedientes! —gritó la vieja Rata de Agua—. Realmente merecen ser ahogados.

—¡Qué cosas dice usted! —respondió la Pata—. Nadie nace sabiendo, y a los padres no nos queda más remedio que tener paciencia.

—¡Ay! No sé nada de los sentimientos de los padres —dijo la Rata de Agua—. No soy madre de familia; en realidad, nunca me he casado ni tengo intención de hacerlo. El amor está bien, dentro de lo que cabe, pero la amistad es un sentimiento mucho más elevado. La verdad es que no creo que haya nada en el mundo más noble ni más raro que una amistad verdadera.

—Y dígame usted, por favor, ¿cuáles son, a su juicio, los deberes de un amigo fiel? —le preguntó un Pinzón Verde, que estaba posado en un sauce llorón muy cerca de allí y que había oído la conversación.

—Sí, eso es justamente lo que yo quisiera saber —dijo la Pata mientras se alejaba nadando hasta la otra orilla del estanque y allí metía la cabeza en el agua, para dar buen ejemplo a sus pequeños.

—¡Qué pregunta más tonta! —exclamó la Rata de Agua—. Qué duda cabe de que, si un amigo mío es fiel, es porque me es fiel a mí.

—¿Y usted qué haría a cambio? —preguntó el pajarillo, que se columpiaba sobre una rama plateada batiendo sus diminutas alas.

—No te entiendo —le contestó la Rata de Agua.

—Déjame que te cuente un cuento sobre eso —dijo el Pinzón.

—¿Es un cuento sobre mí? —preguntó la Rata de Agua—. Porque, si lo es, estoy dispuesta a escucharlo. Me encantan los cuentos.

—Se le podría aplicar —contestó el Pinzón.

Y bajó volando del árbol y, posándose a la orilla del estanque, empezó a contar el cuento del Amigo Fiel.

—Érase una vez —comenzó a decir el Pinzón— un honrado muchacho que se llamaba Hans.

—¿Era muy distinguido? —preguntó la Rata de Agua.

—No —contestó el Pinzón—. No creo que lo fuera, excepto por su buen corazón y su carita redonda y simpática. Vivía solo en una casa pequeñita y pasaba todo el día cuidando del jardín. No había jardín más bonito que el suyo en los alrededores: en él crecían minutisas y alhelíes, pan y quesillo y campanillas blancas. Había rosas de Damasco y rosas amarillas, azafranes dorados y azulados, violetas moradas y blancas. La aguileña y la cardamina, la mejorana y la albahaca silvestre, la primavera y la flor de lis, el narciso y la clavellina brotaban y florecían unas tras otras, según pasaban los meses, de tal modo que siempre había cosas hermosas para la vista y exquisitos perfumes para el olfato.

El pequeño Hans tenía muchísimos amigos, pero el más fiel de todos era el grandote Hugo, el Molinero. Tan leal le era el ricachón Hugo al pequeño Hans, que no pasaba nunca por su jardín sin inclinarse por encima de la tapia para arrancar un ramillete de flores, o un puñado de hierbas aromáticas, o sin llenarse los bolsillos de ciruelas y cerezas, si estaban maduras.

—Los amigos verdaderos deberían compartir todas las cosas —solía decir el Molinero.

Y el pequeño Hans asentía y sonreía, muy orgulloso de tener un amigo con tan nobles ideas.

Aunque la verdad es que, a veces, a los vecinos les extrañaba que el rico Molinero nunca diera al pequeño Hans nada a cambio, a pesar de que tenía cien sacos de harina almacenados en el molino, seis vacas lecheras y un gran rebaño de ovejas de lana. Pero a Hans nunca se le pasaban por la cabeza estos pensamientos y nada le daba tanta satisfacción como escuchar las maravillosas cosas que el Molinero solía decir sobre la falta de egoísmo y la verdadera amistad.

El pequeño Hans trabajaba en su jardín. Durante la primavera, el verano y el otoño era muy feliz; pero llegaba el invierno y se encontraba con que no tenía ni fruta ni flores que llevar al mercado, y sufría mucho por el frío y el hambre. En ocasiones tenía que irse a la cama sin más cena que unas cuantas peras secas o algunas nueces duras. Y además, en invierno, estaba muy solo, ya que el Molinero nunca iba a visitarlo.

—No es conveniente que vaya a ver al pequeño Hans mientras haya nieve —decía el Molinero a su mujer—. Porque, cuando la gente tiene problemas, es preferible dejarla sola y no molestarla con visitas. Por lo menos, esa es la idea que yo tengo de la amistad, y estoy convencido de que es lo correcto. Por lo tanto, esperaré a que llegue la primavera y después le haré una visita; podrá darme una cesta llena de prímulas, y con ello será feliz.

—Eres muy considerado con todo el mundo —le decía su mujer, sentada en un cómodo sillón junto a un buen fuego de leña—, muy considerado. Da gusto oírte hablar de la amistad. Estoy segura de que ni un sacerdote diría las cosas tan bien como tú, y eso que vive en una casa de tres plantas y lleva un anillo de oro en el dedo meñique.

—¿Pero no podríamos invitar al pequeño Hans a que suba a vernos? —preguntó el hijo menor del Molinero—. Si el pobre está en apuros, le daré la mitad de mis gachas y le enseñaré mis conejitos blancos.

—¡Pero qué tonto eres! —exclamó el Molinero—. Realmente no sé para qué te mando a la escuela, pues la verdad es que no aprendes nada. Mira, si el pequeño Hans viniera a casa y viera el fuego tan hermoso que tenemos, nuestra buena cena y nuestro hermoso barril de vino tinto, le daría envidia. Y la envidia es una cosa tremenda, capaz de echar a perder a cualquiera. Y yo no permitiré que se eche a perder el carácter de Hans. Soy su mejor amigo y siempre velaré por él para que no caiga en la tentación. Además, si Hans viniera a casa, podría pedirme prestado un poco de harina, y eso sí que no lo puedo permitir. Una cosa es la harina y otra la amistad, y no hay que confundirlas. Está claro que son dos palabras diferentes y significan cosas distintas. Eso lo sabe cualquiera.

—¡Pero qué bien hablas! —dijo la mujer del Molinero, sirviéndose un gran vaso de cerveza tibia—. Estoy medio amodorrada, como si estuviera en la iglesia.

—Mucha gente obra bien —prosiguió el Molinero—, pero muy pocos hablan bien, lo que nos demuestra que es mucho más difícil hablar que actuar; aunque también es mucho más elegante.

Y se quedó mirando con severidad, por encima de la mesa, a su hijo pequeño, que se sintió tan avergonzado que bajó la cabeza, se puso muy colorado y se echó a llorar sobre su merienda. Pero era tan joven que hay que disculparlo.

—¿Y así acaba el cuento? —preguntó la Rata de Agua.

—Claro que no —contestó el Pinzón—. Así es como empieza.

—Pues entonces no está usted al día —le dijo la Rata de Agua—. Hoy los buenos narradores empiezan por el final, siguen por el principio y terminan por el medio. Así es el nuevo método. Se lo oí decir el otro día a un crítico, que iba paseando alrededor del estanque con un joven. Hablaba del asunto con todo detalle y estoy segura de que estaba en lo cierto, porque llevaba gafas azules y era calvo, y a cada observación que hacía el joven, le respondía: «¡Psss!» Pero le ruego que continúe usted con el cuento. Me encanta el Molinero. Yo también estoy lleno de hermosos sentimientos, de modo que tenemos muchas cosas en común.

—Pues bien —dijo el Pinzón, apoyándose ora en una patita ora en la otra—, tan pronto como acabó el invierno y las prímulas comenzaron a abrir sus pálidas estrellas amarillas, el Molinero le dijo a su mujer que iba a bajar a ver al pequeño Hans.

—¡Ay, qué buen corazón tienes! —le dijo su mujer—. ¡Siempre estás pensando en los demás! No te olvides de llevar la cesta grande para las flores.

Así que el Molinero sujetó las aspas del molino de viento con una gruesa cadena de hierro y bajó por la colina con la cesta en el brazo.

—¡Buenos días, pequeño Hans! —dijo el Molinero.

—¡Buenos días! —respondió Hans, apoyándose en la pala con una sonrisa de oreja a oreja.

—¿Y qué tal has pasado el invierno? —preguntó el Molinero.

—Bueno, la verdad es que eres muy amable al preguntármelo, muy amable, sí, señor —exclamó Hans—. Te diré que lo he pasado bastante mal, pero ya ha llegado la primavera y estoy muy contento. Todas mis flores están preciosas.

—Hemos hablado muchas veces de ti este invierno, Hans —dijo el Molinero—, y nos preguntábamos qué tal te iría.

—¡Qué amables sois! —dijo Hans—. Y yo que me temía que me hubierais olvidado.

—Hans, me sorprendes —dijo el Molinero—. Los amigos nunca olvidan. Eso es lo más maravilloso de la amistad, pero me temo que no seas capaz de entender la poesía de la vida. Y, a propósito, ¡qué bonitas están tus prímulas!

—Realmente están preciosas —dijo Hans—; y es una suerte para mí tener tantas. Voy a llevarlas al mercado y se las venderé a la hija del alcalde, y con el dinero que me dé compraré otra vez mi carretilla.

—¿Que comprarás de nuevo tu carretilla? ¡No me irás a decir que la has vendido! ¡Qué cosa más tonta!

—La verdad es que no tuve más remedio que hacerlo —dijo entonces Hans—. Pasé un invierno muy malo, y no tenía dinero ni para comprar pan. Así que primero vendí la botonadura de plata de la chaqueta de los domingos, luego vendí la cadena de plata, después la pipa grande y, por último, la carretilla. Pero ahora voy a comprarlo todo otra vez.

—Hans —le dijo el Molinero—, voy a darte mi carretilla. No está en muy buen estado, porque le falta un lado y tiene rotos algunos radios de la rueda. Pero, a pesar de ello, voy a dártela. Ya sé que es una muestra de generosidad por mi parte y que muchísima gente pensará que soy tonto de remate por desprenderme de ella, pero es que yo no soy como los demás. Creo que la generosidad es la esencia de la amistad y, además, tengo una carretilla nueva. De modo que puedes estar tranquilo; te daré mi carretilla.

—Es muy generoso por tu parte —dijo el pequeño Hans, y su graciosa carita redonda resplandecía de alegría—. La puedo arreglar fácilmente, pues tengo un tablón en casa.

—¡Un tablón! —exclamó el Molinero—. Pues eso es justo lo que necesito para arreglar el tejado del granero, que tiene un agujero muy grande y, si no lo tapo, el grano se va a mojar. ¡Es una suerte que me lo hayas dicho! Es sorprendente ver cómo una buena acción siempre genera otra. Yo te he dado mi carretilla y ahora tú me vas a dar una tabla. Por supuesto que la carretilla vale muchísimo más que la tabla, pero la auténtica amistad nunca se fija en cosas como esas. Anda, haz el favor de traerla enseguida, que quiero ponerme a arreglar el granero hoy mismo.

—Voy corriendo —exclamó el pequeño Hans.

Y salió disparado hacia el cobertizo y sacó el tablón a rastras.

—No es una tabla muy grande —dijo el Molinero, mirándola—. Y me temo que, después de que haya arreglado el granero, no sobrará nada para que arregles la carretilla. Claro que eso no es culpa mía. Bueno, y ahora que te he regalado la carretilla, estoy seguro de que te gustaría darme a cambio algunas flores. Aquí tienes la cesta, y procura llenarla hasta arriba.

—¿Hasta arriba? —dijo el pobre Hans, muy afligido, porque era una cesta grandísima y sabía que, si la llenaba, no le quedarían flores para llevar al mercado; y estaba ansioso por recuperar su botonadura de plata.

—Bueno, en realidad —dijo el Molinero—, como te he dado la carretilla, no creo que sea mucho pedirte un puñado de flores. Puede que esté equivocado, pero, para mí, la amistad, la verdadera amistad, ha de estar libre de cualquier tipo de egoísmo.

—Ay, mi querido amigo, mi mejor amigo —exclamó el pequeño Hans—, todas las flores de mi jardín están a tu disposición. Prefiero mucho más ser digno de tu estima que recuperar la botonadura de plata.

Y salió disparado a coger todas sus lindas prímulas y llenó la cesta del Molinero.

—Adiós, pequeño Hans —le dijo el Molinero, mientras subía por la colina con el tablón al hombro y la gran cesta en la mano.

—Adiós —respondió el pequeño Hans.

Y se puso a cavar tan contento, pues estaba encantado con la carretilla.

Al día siguiente, estaba sujetando unas ramas de madreselva en el porche cuando oyó la voz del Molinero, que le llamaba desde el camino. Así que saltó de la escalera, cruzó corriendo el jardín y miró por encima de la tapia.

Allí estaba el Molinero con un gran saco de harina al hombro.

—Querido Hans —le dijo el Molinero—, ¿te importaría llevarme este saco de harina al mercado?

—Lo siento mucho —comentó Hans—, pero es que hoy estoy muy ocupado. Tengo que levantar todas las enredaderas, regar las flores y atar la hierba.

—Bueno, pues, teniendo en cuenta que voy a regalarte mi carretilla, es bastante egoísta por tu parte negarte a hacerme este favor.

—Oh, no digas eso —exclamó el pequeño Hans—. No querría ser egoísta por nada del mundo.

Y entró corriendo en casa a buscar su gorra y se fue caminando al pueblo con el gran saco a sus espaldas.

Hacía mucho calor, la carretera estaba cubierta de polvo y, antes de llegar al sexto mojón, Hans tuvo que sentarse a descansar. Sin embargo, prosiguió muy animoso su camino y llegó al mercado. Después de un rato, vendió el saco de harina a muy buen precio y regresó a casa inmediatamente, temeroso de que, si se le hacía tarde, pudiera encontrar a algún ladrón en el camino.

—Ha sido un día muy duro —se dijo Hans mientras se metía en la cama—. Pero me alegro de no haber dicho que no al Molinero, porque es mi mejor amigo y, además, me va a dar su carretilla.

A la mañana siguiente, muy temprano, el Molinero bajó a recoger el dinero del saco de harina, pero el pobre Hans estaba tan cansado que todavía seguía en la cama.

—¡Válgame Dios! —dijo el Molinero—, qué perezoso eres. La verdad es que, teniendo en cuenta que voy a darte mi carretilla, podrías trabajar con más ganas. La pereza es un pecado muy grave, y no me gusta que ninguno de mis amigos sea vago ni perezoso. No te parezca mal que te hable tan claro. Por supuesto que no se me ocurriría hacerlo si no fuera tu amigo. Pero eso es lo bueno de la amistad, que uno puede decir siempre lo que piensa. Cualquiera puede decir cosas amables e intentar alabar a los demás, pero un amigo verdadero siempre dice las cosas desagradables y no le importa causar dolor. Es más, si es un verdadero amigo, lo prefiere, porque sabe que está obrando bien.

—Lo siento mucho —dijo el pobre Hans, frotándose los ojos y quitándose el gorro de dormir—. Pero estaba tan cansado que quise quedarme un rato en la cama, escuchando el canto de los pájaros. ¿Sabes? Trabajo mejor cuando he oído cantar a los pájaros.

—Bien, me alegro —dijo el Molinero, dándole una palmadita en la espalda—, porque, tan pronto estés vestido, quiero que subas conmigo al molino y me ayudes a arreglar el tejado del granero.

El pobrecito Hans estaba deseando ponerse a trabajar en el jardín, porque hacía dos días que no regaba las flores, pero no quería decir que no al Molinero, que era tan amigo suyo.

—¿Crees que no sería muy buen amigo tuyo si te dijera que tengo mucho que hacer? —preguntó con voz tímida y vergonzosa.

—Bueno, en realidad no creo que sea mucho pedirte, teniendo en cuenta que te voy a dar mi carretilla —le contestó el Molinero—. Pero, si no quieres, lo haré yo mismo.

—¡De ninguna manera! —exclamó Hans y, saltando de la cama, se vistió y subió al granero. Allí trabajó todo el día, y al anochecer el Molinero fue a ver cómo iba la obra.

—¿Has arreglado ya el agujero del tejado, Hans? —le preguntó con voz alegre.

—Está completamente arreglado —contestó el pequeño Hans, mientras bajaba de la escalera.

—¡Ay! No hay trabajo más agradable que el que se hace por los demás —dijo el Molinero.

—Realmente es un privilegio oírte hablar —respondió el pequeño Hans, sentándose y enjugándose el sudor de la frente—. Es un gran privilegio. Lo malo es que yo nunca tendré unas ideas tan bonitas como las tuyas.

—Ya verás cómo se te ocurren, si te empeñas —dijo el Molinero—. De momento, tienes sólo la práctica de la amistad; algún día tendrás también la teoría.

—¿De verdad crees que la tendré? —preguntó el pequeño Hans.

—No tengo la menor duda —contestó el Molinero—. Pero ahora que ya has arreglado el tejado, deberías ir a casa a descansar. Mañana quiero que me lleves las ovejas al monte.

El pobre Hans no se atrevió a replicar, y a la mañana siguiente, muy temprano, el Molinero llevó sus ovejas cerca de la casa, y Hans se fue al monte con ellas. Le llevó todo el día subir y bajar del monte y, cuando regresó a casa, estaba tan cansado que se quedó dormido en una silla y no se despertó hasta bien entrado el día.

—¡Qué bien lo voy a pasar trabajando en el jardín! —se dijo Hans; e inmediatamente se puso a trabajar.

Pero, cuándo por una cosa, cuándo por otra, no había manera de dedicarse a las flores, pues siempre aparecía el Molinero a pedirle que fuera a hacerle algún recado o que le ayudara en el molino.

A veces, el pobre Hans se ponía muy triste, pues temía que sus flores creyeran que se había olvidado de ellas; pero le consolaba el pensamiento de que el Molinero era su mejor amigo.

—Además —solía decir—, va a darme su carretilla y eso es un acto de verdadera generosidad.

Así que el pequeño Hans seguía trabajando para el Molinero, y el Molinero seguía diciendo cosas hermosas sobre la amistad, que Hans anotaba en un cuadernito para poderlas leer por la noche, pues era un alumno muy aplicado.

Sucedió que, una noche, Hans estaba sentado junto al hogar cuando oyó un golpe seco en la puerta. Era una noche muy mala, y el viento soplaba y rugía alrededor de la casa con tanta fuerza que, al principio, pensó que era sencillamente la tormenta.

Pero enseguida se oyó un segundo golpe, y luego un tercero, más fuerte que los otros.

«Será algún pobre viajero», pensó Hans; y corrió a abrir la puerta.

Allí estaba el Molinero con un farol en una mano y un gran bastón en la otra.

—¡Querido Hans! —dijo el Molinero—. Tengo un grave problema. Mi hijo pequeño se ha caído de la escalera y está herido. Voy en busca del médico, pero vive tan lejos y está la noche tan mala, que se me acaba de ocurrir que sería mucho mejor que fueras tú en mi lugar. Ya sabes que voy a darte la carretilla, así que sería justo que a cambio hicieras algo por mí.

—Faltaría más —exclamó el pequeño Hans—. Considero un honor que acudas a mí. Ahora mismo me pongo en camino, pero préstame el farol, pues la noche está tan oscura que tengo miedo de caerme al canal.

—Lo siento mucho —le contestó el Molinero—, pero el farol es nuevo. Sería una gran pérdida si le pasara algo.

—Bueno, no importa, ya me las arreglaré sin él —exclamó el pequeño Hans.

Descolgó su abrigo de piel, se puso su gorro de lana bien calentito, se enrolló una bufanda al cuello y salió en busca del médico.

Pero la tormenta arreciaba, la lluvia caía a torrentes y el pobre Hans no veía por dónde iba. Al cabo de un rato se perdió en el páramo y cayó en un hoyo profundo, donde se ahogó.

Todo el pueblo asistió a su funeral y el Molinero, envuelto en su capa negra, se puso a la cabeza del cortejo.

—Como era mi mejor amigo, es justo que ocupe el sitio de honor —dijo.

Y suspiró profundamente mientras se limpiaba los ojos con un gran pañuelo.

—¿Y luego qué? —preguntó la Rata de Agua.

—Luego, nada. Ese es el final —dijo el Pinzón.

—¿La historia tenía moraleja? —preguntó la Rata.

—Por supuesto —contestó el Pinzón.

—¡Bueno! —dijo la Rata de Agua muy enfadada—. Pues debería habérmelo dicho antes de empezar. Así me habría ahorrado escucharle y hasta le habría dicho lo mismo que el crítico: «¡Psss!». Aunque aún estoy a tiempo de decírselo.

Y entonces le gritó muy fuerte:

—¡Psss!

Hizo un movimiento brusco con la cola y se metió en su agujero.

—¿Qué le parece a usted la Rata de Agua? —preguntó la Pata, que llegó chapoteando unos minutos después—. Tiene muy buenas cualidades, pero yo, la verdad, tengo sentimientos maternales y no puedo ver a un solterón sin que se me salten las lágrimas.

—Siento mucho haberle molestado —contestó el Pinzón—. El hecho es que le conté un cuento con moraleja.

—Ah, pues eso es siempre muy peligroso —dijo la Pata.
Y yo estoy de acuerdo con ella.

EL FAMOSO COHETE

El hijo del rey estaba en vísperas de casarse. Con este motivo, el regocijo era general.

Estuvo esperando un año entero a su prometida y, al fin, llegó ésta.

Era una princesa rusa que había hecho el viaje desde Finlandia en un trineo tirado por seis renos, con la forma de un gran cisne de oro; la princesa iba acostada entre las alas del cisne.

Su largo manto de armiño caía recto sobre sus pies. Llevaba en la cabeza un gorrito de tisú de plata y era pálida como el palacio de nieve en que había vivido siempre.

Era tan pálida, que al pasar por las calles, las gentes se quedaban admiradas.

—Parece una rosa blanca —decían.

Y le echaban flores desde los balcones.

A la puerta del castillo estaba el príncipe para recibirla. Tenía los ojos violeta y soñadores, y sus cabellos eran como oro fino.

Al verla, hincó una rodilla en tierra y besó su mano.

—Tu retrato era bello —murmuró—, pero eres más bella que el retrato.

Y la princesita se ruborizó.

—Hace un momento parecía una rosa blanca —dijo un pajecillo a su vecino—, pero ahora parece una rosa roja.

Y toda la corte se quedó extasiada.

Durante los tres días siguientes todo el mundo no cesó de repetir:

—¡Rosa blanca, rosa roja! ¡Rosa roja, rosa blanca!

Y el rey ordenó que dieran doble paga al paje.

Como él no percibía paga alguna, su situación no mejoró mucho con eso; pero todos lo consideraron un gran honor, y el real decreto fue publicado con todos los requisitos en la Gaceta de la Corte.

Transcurridos aquellos tres días, se celebraron las bodas.

Fue una ceremonia magnífica.

Los recién casados pasaron cogidos de la mano, bajo un dosel de terciopelo granate, bordado con perlitas.

Luego se celebró un banquete oficial que duró cinco horas.

El príncipe y la princesa, sentados al extremo del gran salón, bebieron en una copa de cristal purísimo. Únicamente los verdaderos enamorados podían beber en esa copa, porque si la tocaban unos labios falsos, el cristal se empañaba, quedaba gris y manchado.

—Es evidente que se aman —dijo el pajecillo—. Resultan tan claros como el cristal.

Y el rey volvió a doblarle la paga.

—¡Qué honor! —exclamaron todos los cortesanos.

Después del banquete hubo baile.

Los recién casados debían bailar juntos la danza de las rosas, y el rey tenía que tocar la flauta.

La tocaba muy mal, pero nadie se había atrevido a decírselo nunca, porque era el rey. La verdad es que no sabía más que dos piezas y nunca estaba seguro de cuál estaba interpretando, aunque esto no le preocupaba, pues hiciera lo que hiciera, todo el mundo gritaba:

—¡Delicioso! ¡Encantador!

El último número del programa consistía en unos fuegos artificiales que debían empezar exactamente a la medianoche.

La princesita no había visto fuegos artificiales en su vida. Por eso, el rey encargó al pirotécnico real que pusiera en juego todos los recursos de su arte el día del casamiento de la princesa.

—¿A qué se parecen los fuegos artificiales? —preguntó ella al príncipe, mientras paseaban por la terraza.

—Se parecen a la aurora boreal —dijo el rey, que respondía siempre a las preguntas dirigidas a los demás—. Solo que son más naturales. Yo los prefiero a las estrellas, porque uno siempre sabe cuándo van a empezar a brillar y, además, son tan agradables como la música de mi flauta. Ya verán... ya verán...

Así pues, levantaron un tablado en el fondo del jardín real, y no bien hubo terminado de prepararlo todo el pirotécnico real, cuando los fuegos artificiales se pusieron a charlar entre sí.

—El mundo es seguramente muy hermoso —dijo un pequeño buscapiés—. Miren esos tulipanes amarillos. ¡A fe mía, ni aun siendo petardos de verdad podrían resultar más bonitos! Me alegro mucho de haber viajado. Los viajes desarrollan el espíritu de una manera asombrosa y acaban con todos los prejuicios que uno haya podido conservar.

—El jardín del rey no es el mundo, joven alocado —dijo una gruesa candela romana—. El mundo es una extensión enorme y necesitarías tres días para recorrerlo por entero.

—Todo lugar que amamos es para nosotros el mundo —dijo una rueda, unida en otro tiempo a una vieja caja de pino y muy orgullosa de su corazón destrozado—, pero el amor no está de moda; los poetas lo han matado. Han escrito tanto sobre él, que nadie les cree ya, cosa que no me extraña. El verdadero amor sufre y calla... Recuerdo que yo misma, una vez... pero no se trata de eso aquí. El romanticismo es algo del pasado.

—¡Qué estupidez! —exclamó la candela romana—. La novela no muere nunca. ¡Se parece a la luna: vive siempre! Realmente, los recién casados se aman tiernamente. He sabido todo lo concerniente a ellos esta mañana por un cartucho de papel oscuro que estaba en el mismo cajón que yo y que sabe las últimas noticias de la corte.

Pero la rueda meneó la cabeza.

—¡El romanticismo ha muerto! ¡El romanticismo ha muerto! ¡El romanticismo ha muerto! —murmuró.

Era una de esas personas que creen que, repitiendo una cosa cierto número de veces, acaba por ser verdad.

De pronto, se oyó una tos fuerte y seca y todos miraron a su alrededor. Era un pequeño cohete de altivo porte atado a la punta de un palo. Tosía siempre antes de hacer una advertencia, como para llamar la atención.

—¡Ejem! ¡Ejem! —exclamó.

Y todo el mundo se dispuso a escucharle, menos la pobre rueda, que seguía moviendo la cabeza y murmurando:

—¡El romanticismo ha muerto!

—¡Orden! ¡Orden! —gritó un petardo.

Tenía algo de político y siempre había tomado parte importante en las elecciones locales. Por eso, conocía las frases empleadas en el Parlamento.

—¡Ha muerto del todo! —suspiró la rueda. Y se volvió a dormir.

No bien se restableció por completo el silencio, el cohete tosió por tercera vez y comenzó. Hablaba con una voz clara y lenta, como si dictara sus memorias, y miraba siempre por encima del hombro a la persona a quien se dirigía. Realmente, tenía unos modales distinguidísimos.

—¡Qué feliz es el hijo del rey —observó— por casarse el mismo día en que me van a disparar! Ni preparándolo de antemano podría resultar mejor para él; aunque los príncipes siempre tienen suerte.

—¿Ah, sí? —dijo el pequeño buscapiés—. Yo creí que era precisamente lo contrario y que era usted a quien se disparaba en honor del príncipe.

—Ése quizás sea su caso —replicó el cohete—. Casi diría que estoy seguro de ello; pero en cuanto a mí, es ya diferente. Soy un cohete distinguido y desciendo de padres igualmente distinguidos. Mi madre era la girándula más célebre de su época. Tenía fama por la gracia de su danza. Cuando hizo su gran aparición en público, dio diecinueve vueltas antes de apagarse, lanzando por el aire siete estrellas rojas a cada vuelta...

—Pirotécnico, pirotécnico querrá decir —interrumpió una bengala—. Sé que es pirotécnico porque he visto la palabra escrita sobre mi caja de hojalata.

—Pues yo digo pilotécnico —replicó el cohete en tono severo.

Y la bengala se quedó tan apabullada que empezó inmediatamente a mortificar a los buscapiés pequeños para demostrar que ella también era una persona de bastante importancia.

—Decía yo… —prosiguió el cohete—, decía yo… ¿qué es lo que yo decía?

—Hablaba de usted mismo —repuso la candela romana.

—Naturalmente. Sé que hablaba de alguna cosa interesante cuando he sido tan groseramente interrumpido. Odio la grosería y las malas maneras, porque soy extremadamente sensible. No hay nadie en el mundo tan sensible como yo, estoy seguro de ello.

—¿Qué es una persona sensible? —preguntó el petardo a la candela romana.

—Una persona que, porque tiene callos, pisa siempre los pies a los demás —respondió la candela en un débil murmullo.

Y el petardo casi estalló de risa.

—¡Perdón! ¿De qué se ríe? —preguntó el cohete—. Yo no me río.

—Me río porque soy feliz —replicó el petardo.

—Es un motivo bien egoísta —dijo el cohete con ira—. ¿Qué derecho tiene para ser feliz? Debería pensar en los demás, debería pensar en mí. Yo pienso siempre en mí, y creo que todo el mundo debería hacer lo mismo. Eso es lo que se llama simpatía. Es una hermosa virtud, y yo la poseo en alto grado. Suponga, por ejemplo, que me sucediese algún percance esta noche. ¡Qué desgracia para todo el mundo! El príncipe y la princesa no podrían ya ser felices: se habría acabado su vida de matrimonio. En cuanto al rey, creo que no podría soportarlo. Realmente, cuando empiezo a pensar en la importancia de mi papel, me emociono hasta casi llorar.

—Si quiere agradar a los demás —exclamó la candela romana—, haría mejor en mantenerse en seco.

—¡Ciertamente! —exclamó la bengala, que no estaba de muy buen humor—, eso es sencillamente de sentido común.

—¿Cree que es de sentido común? —replicó el cohete, indignado—. Olvida que yo no tengo nada de común y que soy muy distinguido. ¡A fe mía, todo el mundo puede tener sentido común con tal de carecer de imaginación! Pero yo tengo imaginación, porque nunca veo las cosas como son. Las veo siempre muy diferentes de lo que son. En cuanto a eso de mantenerme en seco, es que no hay aquí, con toda seguridad, nadie que sepa apreciar a fondo un temperamento delicado. Afortunadamente para mí, no me importa nada. La única cosa que le sostiene a uno en la vida es el convencimiento de la enorme inferioridad de sus semejantes, y éste es un sentimiento que he mantenido siempre en mí. Pero ninguno de ustedes tiene corazón. Gritan y se regocijan como si el príncipe y la princesa no estuviesen celebrando sus bodas.

—¡Eh! —exclamó un pequeño globo de fuego—. ¿Y por qué no? Es una alegre ocasión, y cuando estalle en el aire pienso comunicárselo a todas las estrellas. Ya verán cómo brillarán cuando les hable de la bella recién casada.

—¡Oh, qué concepto más banal de la vida! —dijo el cohete—, pero no me esperaba yo menos. No hay nada en usted. Es hueco y vacío. ¡Bah! Quizás el príncipe y la princesa se vayan a vivir a un país donde haya un río profundo, quizás tengan un solo hijo, un pequeñuelo de pelo rizado y de ojos violetas como los del príncipe. Quizás vaya algún día a pasear con su nodriza. Quizás la nodriza se duerma debajo de un gran sauce. Quizás el niño se caiga al río y se ahogue. ¡Qué terrible desgracia! ¡Los pobres, perder a su hijo único! Es terrible, realmente. No podré soportarlo nunca.

—Pero no han perdido a su hijo único —dijo la candela romana—. No les ha sucedido ninguna desgracia.

—No he dicho que les haya sucedido —replicó el cohete—. He dicho que podría sucederles. Si hubiesen perdido a su hijo único, sería inútil decir nada sobre el suceso. Detesto a las personas que lloran por su cántaro de leche roto. Pero cuando pienso que han perdido a su hijo único, me siento verdaderamente tristísimo.

—Ya lo veo —exclamó la bengala—. Realmente, es usted la persona más afectada que he visto en mi vida.

—Y usted la persona más grosera que he conocido —señaló el cohete—. No puede comprender mi afecto por el príncipe.

—¡Bah! Ni siquiera lo conoce… —chisporroteó la candela romana.

—No, nunca dije que le conociera —respondió el cohete—. Me atrevo a decir que si lo conociese, no sería de ningún modo amigo suyo. Es peligroso conocer demasiado bien a los amigos.

—Mejor haría en mantenerse en seco —dijo el globo de fuego—. Eso es lo más importante.

—Para usted no dudo que será importantísimo —respondió el cohete—. Pero yo lloraré si me viene en gana.

Y el cohete estalló en lágrimas, que corrieron por su vara en gotas de lluvia, ahogando casi a dos pequeños escarabajos que pensaban precisamente en fundar una familia y buscaban un bonito sitio seco para instalarse.

—Debe tener un temperamento verdaderamente romántico, pues llora cuando no hay por qué llorar —dijo la rueda.

Y lanzando un profundo suspiro, se puso a pensar en la caja de madera.

Pero la candela romana y la bengala estaban indignadas. Gritaban con todas sus fuerzas:

—¡Pamplinas! ¡Pamplinas!

Eran muy prácticas, y cuando se oponían a algo, lo denominaban pamplinas.

Entonces apareció la luna como un soberbio escudo de plata y las estrellas comenzaron a brillar. Desde el palacio llegaban los sones de la música.

El príncipe y la princesa dirigían el baile. Bailaban tan bien que los pequeños lirios blancos se asomaban por la ventana para contemplarlos, y las grandes amapolas rojas movían la cabeza al compás.

En aquel momento sonaron las diez, luego las once y después las doce, y a la última campanada de medianoche, todo el mundo fue a la terraza y el rey hizo llamar al pirotécnico real.

—Que comiencen los fuegos artificiales —dijo el rey.

El pirotécnico real hizo una profunda reverencia y se dirigió al fondo del jardín. Tenía seis ayudantes, cada uno con una antorcha encendida sujeta a la punta de una larga pértiga.

Fue realmente una soberbia exhibición de luz.

—¡Ssss! ¡Ssss! —silbó la rueda, girando vertiginosamente.

—¡Bum! ¡Bum! —replicó la candela romana.

Entonces los buscapiés entraron en danza y las bengalas iluminaron todo de rojo.

—¡Adiós! —gritó el globo de fuego mientras se elevaba, esparciendo chispas azules.

—¡Bang! ¡Bang! —respondieron los petardos, divirtiéndose muchísimo.

Todos tuvieron un gran éxito, menos el cohete. Estaba tan húmedo por haber llorado que no pudo arder. Lo mejor que había en él era la pólvora, pero estaba tan empapada de lágrimas que quedó completamente inservible. Toda su pobre parentela, a la que no se dignaba hablar sin una sonrisa despectiva, produjo un gran alboroto en el cielo, como si fuesen magníficos ramilletes de oro floreciendo en fuego.

—¡Bravo! ¡Bravo! —gritaba la corte.

Y la princesita reía de placer.

—Creo que me reservan para alguna gran ocasión —opinó el cohete—. Indudablemente es eso.

Y miraba a su alrededor con aire más orgulloso que nunca.

Al día siguiente vinieron los obreros a colocar todo en su sitio.

—Evidentemente, es una comisión —se dijo el cohete—. Los recibiré con una tranquila dignidad.

Y, engallándose, empezó a fruncir las cejas como si pensara en algo muy importante. Pero los obreros no se dieron cuenta de su presencia hasta que estuvieron a punto de dejarlo atrás.

Entonces, uno de ellos lo vio.

—¡Ah! —gritó—. ¡Qué mal cohete!

Y lo lanzó por encima del muro.

—¡Mal cohete! ¡Mal cohete! —exclamó el cohete mientras giraba por el aire—. ¡Imposible! Famoso cohete, eso es lo que han querido decir. "Mal" y "famoso" suenan casi igual, y a veces ambas cosas significan lo mismo.

Y cayó en el lodo.

—Esto no es muy cómodo —observó—, pero sin duda es algún balneario de moda al que me han enviado para que reponga mi salud. Mis nervios están muy desgastados y necesito descanso.

Entonces, una ranita de ojillos brillantes y piel verde moteada nadó hacia él.

—Ya veo que es un recién llegado —dijo la rana—. ¡Bueno! Después de todo, no hay nada como el fango. Dame un día lluvioso y un buen hoyo y soy completamente feliz… ¿Cree que la tarde será calurosa? Así lo espero, porque el cielo está azul y despejado. ¡Qué lástima!

—¡Ejem! ¡Ejem! —profirió el cohete, tosiendo.

—¡Qué voz más deliciosa tiene! —gritó la rana—. Parece el croar de una rana, y croar es la cosa más musical del mundo. Ya oirá nuestros coros esta noche. Nos reunimos en el antiguo estanque de los patos junto a la alquería y, en cuanto aparece la luna, empezamos. El concierto es tan sublime que todo el mundo viene a escucharnos. Ayer, sin ir más lejos, oí a la esposa del colono decirle a su madre que no pudo dormir ni un segundo en toda la noche por nuestra causa. Es muy agradable ver lo populares que somos.

—¡Ejem! ¡Ejem! —dijo el cohete.

Estaba muy molesto de no poder salir de su mutismo.

—¡Sí, una voz deliciosa! —prosiguió la rana—. Espero que venga al estanque de los patos. Voy a echar un vistazo a mis hijas. Tengo seis hijas soberbias y me inquieta mucho que el sollo las atrape… Es un verdadero monstruo y no tendría el menor escrúpulo en comérselas. Así que ¡adiós! Me ha encantado nuestra conversación, se lo aseguro.

—¿Y llama conversación a esto? —dijo el cohete—. Ha charlado usted sola todo el rato. Eso no es una conversación.

—Alguien tiene que escuchar siempre —replicó la rana—, y a mí me gusta llevar la voz cantante en las conversaciones. Así se ahorra tiempo y se evitan discusiones.

—Pues a mí me gusta la discusión —dijo el cohete.

—No lo creo —replicó la rana con aire compasivo—. Las discusiones son completamente vulgares, porque en la buena sociedad todo el mundo tiene exactamente las mismas opiniones. ¡Adiós otra vez! Veo a mis hijas allá abajo.

Y la ranita se puso a nadar nuevamente.

—Es una persona antipática —dijo el cohete— y maleducada. Detesto a la gente que habla de sí misma cuando uno necesita hablar de uno mismo, como en mi caso. Eso es lo que se llama egoísmo, y el egoísmo es una cosa aborrecible, sobre todo para quienes son como yo, pues todos conocen bien mi carácter simpático. Debería tomar ejemplo de mí. No podría encontrar un modelo mejor. Ahora que tiene esa oportunidad, debería aprovecharla sin tardanza, porque voy a volver a la corte en seguida. Soy muy estimado en la corte. Ayer, el príncipe y la princesa se casaron en mi honor. Seguramente no estará enterada de nada de esto, ¡como es provinciana!

—¡No se moleste en hablarle! —dijo una libélula posada en la punta de una espadaña—. Se ha ido.

—¡Bueno! ¡Ella se lo pierde y no yo! No voy a dejar de hablarle solo porque no me escuche. Me gusta oírme hablar. Es uno de mis mayores placeres. Sostengo a menudo largas conversaciones conmigo mismo y soy tan profundo que, a veces, ni siquiera yo entiendo una palabra de lo que digo.

—Entonces, debe ser licenciado en filosofía —dijo la libélula.

Y desplegando sus lindas alas de gasa, se elevó hacia el cielo.

—¡Qué necedad demuestra al no quedarse aquí! —dijo el cohete—. Estoy seguro de que no habrá tenido muy a menudo la oportunidad de educar su espíritu, aunque, después de todo, me es igual. Un genio como el mío será apreciado con toda seguridad algún día.

Y se hundió un poco más en el fango.

Pasado un rato, una gran pata blanca nadó hacia él. Tenía patas amarillas, pies palmeados y era considerada una gran belleza por su elegante contoneo.

—¡Cuac!, ¡cuac!, ¡cuac! —dijo—. ¡Qué aspecto más raro tiene usted! ¿Puedo preguntarle si ha nacido aquí o si es resultado de algún accidente?

—¡Cómo se nota que ha vivido siempre en el campo! De otro modo, sabría quién soy. Sin embargo, disculpo su ignorancia. Sería absurdo pretender que los demás sean tan extraordinarios como uno mismo. Sin duda le sorprenderá saber que vuelo por el cielo y que caigo en una lluvia de chispas doradas.

—No lo considero muy admirable —dijo la pata—, pues no veo en qué puede ser eso útil a nadie. ¡Ah! Si arara los campos como un buey, si arrastrara un carro como un caballo, si cuidara un rebaño como el perro pastor, entonces sería otra cosa.

—Buena mujer —dijo el cohete con tono altivo—, veo que pertenece a la clase baja. Las personas de mi rango nunca sirven para nada. Tenemos un encanto especial y con eso basta. Yo mismo no siento la menor inclinación por ningún trabajo y menos aún por los que ha mencionado. Además, siempre he sido de la opinión de que el trabajo rudo es simplemente el refugio de quienes no tienen otra cosa que hacer en la vida.

—¡Bien, bien! —dijo la pata, que era de temperamento pacífico y no discutía con nadie—. Cada cual tiene gustos diferentes. De todas maneras, deseo que se quede aquí a vivir.

—¡Nada de eso! —exclamó el cohete—. Soy un visitante, un visitante distinguido y nada más. La verdad es que este sitio me resulta muy aburrido. No hay aquí ni sociedad ni soledad. Es completamente vulgar… Seguramente volveré a la corte, pues estoy destinado a causar sensación en el mundo.

—Yo también pensé en entrar en la vida pública —observó entonces la pata—. ¡Hay tantas cosas que necesitan reforma! Así que, no hace mucho, presidí un mitin en el que votamos unas proposiciones condenando todo lo que nos desagradaba. Sin embargo, no parecen haber surtido gran efecto. Ahora me ocupo de asuntos domésticos y cuido de mi familia.

—Yo he nacido para la vida pública, y todos mis parientes han figurado en ella, hasta los más humildes. Donde quiera que aparecemos, llamamos extraordinariamente la atención. Esta vez no he participado, pero cuando lo haga, será un espectáculo magnífico. En cuanto a las tareas domésticas, envejecen y apartan el espíritu de cosas más elevadas.

—¡Oh, qué bellas son las cosas elevadas de la vida! —dijo la pata—. ¡Eso me recuerda el hambre que tengo!

Y la pata volvió a nadar por el río, repitiendo sus alegres «¡cuac, cuac, cuac!».

—¡Vuelva, vuelva! —gritó el cohete—. Tengo muchas cosas que decirle.

Pero la pata no le prestó atención.

—Me alegro de que se haya ido. Tiene realmente un espíritu mediocre.

Y, hundiéndose un poco más en el fango, empezaba a reflexionar sobre la belleza del genio, cuando, de repente, dos chiquillos con blusas blancas llegaron al borde de la cuneta con un caldero y unos leños.

—¡Ésta debe ser la comisión! —dijo el cohete. Y adoptó una pose digna.

—¡Oh! —gritó uno de ellos—. ¡Mira este palo viejo! ¡Qué raro que haya venido a parar aquí!

Y sacó el cohete de la cuneta.

—¡Palo viejo! —refunfuñó el cohete—. ¡Imposible! Habrá querido decir palo precioso. "Palo precioso" es un cumplido. Me toma por un personaje de la corte.

—¡Echémoslo al fuego! —dijo el otro niño—. Así ayudará a que hierva la caldera.

Amontonaron los leños, colocaron el cohete sobre ellos y prendieron fuego.

—¡Magnífico! —gritó el cohete—. Me han colocado en un lugar destacado. Así todos podrán verme.

—Ahora vamos a dormir —dijeron los niños—, y cuando despertemos, la caldera ya estará hirviendo.

Y, acostándose sobre la hierba, cerraron los ojos.

El cohete estaba muy húmedo. Pasó un buen rato antes de que prendiera fuego. Sin embargo, al fin, empezó a arder.

—¡Ahora voy a despegar! —gritó.

Y comenzó a erguirse y a estirarse.

—Sé que subiré más alto que las estrellas, más alto que la luna, más alto que el sol. Ascenderé tan alto que…

—¡Fisss! ¡Fisss! ¡Fisss!

Y se elevó en el aire.

—¡Maravilloso! —gritaba—. ¡Seguiré subiendo siempre así! ¡Qué éxito tengo!

Pero nadie lo vio.

Entonces comenzó a sentir un extraño hormigueo.

—¡Voy a estallar! —gritó—. ¡Voy a incendiar el mundo entero y haré tanto ruido que no se hablará de otra cosa en un año!

EL PRÍNCIPE FELIZ

En la parte más alta de la ciudad, sobre una columnita, se alzaba la estatua del Príncipe Feliz.

Estaba toda revestida de hojas de oro fino. Tenía, a modo de ojos, dos centelleantes zafiros, y un gran rubí rojo ardía en el puño de su espada.

Por todo ello era muy admirada.

—Es tan hermoso como una veleta —observó uno de los miembros del Concejo, que deseaba granjearse una reputación de conocedor en el arte—. Pero no es tan útil —añadió, temiendo que lo tomaran por un hombre poco práctico.

Y realmente no lo era.

—¿Por qué no eres como el Príncipe Feliz? —preguntaba una madre cariñosa a su hijito, que pedía la luna—. El Príncipe Feliz nunca hubiera pensado en pedir nada a gritos.

—Me hace dichoso ver que hay en el mundo alguien que es completamente feliz —murmuraba un hombre fracasado, contemplando la estatua maravillosa.

—Verdaderamente parece un ángel —decían los niños del hospicio al salir de la catedral, vestidos con sus soberbias capas escarlatas y sus bonitas chaquetas blancas.

—¿Y cómo lo saben? —replicaba el profesor de matemáticas—, si nunca han visto uno.

—¡Oh! Los hemos visto en sueños —respondieron los niños.

Y el profesor de matemáticas fruncía las cejas, adoptando un severo aspecto, porque no podía aprobar que unos niños se permitiesen soñar.

Una noche, una golondrinita voló sin descanso hacia la ciudad.

Seis semanas antes, sus amigas habían partido rumbo a Egipto, pero ella se quedó atrás.

Estaba enamorada del más hermoso de los juncos. Lo encontró al comienzo de la primavera, cuando volaba sobre el río persiguiendo a una gran mariposa amarilla, y su talle esbelto la atrajo de tal modo que se detuvo para hablarle.

—¿Quieres que te ame? —dijo la Golondrina, que nunca se andaba con rodeos.

Y el Junco le hizo un profundo saludo.

Entonces la Golondrina revoloteó a su alrededor, rozando el agua con sus alas y trazando estelas de plata.

Era su manera de hacer la corte. Y así transcurrió todo el verano.

—Es un enamoramiento ridículo —gorjeaban las otras golondrinas—. Ese Junco es un pobretón y tiene realmente demasiada familia.

Y, en efecto, el río estaba todo cubierto de juncos.

Cuando llegó el otoño, todas las golondrinas emprendieron el vuelo.

Una vez que se fueron sus amigas, se sintió muy sola y empezó a cansarse de su amante.

—No sabe hablar —decía ella—. Y además, temo que sea inconstante porque coquetea sin cesar con la brisa.

Y realmente, cada vez que soplaba la brisa, el Junco multiplicaba sus más graciosas reverencias.

—Veo que es muy casero —murmuraba la Golondrina—. A mí me gustan los viajes. Por lo tanto, quien me ame debe querer viajar conmigo.

—¿Quieres seguirme? —preguntó por último la Golondrina al Junco.

Pero el Junco negó con la cabeza. Estaba demasiado atado a su hogar.

—¡Te has burlado de mí! —le gritó la Golondrina—. Me marcho a las Pirámides. ¡Adiós!

Y la Golondrina se fue.

Voló durante todo el día y, al caer la noche, llegó a la ciudad.

—¿Dónde buscaré refugio? —se preguntó—. Supongo que la ciudad habrá hecho preparativos para recibirme.

Entonces divisó la estatua sobre la columnita.

—Voy a cobijarme allí —exclamó—. Es un sitio bonito y hay mucho aire fresco.

Y se dejó caer precisamente entre los pies del Príncipe Feliz.

—Tengo una habitación dorada —se dijo quedamente, después de mirar en torno suyo.

Y se dispuso a dormir.

Pero al ir a colocar su cabeza bajo el ala, de repente le cayó encima una pesada gota de agua.

—¡Qué curioso! —exclamó—. No hay una sola nube en el cielo, las estrellas están claras y brillantes, ¡sin embargo, llueve! El clima del norte de Europa es verdaderamente extraño. Al Junco le gustaba la lluvia, pero en él era puro egoísmo.

Entonces cayó otra gota.

—¿Para qué sirve una estatua si no resguarda de la lluvia? —dijo la Golondrina—. Voy a buscar un buen copete de chimenea.

Y se dispuso a volar más lejos. Pero antes de que abriera las alas, cayó una tercera gota.

La Golondrina miró hacia arriba y vio... ¡Ah, lo que vio!

Los ojos del Príncipe Feliz estaban arrasados en lágrimas, que corrían por sus mejillas de oro.

Su rostro era tan bello a la luz de la luna, que la Golondrinita sintió una profunda compasión.

—¿Quién eres? —preguntó.

—Soy el Príncipe Feliz.

—Entonces, ¿por qué lloras de ese modo? —preguntó la Golondrina—. Me has empapado casi por completo.

—Cuando estaba vivo y tenía un corazón humano —respondió la estatua—, no sabía lo que eran las lágrimas porque vivía en el Palacio de la Despreocupación, donde no se permitía la entrada al dolor. Durante el día jugaba con mis compañeros en el jardín y por la noche bailaba en el gran salón. Alrededor del jardín se alzaba una muralla altísima, pero nunca me preocupé por lo que había detrás de ella, pues todo cuanto me rodeaba era hermoso. Mis cortesanos me llamaban el Príncipe Feliz y, realmente, era feliz... si es que el placer es la felicidad. Así viví y así morí. Pero ahora que estoy muerto, me han elevado tan alto, que puedo ver todas las fealdades y todas las miserias de mi ciudad, y aunque mi corazón sea de plomo, no me queda más remedio que llorar.

«¡Cómo! ¿No es de oro puro?», pensó la Golondrina para sus adentros, pues estaba demasiado bien educada para hacer ninguna observación en voz alta sobre las personas.

—Allí abajo —continuó la estatua con su voz baja y musical—, en una callejuela, hay una pobre vivienda. Una de sus ventanas está abierta y, a través de ella, puedo ver a una mujer sentada ante una mesa. Su rostro está demacrado y ajado. Tiene las manos hinchadas y enrojecidas, llenas de pinchazos de aguja, porque es costurera. Borda pasionarias sobre un vestido de raso que debe lucir en el próximo baile de la corte la más bella de las damas de honor de la reina. Sobre un lecho, en el rincón del cuarto, yace su hijito enfermo. Tiene fiebre y pide naranjas. Su madre no puede darle más que agua del río. Por eso llora. Golondrina, Golondrinita, ¿no quieres llevarle el rubí del puño de mi espada? Mis pies están sujetos al pedestal y no puedo moverme.

—Me esperan en Egipto —respondió la Golondrina—. Mis amigas revolotean de aquí para allá sobre el Nilo y charlan con los grandes lotos. Pronto irán a dormir al sepulcro del gran rey. El mismo rey está allí en su caja de madera, envuelto en una tela amarilla y embalsamado con sustancias aromáticas. Tiene una cadena de jade verde pálido alrededor del cuello y sus manos son como hojas secas.

—Golondrina, Golondrina, Golondrinita —dijo el Príncipe—, ¿no te quedarás conmigo una noche y serás mi mensajera? ¡El niño tiene tanta sed y su madre tanta tristeza!

—No creo que me agraden los niños —contestó la Golondrina—. El invierno pasado, cuando vivía yo a orillas del río, dos muchachos maleducados, los hijos del molinero, no paraban de tirarme piedras. Claro que no me alcanzaban. Nosotras, las golondrinas, volamos demasiado bien para eso, y además, yo pertenezco a una familia célebre por su agilidad. Pero, a pesar de todo, era una falta de respeto.

Sin embargo, la mirada del Príncipe Feliz era tan triste que la Golondrinita se sintió conmovida.

—Hace mucho frío aquí —le dijo—, pero me quedaré una noche contigo y seré tu mensajera.

—Gracias, Golondrinita —respondió el Príncipe.

Entonces la Golondrinita arrancó el gran rubí de la espada del Príncipe y, llevándolo en el pico, voló sobre los tejados de la ciudad.

Pasó sobre la torre de la catedral, donde había unos ángeles esculpidos en mármol blanco.

Pasó sobre el palacio real y oyó la música del baile.

Una bella muchacha apareció en el balcón con su novio.

—¡Qué hermosas son las estrellas! —dijo él—, y qué poderosa es la fuerza del amor.

—Ojalá mi vestido estuviera terminado para el baile oficial —respondió ella—. He mandado bordar en él unas pasionarias, ¡pero son tan perezosas las costureras!

Pasó sobre el río y vio los faroles colgados en los mástiles de los barcos. Pasó sobre el gueto y vio a los ancianos judíos negociando entre ellos y pesando monedas en balanzas de cobre.

Al fin llegó a la pobre vivienda y echó un vistazo dentro. El niño se agitaba febrilmente en su camita y su madre se había quedado dormida de cansancio.

La Golondrina saltó a la habitación y puso el gran rubí en la mesa, sobre el dedal de la costurera. Luego revoloteó suavemente alrededor del lecho, abanicando con sus alas la cara del niño.

—¡Qué brisa más fresca! —murmuró el niño—. Debo estar mejor.

Y cayó en un profundo sueño.

Entonces la Golondrina se dirigió a todo vuelo hacia el Príncipe Feliz y le contó lo que había hecho.

—Es curioso —observó ella—, pero ahora casi siento calor; sin embargo, hace mucho frío.

Y la Golondrinita empezó a reflexionar y, en ese instante, se quedó dormida. Siempre que reflexionaba, se dormía.

Al despuntar el alba, voló hacia el río y tomó un baño.

—¡Notable fenómeno! —exclamó el profesor de ornitología que pasaba por el puente—. ¡Una golondrina en invierno!

Y escribió sobre aquel tema una larga carta para un periódico local. Todo el mundo la citó. ¡Estaba plagada de palabras que nadie podía comprender!

—Esta noche parto para Egipto —se decía la Golondrina.

Y solo de pensarlo se ponía muy alegre.

Visitó todos los monumentos públicos y descansó un buen rato sobre la punta del campanario de la iglesia.

Por todas partes donde iba, los gorriones piaban, diciéndose unos a otros:

—¡Qué extranjera más distinguida!

Y esto la llenaba de gozo.

Al salir la luna, volvió volando a toda prisa hacia el Príncipe Feliz.

—¿Tienes algún encargo para Egipto? —le gritó—. Estoy por partir.

—Golondrina, Golondrina, Golondrinita —dijo el Príncipe—, ¿no te quedarás otra noche conmigo?

—Me esperan en Egipto —respondió la Golondrina—. Mañana mis amigas volarán hacia la segunda catarata. Allí, el hipopótamo se acuesta entre los juncos y el dios Memnón se alza sobre un gran trono de granito. Acecha a las estrellas durante la noche y, cuando brilla Venus, lanza un grito de alegría y luego calla. A mediodía, los rojizos leones bajan a beber a la orilla del río. Sus ojos son verdes aguamarina y sus rugidos más atronadores que la propia catarata.

—Golondrina, Golondrina, Golondrinita —dijo el Príncipe—, allá abajo, al otro lado de la ciudad, veo a un joven en una buhardilla. Está inclinado sobre una mesa cubierta de papeles, y en un vaso a su lado hay un ramo de violetas marchitas. Su cabello es negro y rizado, y sus labios son rojos como granos de granada. Tiene unos grandes ojos soñadores. Se esfuerza en terminar una obra para el director del teatro, pero siente demasiado frío para escribir más. No hay fuego en su aposento y el hambre lo ha rendido.

—Me quedaré otra noche contigo —dijo la Golondrina, que tenía realmente un buen corazón—. ¿Debo llevarle otro rubí?

—¡Ay! No tengo más rubíes —dijo el Príncipe—. Mis ojos son lo único que me queda. Son unos zafiros extraordinarios traídos de la India hace un millar de años. Arranca uno de ellos y llévaselo. Lo venderá a un joyero, comprará alimento y combustible, y podrá terminar su obra.

—Amado Príncipe —dijo la Golondrina—, no puedo hacer eso.

Y se puso a llorar.

—¡Golondrina, Golondrina, Golondrinita! —insistió el Príncipe—. Haz lo que te pido.

Entonces la Golondrina arrancó uno de los ojos del Príncipe y voló hacia la buhardilla del estudiante. Era fácil entrar en ella porque había un agujero en el techo. La Golondrina pasó a través de él como una flecha y se encontró dentro de la habitación.

El joven tenía la cabeza hundida entre las manos y no oyó el aleteo del pájaro. Cuando por fin levantó la vista, vio el hermoso zafiro colocado sobre las violetas marchitas.

—¡Empiezo a ser reconocido! —exclamó—. Esto proviene de algún rico admirador. Ahora ya podré terminar mi obra.

Y su rostro se iluminó de felicidad.

Al día siguiente, la Golondrina voló hacia el puerto.

Descansó sobre el mástil de un gran navío y contempló a los marineros que sacaban enormes cajas de la bodega, tirando de gruesos cabos.

—¡Ah, iza! —gritaban a cada caja que llegaba a cubierta.

—¡Me voy a Egipto! —les gritó la Golondrina.

Pero nadie le hizo caso y, al salir la luna, volvió hacia el Príncipe Feliz.

—He venido a despedirme —le dijo.

—¡Golondrina, Golondrina, Golondrinita, Golondrinita! —exclamó el Príncipe—. ¿No te quedarás conmigo una noche más?

—Es invierno —replicó la Golondrina—, y pronto llegará la nieve glacial. En Egipto, el sol brilla cálido sobre las palmeras verdes. Los cocodrilos, acostados en el barro, miran perezosamente a los árboles a orillas del río. Mis compañeras construyen nidos en el templo de Baalbek. Las palomas rosadas y blancas las siguen con la mirada y se arrullan. Amado Príncipe, debo partir, pero nunca te olvidaré. En la próxima primavera te traeré dos bellas piedras preciosas para sustituir las que has dado. El rubí será más rojo que una rosa escarlata, y el zafiro tan azul como el océano.

—Allá abajo, en la plazoleta —dijo el Príncipe Feliz—, hay una niña vendedora de fósforos. Se le han caído al arroyo y se han estropeado todos. Su padre la golpeará si no lleva dinero a casa, y está llorando. No tiene medias ni zapatos y lleva su cabecita descubierta. Arráncame el otro ojo y dáselo. Así su padre no la castigará.

—Pasaré otra noche contigo —dijo la Golondrina—, pero no puedo arrancarte el ojo porque entonces te quedarás completamente ciego.

—¡Golondrina, Golondrina, Golondrinita! —dijo el Príncipe—. Haz lo que te mando.

Entonces la Golondrina volvió de nuevo hacia el Príncipe y emprendió el vuelo llevándoselo.

Se posó sobre el hombro de la vendedorcita de fósforos y deslizó la joya en la palma de su mano.

—¡Qué bonito pedazo de cristal! —exclamó la niña, y corrió a su casa muy alegre.

Entonces la Golondrina volvió de nuevo hacia el Príncipe.

—Ahora estás ciego. Por eso me quedaré contigo para siempre.

—No, Golondrinita —dijo el pobre Príncipe—. Tienes que ir a Egipto.

—Me quedaré contigo para siempre —repitió la Golondrina.

Y se durmió entre los pies del Príncipe.

Al día siguiente, se colocó sobre el hombro del Príncipe y le contó lo que había visto en tierras lejanas.

Le habló de los ibis rojos que se alineaban a orillas del Nilo, pescando con sus largos picos peces dorados; de la Esfinge, tan antigua como el mundo, que vive en el desierto y lo sabe todo; de los mercaderes que caminan lentamente junto a sus camellos, pasando las cuentas de rosarios de ámbar entre sus dedos; del rey de las montañas de la Luna, negro como el ébano, que adora un gran bloque de cristal; de la enorme serpiente verde que duerme en una palmera y a la que deben alimentar con pastelitos de miel veinte sacerdotes; y de los pigmeos que navegan por un gran lago sobre anchas hojas flotantes, siempre en guerra con las mariposas.

—Querida Golondrinita —dijo el Príncipe—, me cuentas cosas maravillosas, pero más maravilloso aún es el sufrimiento de los hombres y las mujeres. No hay misterio más grande que la miseria. Vuela por mi ciudad, Golondrinita, y dime lo que veas.

Entonces la Golondrina voló por la gran ciudad y vio a los ricos celebrando suntuosos banquetes en sus espléndidos palacios, mientras los mendigos yacían sentados en sus portales.

Sobrevoló los barrios sombríos y vio los rostros pálidos de los niños que morían de hambre, mirando con ojos vacíos las calles oscuras.

Bajo los arcos de un puente, dos pequeños se abrazaban para darse calor.

—¡Qué hambre tenemos! —susurraban.

—¡No pueden quedarse aquí acostados! —les gritó un guardia.

Y los niños se alejaron bajo la lluvia.

Entonces la Golondrina reanudó su vuelo y fue a contar al Príncipe lo que había visto.

—Estoy cubierto de oro fino —dijo el Príncipe—. Arráncalo hoja por hoja y repártelo entre los pobres. Los hombres creen siempre que el oro puede hacerlos felices.

Hoja por hoja, la Golondrina arrancó el oro fino hasta que el Príncipe Feliz quedó sin brillo ni esplendor.

Hoja por hoja, lo distribuyó entre los pobres, y las caritas de los niños volvieron a sonrosarse, reían y jugaban en las calles.

—¡Ya tenemos pan! —gritaban felices.

Entonces llegó la nieve, y después de la nieve, el hielo.

Las calles parecían empedradas de plata por cómo brillaban y relucían.

Largos carámbanos, semejantes a puñales de cristal, colgaban de los tejados de las casas. Todo el mundo se abrigaba con pieles, y los niños, con gorritos rojos, patinaban sobre el hielo.

La pobre Golondrina tenía frío, cada vez más frío, pero no quería abandonar al Príncipe: lo amaba demasiado para hacerlo.

Picoteaba las migas a la puerta del panadero cuando este no la veía e intentaba calentarse batiendo las alas.

Pero, al fin, sintió que la muerte se acercaba. Apenas tuvo fuerzas para volar una última vez hasta el hombro del Príncipe.

—¡Adiós, amado Príncipe! —murmuró—. Permíteme que te bese la mano.

—Me alegra saber que al fin partirás a Egipto, Golondrina —dijo el Príncipe—. Has permanecido aquí demasiado tiempo. Pero debes besarme en los labios, porque te amo.

—No es a Egipto adonde voy —susurró la Golondrina—. Voy a la morada de la Muerte. La Muerte es hermana del Sueño, ¿verdad?

Y besando al Príncipe Feliz en los labios, cayó muerta a sus pies.

En ese mismo instante, sonó un extraño crujido en el interior de la estatua, como si algo se hubiese roto.

Lo cierto es que el corazón de plomo se había partido en dos. Realmente hacía un frío terrible.

A la mañana siguiente, muy temprano, el alcalde paseaba por la plaza con dos concejales de la ciudad.

Al pasar junto al pedestal, levantó la vista hacia la estatua.

—¡Dios mío! —exclamó—. ¡Qué andrajoso se ve el Príncipe Feliz!

—¡Sí, está verdaderamente andrajoso! —repitieron los concejales, que siempre estaban de acuerdo con el alcalde.

Y levantaron la cabeza para mirar la estatua.

—El rubí de su espada ha desaparecido, ya no tiene ojos y ha perdido todo su dorado —comentó el alcalde—. En resumen, parece un pordiosero.

—¡Sí, un pordiosero! —repitieron a coro los concejales.

—Y tiene un pájaro muerto a sus pies —prosiguió el alcalde—. Realmente, habrá que promulgar un bando prohibiendo a los pájaros morir en esta plaza.

El secretario del Ayuntamiento tomó nota de aquella idea.

Entonces se ordenó derribar la estatua del Príncipe Feliz.

—Al no ser ya hermosa, de nada sirve —dictaminó el profesor de estética de la universidad.

Fundieron la estatua en un gran horno, y el alcalde convocó al Concejo para decidir qué hacer con el metal.

—Podríamos —propuso— hacer una nueva estatua… la mía, por ejemplo.

—O la mía —dijo cada uno de los concejales.

Y acabaron en una disputa.

—¡Qué cosa más extraña! —dijo el maestro de la fundición—. Este corazón de plomo no quiere fundirse en el horno. Habrá que desecharlo.

Los fundidores lo arrojaron al montón de basura, donde yacía la golondrina muerta.

Entonces Dios le dijo a uno de sus ángeles:

—Tráeme las dos cosas más valiosas de la ciudad.

Y el ángel le llevó el corazón de plomo y el pequeño pájaro muerto.

—Has elegido bien —dijo Dios—. En mi jardín del Paraíso, este pajarillo cantará eternamente, y en mi ciudad de oro, el Príncipe Feliz repetirá mis alabanzas.

LIBRO SEGUNDO: EL CRIMEN DE LORD ARTHUR SAVILE Y OTRAS HISTORIAS

EL NIÑO-ASTRO

Érase una vez dos pobres leñadores que regresaban a su casa cruzando un gran pinar. Era invierno y hacía un frío terrible. La nieve caía espesa sobre la tierra y los árboles; el hielo acumulado rompía las ramas más pequeñas y débiles, y cuando los leñadores llegaron al Torrente de la Montaña, vieron que este colgaba inerte en el aire porque había recibido el beso del Rey de Hielo. Tanto frío hacía, que aun los animales, hasta los mismos pájaros, no sabían qué hacer.

—¡Muh! —gruñó el lobo, saltando entre los matorrales con su cola entre las patas—. ¡Hace un tiempo perfectamente horrible! ¿Por qué no trata de remediarlo el gobierno?

—¡Uit! ¡Uit! ¡Uit! —gorjeaban los verdes colorines—; la anciana Tierra ha muerto, y le han puesto su mortaja blanca.

—La Tierra se va a desposar, y este es su traje de bodas —murmuraban las tórtolas entre sí. Tenían sus piececitos rosados heridos por el hielo, pero sentían que era un deber considerar la situación de un modo romántico.

—¡Vamos! —gruñó el lobo—. Les digo que toda la culpa la tiene el gobierno, y a quien no me crea, me lo comeré.

El lobo poseía un gran sentido práctico y nunca le faltaban argumentos sólidos.

—Bueno, lo que es por mí —dijo un pajarillo que había nacido filósofo—, las explicaciones me importan… una teoría atómica. Si una cosa es así, pues es así, y ahora lo que hay es que hace un frío horrible.

Verdaderamente, el frío era atroz. Las ardillas que vivían dentro del gran abeto no dejaban de frotarse las naricitas unas con otras a fin de conservarlas calientes, y los conejos permanecían acurrucados en sus madrigueras sin atreverse siquiera a asomarse. Los únicos seres que parecían contentos eran los búhos; sus plumas estaban atiesadas por la escarcha, pero eso los tenía sin cuidado. Movían sus grandes ojos amarillos y no cesaban de llamarse unos a otros a través del bosque:

—¡Tu-juit! ¡Tu-ju! ¡Tu-juit! ¡Tu-ju! ¡Qué tiempo más delicioso tenemos!

Los dos leñadores caminaban uno tras otro, frotándose las manos violentamente, y sus botas bastas y claveteadas dejaban marcado el camino sobre la nieve endurecida. Una vez se hundieron en un arroyo profundo y salieron de él blancos como los molineros cuando se mueve el molino, y otra vez, por donde las lagunas se habían helado, resbalaron sobre la dura llanura del hielo. Se soltaron los nudos de sus gavillas de leña y tuvieron que recogerlas y atarlas de nuevo. Otra vez se creyeron perdidos, y un gran terror se apoderó de ellos, porque sabían cuán cruel es la nieve para quien se duerme en sus brazos. Pero confiaban en el buen San Martín, que vela por todos los viajeros, y, rehaciendo el camino, avanzaban prudentemente. Por fin llegaron al final del bosque y vieron a lo lejos, en el valle que se extendía por debajo de ellos, las luces de su aldea.

Tan locos de alegría estaban al verse salvados, que se pusieron a reír a carcajadas. La tierra les pareció una flor de plata y la luna, una flor de oro.

Pero después de tanto reír se quedaron tristes, pues recordaron su pobreza, y uno de ellos le dijo al otro:

—¿A qué alegrarnos, puesto que la vida es para los ricos y no para aquellos que están como nosotros? Más nos valía haber perecido de frío en el bosque o haber sido devorados por una fiera.

—Verdad es —contestó su compañero— que a algunos se les da mucho y a otros bien poco. La injusticia ha repartido el mundo y no hay partes iguales de nada, salvo de dolor.

Y he aquí que, mientras lamentaban su miseria, sucedió un hecho extraño. Cayó del cielo una estrella muy brillante y hermosa; se deslizó hacia abajo, pasando en su curso por entre las demás estrellas, y mientras los leñadores la contemplaban asombrados, les pareció que se hundía tras un grupo de sauces situado junto a un pequeño establo que se encontraba al alcance de una piedra.

—Bueno, habrá oro para quien lo encuentre —exclamaron los dos, y, en su afán de hallar oro, echaron a correr hacia allí.

Uno de ellos corría más aprisa y se adelantó a su compañero. Siguió su carrera a través de los sauces, salió al otro lado y, he aquí, realmente había un objeto de oro destacándose sobre la blancura de la nieve. Se apresuró a cogerlo, se inclinó para ello y vio que era un manto de tisú de oro adornado con estrellas y doblado en muchas vueltas. Gritó a su camarada, diciéndole que había encontrado el tesoro caído del cielo, y cuando el camarada llegó junto a él, se sentaron los dos en la nieve y empezaron a desdoblar el manto para repartirse las monedas de oro.

Pero ¡ay!, no había oro en el manto, ni plata, ni tesoro de ninguna clase, sino solamente un niño pequeño que estaba dormido.

Y uno de los leñadores le dijo al otro:

—¡Qué mal acaba nuestra esperanza! ¡Qué poca suerte tenemos! ¿Qué puede sacar un hombre de un niño? Dejémoslo aquí y sigamos nuestro camino, ya que somos pobres y tenemos a nuestros hijos, cuyo pan no podemos dar a otro.

Pero su compañero le replicó:

—No, sería una mala acción dejar aquí a este niño para que se muera de frío entre la nieve, y aunque soy tan pobre como tú y debo alimentar muchas bocas, teniendo poco en el puchero para ello, me llevaré este niño a mi casa y mi mujer cuidará de él.

Cogió al niño con ternura, lo envolvió en el manto para preservarlo del frío cortante y volvió a descender la colina, dirigiéndose hacia la aldea, mientras su compañero quedaba asombrado por tanta necedad y tanta blandura de corazón.

Y llegando a la aldea, le dijo a su camarada:

—Ya que tú tienes al niño, dame a mí el manto, pues justo es que repartamos el hallazgo.

Pero él le contestó:

—No, porque el manto no es ni tuyo ni mío, sino del niño. ¡Buena suerte, pues!

Y se despidió, dirigiéndose a su casa.

Llamó. Al abrir la puerta y ver que su marido había regresado con felicidad, su mujer lo abrazó, lo besó, lo ayudó a deshacerse del haz de leña que llevaba a la espalda, le limpió la nieve de las botas y le dijo que entrara.

Pero él contestó:

—He encontrado algo en el bosque y te lo traigo para que cuides de ello —y no pasaba del umbral de la puerta.

—¿Qué es? —preguntó ella—. Muéstramelo, que la casa está vacía y son muchas las cosas que nos hacen falta.

Él, entonces, descubrió el manto y mostró al niño dormido.

—¡Pero, hombre! —murmuró la mujer—. ¿No tenemos ya a nuestros hijos, que necesitas traer un intruso a sentarse en nuestro hogar? ¡Y acaso nos traiga mala suerte! ¿Y cómo voy a cuidarlo yo?

Y se puso furiosa contra su marido.

—No, que es un Niño-Astro —contestó él, y le contó la extraña aventura.

Pero ella no se apaciguaba; le hizo burla, se enfureció más y exclamó por fin:

—Nuestros hijos carecen de pan y ¿vamos a dar de comer al hijo de otros? ¿Quién atenderá entonces a los nuestros? ¿Quién les dará de comer?

—Dios cuida hasta de los gorriones y les da alimento —repuso él.

—¿Acaso no mueren también los gorriones de hambre durante el invierno? —contestó ella—. ¿Y no estamos ahora en invierno?

El hombre no dijo nada, pero no se movió del umbral de la puerta. Un viento horrible, venido del bosque, hacía temblar la puerta abierta. La mujer tiritaba y le dijo al marido:

—¿Por qué no cierras la puerta? Penetra en casa un viento horrible y tengo frío.

—En la casa donde hay un mal corazón, ¿no entra acaso siempre un viento horrible? —replicó él.

La mujer calló y se acercó al fuego.

Después de unos momentos, volvió y miró a su marido con los ojos arrasados de lágrimas. Él, entonces, entró rápidamente, le puso al niño en los brazos, y ella lo besó y lo acostó en una cuna, en la cual estaba durmiendo el más pequeño de sus hijos. Al día siguiente, el leñador tomó el extraño manto de oro y lo guardó en un arca; y su mujer cogió una cadena de ámbar que rodeaba el cuello del niño y la guardó también junto al manto.

Así fue como el Niño-Astro creció con los hijos del leñador; se sentaba a su mesa y era su compañero de juegos. Y cada año que transcurría se hacía más hermoso, y todos los habitantes de la aldea admiraban su belleza, pues, mientras ellos eran morenos y de cabello oscuro, él era blanco y delicado como el marfil, y los rizos de su cabellera se asemejaban a los anillos del narciso. Sus labios eran como los pétalos de una flor encarnada; sus ojos, como violetas en un río de agua cristalina, y su cuerpo, como los narcisos de un campo virgen, inmaculado de segadores.

Pero su hermosura le inspiraba el mal. Creció altivo, cruel y egoísta. Despreciaba a los hijos del leñador y a los demás niños de la aldea, diciéndoles que eran de origen humilde, mientras que él era de noble estirpe, porque había nacido de una estrella. Y se erigió en señor de todos ellos, y los llamaba sus criados; no sentía piedad por los desvalidos, ni por los ciegos o mutilados, ni por los afligidos, sino que, por el contrario, les tiraba piedras, los arrojaba a la carretera y les prohibía mendigar el pan, de modo que nadie, salvo los que estaban fuera de la ley, llegaban dos veces hasta aquella aldea a pedir limosna. Estaba convencido hasta tal punto de su propia belleza, que se reía de los raquíticos y poco agraciados, burlándose de ellos.

El leñador y su mujer lo reprendían a menudo, diciéndole:

—Nosotros no te tratamos como tratas tú a los que se quedan solitarios, sin tener quién los ampare. ¿Por qué te muestras tan duro con quienes necesitan compasión?

A menudo, también el anciano sacerdote lo mandaba llamar e intentaba inculcarles el amor a los seres vivientes, diciéndole:

—La mosca es hermana tuya; no le hagas daño. Los pájaros silvestres que vuelan por el bosque tienen derecho a la vida; no te diviertas poniendo trampas. Dios creó al gusano y al topo, y cada uno tiene designado su lugar en el mundo. ¿Quién eres tú para traer penas a la creación de Dios? Hasta el ganado del campo alaba al Señor.

Pero el Niño-Astro no prestaba atención a estas palabras; ponía mala cara, profería insultos y se iba a gobernar a sus compañeros. Y estos lo seguían porque era hermoso, tenía los pies ligeros y sabía hacer música con la flauta. Y dondequiera que el Niño-Astro los llevaba, ellos lo seguían, y cualquier cosa que el Niño-Astro les mandaba, ellos la hacían. Y cuando él, con una caña afilada, le saltaba al topo los ojos turbios, ellos se echaban a reír; y cuando tiraba piedras a un leproso, también se reían. En todo los gobernaba, y los hizo volverse tan duros de corazón como él.

Un día pasó por la aldea una pobre mendiga. Tenía la ropa desgarrada y andrajosa, los pies le sangraban a causa del áspero camino recorrido, y toda su apariencia era miserable. Y como estaba muy cansada, se sentó a descansar debajo de un castaño.

Al verla, el Niño-Astro dijo a sus compañeros:

—Miren, bajo aquel hermoso árbol cubierto de hojas verdes está sentada una mendiga asquerosa. Vamos a echarla de aquí, porque es fea y desagradable.

Dicho esto, se aproximó a la anciana, la apedreó y se burló de ella. La mujer lo miraba con terror y no le apartaba la vista de encima.

Cuando el leñador, que se hallaba partiendo leña en un montecillo cercano, vio lo que hacía el Niño-Astro, corrió a reprenderlo, diciéndole:

—Verdaderamente tienes el corazón muy duro y no sabes lo que es tener misericordia. ¿Qué daño te ha hecho esa pobre mujer para que la trates de ese modo?

El Niño-Astro se puso furioso, pateó la tierra y contestó:

—¿Quién eres tú para interrogarme acerca de lo que hago? No soy tu hijo y no te debo obediencia.

—Dices bien —repuso el leñador—, pero yo te enseñé la piedad cuando te hallé en el bosque.

Al oír estas palabras, la mendiga dio un gran grito y se desmayó. El leñador la llevó a su casa, donde su mujer la atendió y, cuando recobró el conocimiento, colocaron ante ella comida y bebida para que se reconfortara.

Pero ella, en lugar de comer y beber, le dijo al leñador:

—¿No dijiste que el niño fue encontrado en el bosque? Y ¿no han transcurrido diez años desde entonces?

—Sí —contestó el leñador—; en el bosque encontré yo al niño, y van diez años de ello.

—Y ¿qué encontraste junto a él? —prosiguió la mendiga—. ¿No llevaba alrededor del cuello un collar de ámbar? ¿No iba envuelto en un manto de tisú de oro bordado con estrellas?

—Cierto —contestó el leñador—, era como tú dices —y sacó, del arca donde los guardaba, el collar de ámbar y el manto de oro, y se los mostró.

Al verlos, la mendiga se echó a llorar de alegría y exclamó:

—Es mi hijito, al que yo perdí en el bosque. Te suplico que mandes pronto por él, porque vengo recorriendo el mundo en su busca.

El leñador salió con su mujer a llamar al Niño-Astro:

—Entra en casa —le dijeron—, que allí está tu madre esperándote.

Entró el niño, con gran frialdad y asombro; pero al ver quién lo esperaba, se echó a reír desdeñosamente, diciendo:

—¿Y dónde está mi madre? Porque aquí solo veo a esta mendiga.

Ella le dijo entonces:

—Yo soy tu madre.

—Estás loca —exclamó él, colérico—. Yo no soy tu hijo, tú eres una mendiga fea y harapienta. Por lo tanto, vete de aquí y no vuelvas a mostrarme tu repugnante cara.

—No, que eres verdaderamente mi hijito, el que yo perdí en el bosque —exclamó ella. Y, cayendo de rodillas, le tendió los brazos—. Te robaron unos ladrones y te dejaron para que murieras —continuó diciendo—; pero te he reconocido en seguida y también reconozco el manto de tisú de oro y el collar de ámbar. Te suplico que vengas conmigo, pues he errado por toda la tierra buscándote. Ven conmigo, hijo mío, ven, que necesito tu cariño.

Pero el Niño-Astro permaneció inmóvil y cerró las puertas de su corazón. No se oía ningún ruido, salvo el llanto de la mendiga que lloraba de pena.

Y, por fin, habló el niño, con voz dura y severa:

—Si realmente eres mi madre —dijo—, mejor hubieras hecho en marcharte que en venir a avergonzarme, ya que yo me creía hijo de una estrella y no de una mendiga como tú. Vete de aquí, y que no te vuelva a ver más.

—¡Ay!, hijo mío —repuso ella—. ¿No me besarás siquiera antes de que me vaya? Mira que mi dolor ha sido muy grande al encontrarte.

—No —contestó el Niño-Astro—, que estás muy sucia. Besaría a una víbora o a un sapo antes que a ti.

La mendiga se levantó entonces y se fue al bosque, llorando amargamente. Al ver que se había ido, el Niño-Astro se puso muy contento y volvió junto a sus compañeros para seguir jugando.

Pero al verle llegar, estos se volvieron contra él, diciéndole:

—Eres tan vil como el sapo y tan aborrecible como la víbora. Márchate de aquí, que no queremos que juegues con nosotros.

Y lo echaron fuera del jardín.

El Niño-Astro se enfureció, murmurando:

—¿Qué es lo que me han dicho? Iré al pozo, me miraré detenidamente y el pozo me dirá cuán hermoso soy.

Así lo hizo, pero ¡ay!… Su cara era como la de un sapo y su cuerpo tenía escamas como el de una víbora. Entonces se echó a llorar sobre la hierba, diciendo:

—Seguramente me sucede esto en castigo de mi pecado. He negado a mi madre, la he echado de mi lado y me he mostrado altivo y cruel con ella. Por lo tanto, debo ir a buscarla por todo el mundo y no descansaré hasta haberla encontrado.

En ese instante se acercó la más pequeña de las hijas del leñador y, poniéndole la mano encima del hombro, le preguntó:

—¿Qué te ocurre que has perdido tu hermosura? Quédate con nosotros, que yo no me burlaré de ti.

Y él contestó:

—No, porque he sido cruel con mi madre y este mal me ha sido enviado en castigo; así que debo irme de aquí y andar por todo el mundo hasta encontrarla y conseguir su perdón.

Así, marchó al bosque y llamó a su madre, pero en vano. Todo el día la estuvo llamando; cuando se puso el sol, se tendió en un lecho de hojas para dormir. Los pájaros y todos los animalitos huían de él, recordando su crueldad, y se quedó solo. Únicamente le hacían compañía el sapo, que parecía servirle de guardia, y la víbora, que pasaba arrastrándose lentamente.

A la mañana siguiente se levantó, cogió de los árboles algunas frutas amargas, se las comió y, llorando lastimosamente, emprendió el camino a través del bosque inmenso. Y a todo el que encontraba le preguntaba si por casualidad había visto a su madre. Al topo le dijo:

—Tú, que andas por debajo de la tierra, dime: ¿está mi madre allí?

Y el topo le contestó:

—Me has dejado ciego, ¿cómo quieres que la vea?

Le dijo al colorín:

—Tú, que puedes volar por encima de los árboles y puedes verlo todo, dime: ¿no ves a mi madre?

Y el colorín le contestó:

—Me has cortado las alas por divertirte, ¿cómo quieres que vuele?

Y a la pequeña ardilla, que vivía solitaria dentro del abeto, le dijo:

—¿Dónde está mi madre?

Y la ardilla le contestó:

—A mí me mataste, ¿quieres acaso matarla también?

El Niño-Astro lloró, bajó la cabeza, pidió a Dios que le perdonara todas sus culpas y siguió por el bosque buscando a su madre mendiga. Y al tercer día había atravesado todo el bosque y descendió hacia la llanura.

Cuando pasaba por las aldeas, los niños le hacían burla y lo apedreaban, y los campesinos no le permitían dormir en los establos sino después de sacar fuera todo el estiércol. Estaba tan sucio, que lo echaban de todas partes y nadie se apiadaba de él. En ningún lugar pudo saber de la mendiga que era su madre, a pesar de vagar por el mundo durante tres años. A menudo le parecía verla frente a él por algún camino, y la llamaba y corría tras ella hasta ensangrentarse los pies con los puntiagudos guijarros, pero no lograba alcanzarla. Y aquellos a quienes preguntaba por ella contestaban que sí, que la habían visto, y si no, que habían visto a otra parecida, y se reían de su pena.

Por espacio de tres años anduvo errando por el mundo, y en el mundo no había para él ni amor, ni afecto, ni caridad; y es que aquel mundo era el que él mismo se había forjado en los días de su altivez.

Una noche llegó a la puerta de una ciudad rodeada de fuertes murallas y situada junto a un río, y como estaba muy cansado y tenía los pies heridos, decidió entrar en ella. Pero los soldados que montaban la guardia no le permitieron la entrada, cruzaron sus lanzas y le preguntaron duramente qué buscaba en la ciudad.

—Voy en busca de mi madre —contestó él—, y les suplico que me dejen pasar, pues quizás esté en esta ciudad.

Pero se burlaron de él, y uno de los soldados, que tenía una gran barba negra, apoyó su arma en el suelo y exclamó:

—En verdad que para tu madre no habrías de ser ninguna alegría, pues eres más feo que el sapo de la laguna y la víbora que se arrastra por el pantano: ¡lárgate de aquí!

Otro soldado, que sostenía un estandarte amarillo, le preguntó:

—¿Quién es tu madre y por qué la andas buscando?

Y él contestó:

—Mi madre es una mendiga como yo, y la traté mal; te ruego que me dejes pasar para que me perdone, si es que se ha detenido en esta ciudad.

Pero los soldados no hicieron caso de lo que decía y lo pincharon con sus lanzas.

Cuando ya se alejaba, llorando, llegó un hombre cuya armadura tenía incrustaciones de flores doradas y cuyo yelmo ostentaba un león alado. Se acercó y preguntó a los soldados quién era aquel que había solicitado entrar.

—Es un mendigo, hijo de una pordiosera, y lo hemos echado de aquí —dijeron los soldados.

—No —exclamó riendo el recién llegado—, podemos venderlo como esclavo; lo daremos por una copa de vino dulce.

Un viejo de mal aspecto que pasaba por allí dijo entonces:

—Lo compro por ese precio.

Y después de pagar lo convenido, cogió al Niño-Astro de la mano y entró con él en la ciudad.

Después de recorrer muchas calles, llegaron ante una puertecita abierta en una pared, junto a la cual había un granado. El viejo golpeó la puerta con un anillo de jaspe tallado, la puerta se abrió y bajaron por cinco escalones de bronce a un jardín lleno de amapolas negras y jarrones verdes de barro cocido. El viejo sacó entonces de su turbante un pedazo de seda bordado, vendó con él los ojos del Niño-Astro y lo hizo avanzar.

Cuando le quitó la venda, el Niño-Astro se encontró en un calabozo alumbrado por un farol de cuerno.

El viejo colocó encima de una mesa un pedazo de pan añejo y le dijo:

—¡Come!

Le sirvió un poco de agua en una taza y le dijo:

—¡Bebe!

Y después de haberlo visto comer y beber, se fue, cerrando la puerta tras de sí y asegurándola con una cadena de hierro.

A la mañana siguiente, el viejo, que debía poseer tantas habilidades como los magos de Libia y que había aprendido su ciencia de uno de ellos que habitaba en las tumbas del Nilo, entró y, con malos modos, le dijo:

—En un bosque que está cerca de las puertas de esta ciudad de Giaours hay tres monedas de metal. Una es de metal blanco, otra de metal amarillo y la tercera de metal rojizo. Hoy me vas a traer la pieza de metal blanco, y si vuelves sin ella, te daré cien latigazos. Ve de prisa: al ponerse el sol, te esperaré a la puerta del jardín. Y no dejes de traer el metal blanco, o te irá mal conmigo: eres mi esclavo, pues te compré por una copa de vino dulce.

Le vendó los ojos con la venda de seda blanca, lo condujo a través de la casa y del jardín de amapolas, le hizo subir los cinco escalones de bronce y, abriendo la puerta con su anillo, lo puso en la calle.

El Niño-Astro salió de las puertas de la ciudad y llegó al bosque.

Desde afuera, el bosque estaba hermosísimo; parecía lleno de pájaros cantarines y de flores deliciosamente perfumadas, así que el Niño-Astro penetró en él con gran alegría. Pero aquel esplendor no le servía de nada, pues dondequiera que iba, zarzas y espinas brotaban a su paso y lo cercaban, ortigas dañinas lo pinchaban y hojas de cardo le agujereaban la piel; de modo que pronto se encontró en un terrible aprieto, y tampoco pudo hallar por ningún lado la moneda de metal blanco, de la cual le había hablado el mago, a pesar de buscarla desde el amanecer hasta el mediodía y desde el mediodía hasta la puesta del sol. Entonces volvió a la casa llorando desconsoladamente, pues sabía demasiado bien lo que allí le esperaba.

Pero al llegar a la orilla del bosque oyó un grito, como de alguien que se quejaba, que provenía de un matorral; y olvidando sus propias penas, volvió sobre sus pasos y vio una liebre pequeñita atrapada en una trampa puesta por algún cazador.

El Niño-Astro tuvo piedad de la liebre y la liberó, diciéndole:

—No soy más que un esclavo, pero puedo devolverte tu libertad.

La liebre le contestó entonces:

—Es verdad, tú me has liberado; ¿qué puedo darte a cambio?

—Estoy buscando una moneda de metal blanco —le dijo el Niño-Astro—, no la encuentro por ninguna parte y si no se la llevo a mi amo, me dará de palos.

—Ven conmigo —repuso la liebre—, que yo te llevaré adonde está, pues sé dónde fue escondida y con qué fin.

El Niño-Astro siguió a la liebre, y he aquí que dentro de un gran roble vio la moneda de metal blanco tan buscada. Lleno de alegría la cogió y dijo a la liebre:

—El servicio que te presté, me lo has pagado con creces, y el cariño que te demostré me lo has devuelto centuplicado.

—No es nada —contestó la liebre—, solo te he tratado como tú me trataste.

Dicho esto, desapareció rápidamente, y el Niño-Astro se dirigió hacia la ciudad.

En la puerta de esta se hallaba sentado un leproso. Sobre su cara pendía una capucha de tela gris, a través de cuyos agujeros brillaban sus ojos como carbones encendidos. Al ver llegar al Niño-Astro, golpeó su taza de madera, agitó su cascabel y, llamándolo, le dijo:

—Dame una moneda, pues si no, me moriré de hambre; me han echado de la ciudad y no hay quien se apiade de mí.

—¡Ay! —exclamó el Niño-Astro—, solo tengo una moneda dentro de mi bolsa y si no se la llevo a mi amo, me apaleará, pues soy su esclavo.

Pero tanto rogó y suplicó el leproso, que el Niño-Astro se compadeció y le dio la moneda de metal blanco.

Cuando llegó a casa del mago, este le abrió la puerta y, haciéndolo entrar, le preguntó:

—¿Traes la moneda de metal blanco?

—No la traigo —contestó el Niño-Astro.

Entonces el mago se lanzó sobre él, lo maltrató y, colocándolo ante una mesa vacía, le dijo:

—¡Come!

Y dándole una taza vacía, añadió:

—¡Bebe!

Y lo encerró de nuevo en el calabozo.

Al día siguiente llegó y le dijo:

—Si hoy no me traes la moneda de metal amarillo, te retendré como esclavo para siempre y te daré trescientos latigazos.

El Niño-Astro se fue al bosque y estuvo todo el día buscando la moneda de metal amarillo, pero no pudo dar con ella por ninguna parte. Al ponerse el sol, se sentó en el suelo y rompió a llorar. Mas he aquí que, mientras lloraba, llegó la liebre a la que había liberado de la trampa.

—¿Por qué lloras? —le preguntó la liebre—. ¿Y qué haces en el bosque?

—Estoy buscando una moneda de metal amarillo que está aquí escondida —contestó el Niño-Astro—, y si no la encuentro, mi amo me pegará y me retendrá como esclavo.

—¡Sígueme! —ordenó la liebre.

Y corrieron por el bosque hasta llegar a una laguna. En el fondo de la laguna estaba la moneda de metal amarillo.

—¿Cómo darte las gracias? —dijo el Niño-Astro—, pues esta es ya la segunda vez que me salvas.

—Tú tuviste compasión de mí primero —dijo la liebre, y desapareció velozmente.

El Niño-Astro cogió entonces la moneda de metal amarillo, la metió en su bolsillo y se dirigió hacia la ciudad. Pero el leproso lo divisó de lejos, corrió a su encuentro y, arrodillándose ante él, exclamó:

—Si no me das una moneda, me moriré de hambre.

—No tengo en mi bolsillo más que una moneda de metal amarillo —le dijo el Niño-Astro—, y si no se la llevo a mi amo, me apaleará y me retendrá como esclavo.

Pero el leproso le suplicó tan lastimosamente, que el Niño-Astro acabó por compadecerse y darle la moneda de metal amarillo.

Y cuando llegó a la casa, el mago le abrió la puerta, lo hizo entrar y le preguntó:

—¿Traes la moneda de metal amarillo?

Y el Niño-Astro hubo de contestar:

—No la traigo.

Entonces el mago se lanzó sobre él, le pegó, lo cargó de cadenas y lo arrojó de nuevo al calabozo.

Al otro día llegó y le dijo:

—Si me traes hoy la moneda de metal rojizo, te dejaré libre; pero si no me la traes, te mataré sin remedio.

El Niño-Astro se fue al bosque y durante todo el día buscó la moneda de metal rojizo sin poder hallarla por ninguna parte. Al ponerse el sol, se sentó y rompió a llorar, y mientras lloraba, llegó la liebre.

Y la liebre le dijo:

—La moneda que buscas se halla en la caverna que está detrás de ti. Por lo tanto, alégrate en vez de llorar.

—¿Cómo recompensarte? —exclamó el Niño-Astro—, pues ya es la tercera vez que me salvas.

—Tú te compadeciste de mí primero —repuso la liebre, y desapareció rápidamente.

El Niño-Astro entró en la caverna y, en el sitio más recóndito, halló la moneda de metal rojizo. La metió en su bolsillo y volvió a la ciudad. Viéndolo venir, el leproso se interpuso en su camino y dijo:

—¡Dame la moneda de metal rojizo o me muero!

El Niño-Astro tuvo lástima de él y le entregó la moneda, diciéndole:

—Tu necesidad es mayor que la mía.

Pero su corazón quedó oprimido, pues sabía la suerte que le esperaba.

Mas he aquí que, al pasar por las puertas de la ciudad, los soldados de la guardia le saludaron con grandes reverencias, diciendo:

—¡Qué hermoso es nuestro señor!

Y una muchedumbre lo seguía, exclamando:

—Seguramente no habrá nadie tan hermoso en el mundo.

El Niño-Astro lloraba, pensando: "Se están burlando de mí para hacerme sentir mi desgracia". Y tal era la muchedumbre, que el Niño-Astro se extravió en su camino y fue a parar a una gran plaza en la que se elevaba el palacio de un rey. Se abrió la puerta del palacio y los sacerdotes y altos dignatarios de la ciudad salieron a su encuentro, diciéndole, inclinándose profundamente:

—Tú eres nuestro señor, el hijo de nuestro rey, a quien estábamos esperando.

—No —les contestó el Niño-Astro—. Yo no soy el hijo del rey, sino el hijo de una pobre mendiga. ¿Y por qué me dicen hermoso, si yo sé que soy muy feo?

Entonces, uno cuya armadura tenía incrustaciones de flores doradas y cuyo yelmo ostentaba un león alado, alzó su escudo de armas y exclamó:

—¿Por qué dice mi señor que no es hermoso?

El Niño-Astro se miró en el escudo y, he aquí, se vio nuevamente como había sido en otros tiempos. Y los sacerdotes y los altos dignatarios se inclinaron, diciendo:

—Hace mucho fue profetizado que en este día vendría quien habría de gobernarnos. Por lo tanto, tome nuestro señor esta corona y este cetro y sea en su misericordia y su justicia nuestro rey.

Pero él les contestó diciendo:

—No soy digno de ello, pues he negado a mi madre, la que me dio a luz, y no descansaré hasta encontrarla y conseguir su perdón. Así pues, déjenme ir, que debo seguir errando por el mundo y no me puedo detener, aunque me ofrezcan una corona y un cetro.

Pero al acabar de hablar, volvió su rostro hacia la calle que conducía a la puerta de la ciudad y, ¡oh milagro!, entre la muchedumbre apiñada tras los soldados, vio a la mendiga que era su madre y, junto a ella, al leproso del camino.

Dio un grito de júbilo, corrió apartando a la gente y, arrodillándose ante su madre, le besó las heridas de los pies y las regó con sus lágrimas. Bajó la cabeza y, sollozando como quien tiene el corazón desgarrado, le dijo:

—Madre, te negué en la hora de mi orgullo; recíbeme en la hora de mi humildad. Madre, te aborrecí; dame tu amor. Madre, te rechacé; acoge ahora a tu hijo.

Pero la mendiga no le respondió una palabra. Él entonces se abrazó a los pies del leproso, diciéndole:

—Tres veces tuve compasión de ti; dile a mi madre que no permanezca en silencio.

Pero el leproso no le respondió una palabra, y él sollozó de nuevo y dijo:

—Madre, mi sufrimiento es superior a mis fuerzas. Perdóname y permíteme que vuelva al bosque.

Y la mendiga, poniéndole la mano sobre la cabeza, le dijo:

—¡Levántate!

Y el leproso, poniéndole la mano sobre la cabeza, le dijo también:

—¡Levántate!

Se puso en pie, los miró y… ¡eran un rey y una reina!

Y la reina le dijo:

—Este es tu padre, a quien socorriste.

Y el rey le dijo:

—Esta es tu madre, cuyos pies has regado con tus lágrimas.

Y lo abrazaron, lo besaron y lo llevaron al palacio, donde lo vistieron con ropas magníficas y le colocaron la corona sobre la cabeza y el cetro entre las manos. Y él gobernó la ciudad junto al río. Y fue su dueño y señor. Fue justo y misericordioso con todos; desterró al mago perverso y colmó de grandes regalos al leñador y su mujer, y de honores a sus hijos. No permitió que nadie se mostrara cruel con los animales ni con los pájaros; dio ejemplo de amor y caridad, vistió al desnudo, y hubo paz y prosperidad sobre la tierra.

Pero no gobernó mucho tiempo; sus sufrimientos habían sido tan grandes y tan terrible la fuerza de su prueba, que murió tres años más tarde.

Y su sucesor gobernó mal.

EL CRIMEN DE LORD ARTHUR SAVILE

Capítulo I

Era la última recepción que daba lady Windermere antes de Semana Santa, y los salones de Bentinck House se hallaban más concurridos que nunca. Acudieron seis ministros, tras hacer acto de presencia en el evento del presidente de la Cámara de los Comunes, ostentando sus cruces y sus bandas, y todas las mujeres bonitas lucían sus prendas más elegantes. Al final de la galería de retratos se encontraba la princesa Sophia de Carlsrühe, una gruesa dama de aspecto tártaro, con ojillos negros y unas esmeraldas maravillosas, chapurreando francés con voz muy aguda y riéndose sin mesura de todo cuanto se decía. Realmente se apreciaba allí una singular mezcolanza de personas. Espléndidas esposas de pares del reino charlaban cortésmente con virulentos radicales; predicadores populares se codeaban con inveterados escépticos; una banda de obispos seguía la pista, de salón en salón, a una corpulenta prima donna; en la escalera se agrupaban varios miembros de la Real Academia, disfrazados de artistas, y se decía que el comedor se vio por un momento abarrotado de genios. En pocas palabras: era una de las más deslumbrantes veladas de lady Windermere, y la princesa se quedó hasta cerca de las once y media.

Justo después de su marcha, lady Windermere volvió a la galería de retratos, en la que un famoso economista estaba explicando con aire solemne la teoría científica de la música a un virtuoso húngaro espumeante de indignación, y se puso a hablar con la duquesa de Paisley. Lady Windermere estaba maravillosamente bella con su esbelto cuello marfileño, sus grandes ojos azules color nomeolvides y sus espesos bucles dorados. Cabellos d'or pur, no como esos de tono pajizo que usurpan hoy día su refinada denominación, sino cabellos de un oro como tejido con rayos de sol o bañados en un ámbar insólito; cabellos que encuadraban su rostro con un nimbo de santa y, al mismo tiempo, con la fascinación de una pecadora. Lo cierto es que lady Windermere constituía un curioso caso psicológico. Desde muy joven descubrió en la vida la importante verdad de que nada se parece tanto a la ingenuidad como el atrevimiento; y, por medio de una serie de aventuras despreocupadas, del todo inocentes en su mayoría, logró todos los privilegios de una personalidad. Había cambiado varias veces de marido.

En el Debrett —es decir, el directorio donde figuran las personalidades nobles y de la alta burguesía británicas— aparecía con tres matrimonios en su haber, pero nunca cambió de amante, así que el mundo había dejado de chismorrear a cuenta suya desde hacía tiempo. En la actualidad contaba cuarenta años, no tenía hijos y poseía esa pasión desordenada por el placer que constituye el secreto de la eterna juventud.

De repente, miró con ansiedad a su alrededor y preguntó con su clara voz de contralto:

—¿Dónde está mi quiromante?

—¿Su qué…, Gladys? —exclamó la duquesa con un estremecimiento involuntario.

—Mi quiromante, duquesa. Me es imposible vivir ya sin él.

—¡Querida Gladys! Usted siempre tan original… —murmuró la duquesa, intentando recordar qué era exactamente un quiromante y confiando en que no fuera lo mismo que un manicuro.

—Viene a leer mi mano dos veces por semana —prosiguió lady Windermere—, y le interesa muchísimo.

¡Dios mío!, pensó la duquesa. Debe de ser una especie de manicuro. ¡Es atroz! Supongo que por lo menos será extranjero. Así no resultará tan desagradable.

—Tengo que presentárselo a usted —dijo lady Windermere.

—¡Presentármelo! —exclamó la duquesa—. ¿Quiere usted decir que está aquí?

Empezó a buscar a su alrededor tras su abanico de carey y su chal de encaje antiquísimo, como preparándose para huir a la primera alarma.

—Claro que está aquí; no se me ocurriría dar una reunión sin él. Dice que tengo una mano esencialmente psíquica, y que si mi dedo pulgar fuera un poquito más corto, sería yo una pesimista convencida y estaría recluida en un convento.

—¡Ah, sí! —profirió la duquesa, ya más tranquila—. Dice la buenaventura, ¿no es eso?

—Y la mala también —respondió lady Windermere—, y muchas cosas por el estilo. El año próximo, por ejemplo, correré un gran peligro, en tierra y por mar. Tendré pues que vivir en globo. Todo eso está escrito aquí, sobre mi dedo meñique… O en la palma de mi mano, no recuerdo bien.

—Pero realmente eso es tentar a la providencia, Gladys.

—Mi querida duquesa: la providencia puede resistir, seguro, a la tentación en estos tiempos. Creo que todos deberían hacerse leer sus manos una vez al mes, con objeto de enterarse de lo que les está prohibido. Claro es que todos seguirían haciendo lo mismo, pero ¡resulta tan agradable saber lo que va a ocurrir! Si no tiene nadie la amabilidad de ir a buscar ahora al señor Podgers, iré yo misma.

—Permítame que me encargue de ello, lady Windermere —dijo un muchacho alto y distinguido que las acompañaba y seguía la conversación con sonrisa divertida.

—Muchas gracias, lord Arthur; pero temo que no le reconozca usted.

—Si es tan extraordinario como usted dice, lady Windermere, no podrá escapárseme. Dígame solo cómo es, y dentro de un momento se lo traeré.

—Bien, no tiene nada de quiromante; quiero decir que no tiene nada de misterioso, nada esotérico, ningún aspecto romántico. Es un hombrecillo grueso, con una cabeza cómicamente calva y grandes gafas de oro; un personaje entre médico y notario pueblerino. Siento que sea así, pero no tengo yo la culpa. ¡Es tan absurda la gente! Todos mis pianistas tienen aspecto de poetas, y todos mis poetas, aspecto de pianistas. Recuerdo ahora que la última temporada invité a comer a un tremendo conspirador, un hombre que había hecho volar con dinamita a infinidad de gente y que vestía siempre una cota de malla y un puñal escondido en la manga. Pues bien, sepan ustedes que, a pesar de todo, tenía el total aspecto de un sacerdote bondadoso y anciano, y durante toda la noche se mostró muy chistoso; lo cierto es que resultó muy divertido, encantador, pero yo me sentí cruelmente desilusionada, y cuando le pregunté por su cota de malla, se contentó con reírse y me dijo que era demasiado fría para usarla en Inglaterra. ¡Ah, ya está aquí el señor Podgers! Bueno; desearía, señor Podgers, que leyese usted la mano de la duquesa de Paisley. Duquesa, ¿quiere usted quitarse el guante? No, el de la izquierda no, el de la derecha.

—Mi querida Gladys: no creo que esto sea del todo correcto —dijo la duquesa, desabrochando con desgana un guante de cabritilla bastante sucio.

—Lo que es interesante nunca es correcto —señaló lady Windermere—: on a fait le monde ainsi [es decir, el mundo lo han hecho así]. Pero tengo que presentarles: señor Podgers, mi quiromante favorito; la duquesa de Paisley. Como le diga a usted que tiene el «monte de la luna» más desarrollado que el mío, no volveré a creerle nunca.

—Estoy segura, Gladys, de que no habrá nada de eso en mi mano —dijo la duquesa en tono grave.

—Su Excelencia está en lo cierto —replicó el señor Podgers, echando un vistazo sobre la manita regordeta de dedos cortos—: el «monte de la luna» no está desarrollado. Sin embargo, la línea de la vida es excelente. Tenga la amabilidad de doblar la muñeca… Gracias. Tres rayas clarísimas en la rascette [es decir, la unión entre la palma de la mano y el antebrazo]. Vivirá usted hasta una edad avanzada, duquesa, y será extraordinariamente feliz. Ambición moderada; línea de la inteligencia sin exageración, línea del corazón…

—Sea usted indiscreto sobre este punto, señor Podgers —interrumpió lady Windermere.

—Nada sería tan agradable para mí —replicó el señor Podgers, inclinándose— si la duquesa diese lugar a ello; pero lamento anunciar que veo una gran constancia en su afecto, combinada con un sentido muy arraigado del deber.

—Tenga usted la bondad de seguir, señor Podgers —dijo la duquesa con aire satisfecho.

—La economía no es la menor de las virtudes de Su Excelencia —prosiguió el señor Podgers. Lady Windermere soltó una carcajada.

—La economía es una cualidad superior —observó la duquesa con agrado—. Cuando me casé, Paisley poseía once castillos y ni una casa presentable donde pudiéramos vivir.

—Y ahora es dueño de doce casas y no tiene ni un castillo —exclamó lady Windermere.

—Sí, querida —dijo la duquesa—; a mí me gusta…

—La comodidad —terminó el señor Podgers—, y los adelantos modernos y el agua caliente en todas las habitaciones. Su Excelencia tiene perfecta razón. La comodidad es lo único bueno que ha producido nuestra civilización.

—Ha descrito usted de forma admirable el carácter de la duquesa, señor Podgers. Tenga usted la bondad de contarnos ahora sobre lady Flora.

Y, respondiendo a una señal de la sonriente anfitriona, una muchachita de cabellos rojos de escocesa y hombros aupados se levantó con torpeza del sofá y mostró una mano larga y huesuda, con dedos aplastados como espátulas.

—¡Ah, ya veo que es una pianista! —dijo el señor Podgers—. Una excelente pianista, aunque no sea quizá una música excepcional. Muy reservada, tímida y dotada de un exaltado amor a los animales.

—¡Completamente cierto! —exclamó la duquesa, volviéndose hacia lady Windermere—. Exacto del todo. Flora posee dos docenas de perros en Macloskie, y convertiría nuestra casa de Londres en una verdadera casa de fieras si su padre lo permitiese.

—Pues eso es justo lo que hago yo los jueves por la noche —replicó lady Windermere, echándose a reír—. Solo que yo prefiero los leones a los perros.

—Es su único error, lady Windermere —dijo el señor Podgers con una inclinación ceremoniosa.

—Si una mujer no puede hacer deliciosos sus errores, es una criatura infeliz —le respondió—. Pero es preciso que lea usted otras manos. Acérquese, sir Thomas, y enséñele la suya al señor Podgers.

Un señor viejo de figura distinguida, que vestía frac azul, se adelantó y ofreció al quiromante una mano ancha y ordinaria, con el dedo medio muy largo.

—Carácter aventurero; cuatro largos viajes en el pasado y uno en el porvenir. Ha naufragado tres veces… No, solo dos; pero corre el peligro de naufragar durante el próximo viaje. Firme conservador, muy puntual; tiene la manía de coleccionar curiosidades. Una enfermedad grave entre los dieciséis y los dieciocho años. Heredó una gran fortuna a los treinta. Gran aversión por los gatos y los radicales.

—¡Extraordinario! —exclamó sir Thomas—. Tiene usted que leer también la mano de mi mujer.

—De su segunda mujer —dijo con gravedad el señor Podgers, que seguía reteniendo la mano de sir Thomas en la suya—. Lo haré gustoso.

Pero lady Marvel, una dama de aspecto melancólico, con pelo negro y pestañas de persona sentimental, se negó en rotundo a revelar su pasado o su porvenir. A pesar de todos sus esfuerzos, lady Windermere tampoco pudo conseguir que consintiera en quitarse los guantes monsieur de Koloff, el embajador de Rusia. En realidad, muchas personas temieron enfrentarse con aquel extraño hombrecillo de sonrisa estereotipada, con gafas de oro y ojos de un brillo de azabache. Y cuando reveló a la pobre lady Fermor en voz alta y delante de todos que le interesaba poquísimo la música, pero que le volvían loca los músicos, pensaron todos que la quiromancia era una ciencia peligrosa, que no se podía avivar más que en un tête-à-tête.

Sin embargo, lord Arthur Savile, que no sabía nada de la desdichada particularidad de lady Fermor, y que seguía con vivísimo interés las palabras del señor Podgers, sintió una gran curiosidad por que leyese su mano. Como tenía cierta timidez en proponerse, cruzó la habitación, acercándose al sitio donde estaba sentada lady Windermere, y con una encantadora turbación, le preguntó si creía que el señor Podgers accedería a ello.

—Claro que sí —dijo lady Windermere—; para eso está aquí. Todos mis leones, lord Arthur, están amaestrados y saltan por el aro cuando yo quiero. Pero debo advertirle que se lo contaré todo a Sybil. Vendrá mañana a comer conmigo para hablar de sombreros, y si el señor Podgers descubre que tiene usted mal carácter, propensión a la gota o una mujer en Bayswater [el barrio londinense donde solían residir a principios de este siglo las queridas de la aristocracia], no dejaré de hacérselo saber.

Lord Arthur inclinó la cabeza, sonriendo.

—Eso no me asusta —contestó—. Sybil me conoce tan bien como yo a ella.

—¡Ah! De veras que lo lamento. La mejor base del matrimonio es la incomprensión mutua. Y no es que yo sea cínica, solo que tengo experiencia, lo cual es, con mucha frecuencia, lo mismo. Señor Podgers, lord Arthur Savile se muere de ganas de que lea usted su mano. No le diga que es el prometido de una de las muchachas más bonitas de Londres, porque hace ya un mes que el Morning Post publicó esa noticia.

—Mi querida lady Windermere —exclamó la marquesa de Jedburgh—, tenga la bondad de permitir al señor Podgers que se quede aquí un minuto más. Está diciéndome que acabaré en un escenario, y esto me interesa en sumo grado…

—Si le ha dicho a usted eso, lady Jedburgh, no vacilaré en llamarle. Venga de inmediato, señor Podgers, y lea la mano de lord Arthur.

—Bueno —dijo lady Jedburgh, haciendo una leve moue [es decir, un mohín de disgusto] mientras se levantaba del sofá—; si no me está permitido salir a escena, supongo que me dejarán asistir al espectáculo.

—Por supuesto; vamos a asistir todos a la representación —replicó lady Windermere—. Señor Podgers, continúe usted y díganos algo bueno de lord Arthur, que es uno de mis más estimados favoritos.

Pero en cuanto el señor Podgers examinó la mano de lord Arthur, palideció de un modo extraño y no dijo nada. Pareció recorrerle un escalofrío; sus espesas cejas temblaron de forma convulsiva con aquella singular contracción tan irritante que le dominaba cuando estaba turbado. Gruesas gotas de sudor brotaron entonces de su frente amarillenta, como un rocío envenenado, y sus manos carnosas se pusieron frías y viscosas.

Lord Arthur no dejó de notar aquellos extraños signos de agitación, y por primera vez en su vida tuvo miedo. Su primer impulso fue escapar del salón, pero se contuvo. Mejor era conocer la verdad, por mala que fuese, que permanecer en aquella incertidumbre.

—Estoy esperando, señor Podgers —dijo.

—Esperamos todos —exclamó lady Windermere con su tono vivo, impaciente; pero el quiromante no contestó.

—Creo que lord Arthur va a terminar en un escenario —dijo lady Jedburgh—, y que, después de oír a lady Windermere, el señor Podgers no se atreve a decírselo.

De pronto, el señor Podgers dejó caer la mano derecha de lord Arthur y le asió la izquierda con fuerza, doblándose tanto para examinarla que la montura de oro de sus gafas pareció rozar la palma. Durante un momento su cara fue una máscara lívida de horror; pero recobró enseguida su sangre fría, y mirando a lady Windermere, le dijo con una sonrisa forzada:

—Es la mano de un muchacho encantador.

—En efecto —contestó lady Windermere—; pero ¿será un marido encantador? Eso es lo que necesito saber.

—Todos los muchachos encantadores lo son también como maridos —repuso el señor Podgers.

—No creo que un marido deba ser demasiado seductor —exclamó lady Windermere—. Pero lo que quiero son detalles; lo único interesante son los detalles. ¿Qué le sucederá a lord Arthur?

—Pues que dentro de unos meses ha de emprender un viaje…

—Claro: el de su luna de miel.

—Y que perderá un pariente.

—Confío en que no será su hermana —dijo lady Jedburgh con tono compasivo.

—Seguro que su hermana no —respondió el señor Podgers, tranquilizándola con un gesto—. Será solo un pariente lejano.

—Bueno, me siento cruelmente desilusionada —dijo lady Windermere—. No podré contarle nada a Sybil mañana. ¿Quién se preocupa hoy de los parientes lejanos? Hace ya muchos años que pasaron de moda. A pesar de lo cual, supongo que Sybil hará bien en comprarse un vestido de seda negro; siempre podrá servirle para ir a la iglesia. Y ahora vamos a cenar algo. Se lo habrán comido todo, pero aún encontraremos una taza de caldo caliente. François preparaba antes un caldo riquísimo, pero ahora le veo tan preocupado por la política que nunca estoy segura de nada con él. De verdad quisiera que el general Boulanger se quedara callado. Duquesa, tengo la seguridad de que está usted fatigada.

—En absoluto, mi querida Gladys —respondió la duquesa, dirigiéndose hacia la puerta—. Me he divertido muchísimo; su manicuro… no, su quiromante, es de gran interés. Flora, ¿dónde podrá estar mi abanico de carey? ¡Oh, gracias, sir Thomas; mil gracias! ¿Y mi chal de encaje, Flora? ¡Oh, gracias, sir Thomas! Es usted muy amable.

Y la digna dama terminó de bajar la escalera sin dejar caer más que dos veces su frasquito de esencia.

Entretanto, lord Arthur Savile había permanecido en pie cerca de la chimenea, oprimido por el mismo sentimiento de terror, por la misma preocupación enfermiza respecto a un negro porvenir. Sonrió con tristeza a su hermana cuando pasó a su lado del brazo de lord Plymdale, luciendo preciosa su vestido de brocado rosa y sus perlas, y casi no oyó a lady Windermere, que le invitaba a seguirla. Pensó en Sybil Merton, y a la sola idea de que pudiera interponerse algo entre ellos dos, se le llenaron los ojos de lágrimas.

Quien le hubiese mirado habría dicho que Némesis se había apoderado del escudo de Palas Atenea, mostrándole la cabeza de la Gorgona. Parecía petrificado, y su cara presentaba el aspecto de un mármol melancólico. Había vivido la vida delicada y lujosa de un joven bien nacido y rico; una vida exquisita, libre de toda baja inquietud, de una bella despreocupación infantil. Y ahora, por primera vez, tomaba conciencia del terrible misterio del Destino, de la espantosa idea de la Fatalidad.

¡Qué disparatado y monstruoso le parecía todo aquello! ¿Podría ser que lo que estaba escrito en su mano con caracteres que él no sabía leer, pero que otro descifraba, fuese el terrible secreto de alguna culpa, el signo sangriento de algún crimen? ¿No habría escape? ¿No somos entonces más que peones de ajedrez puestos en juego por una fuerza invisible, más que vasijas que el alfarero modela a su gusto, por honor o descrédito? Su razón se rebelaba contra aquel pensamiento; y, sin embargo, sentía una tragedia suspendida sobre su vida, como si de repente estuviera destinado a soportar una carga intolerable. Los actores son gentes dichosas. Pueden elegir entre representar la tragedia o la comedia, el dolor o la diversión; entre hacer reír o hacer llorar. Pero en la vida real es muy distinto. Infinidad de hombres y mujeres se ven obligados a representar papeles para los cuales no estaban designados.

Nuestros Guildenstern hacen de Hamlets, y nuestros Hamlets intentan bromear como el príncipe Hal. El mundo es un escenario, pero la obra tiene un reparto deplorable.

De pronto el señor Podgers entró en el salón. Al ver a lord Arthur se detuvo, y su carnosa faz ordinaria tomó un tinte amarillo verdoso. Los ojos de los dos hombres se encontraron, y hubo un momento de silencio.

—La duquesa se ha dejado aquí uno de sus guantes, lord Arthur, y me ha pedido que se lo lleve —dijo, por fin, el señor Podgers—. ¡Ah, allí lo veo, sobre el sofá! Buenas noches.

—Señor Podgers, no tengo más remedio que insistir en que me dé una respuesta categórica a la pregunta que voy a hacerle.

—En otra ocasión, lord Arthur. La duquesa me espera; debo reunirme con ella.

—No irá usted. La duquesa no tiene prisa.

—Las mujeres no acostumbran a esperar —dijo el señor Podgers con una sonrisa forzada—. El bello sexo es impaciente.

Los labios bellamente cincelados de lord Arthur se plegaron con altivo desdén. La pobre duquesa le parecía de poquísima importancia en aquel momento. Cruzó el salón, llegó hasta donde se había detenido el señor Podgers y le extendió su mano derecha.

—¡Dígame lo que ve usted aquí! ¡Dígame la verdad! Quiero saberla. No soy un niño.

Los ojos del señor Podgers parpadearon tras sus gafas de oro, y se balanceó con aire turbado sobre uno y otro pie mientras sus dedos jugueteaban nerviosamente con la brillante cadena de su reloj.

—¿Por qué cree usted, lord Arthur, que he visto en su mano algo más de lo que le he dicho?

—Sé que ha visto usted algo más, e insisto en que me lo diga. Le pagaré con un cheque de cien guineas.

Los ojillos verdes del señor Podgers relampaguearon durante un segundo, y luego volvieron a quedarse inexpresivos.

—¿Cien guineas? —preguntó, por fin, el señor Podgers en voz baja.

—Sí, cien guineas. Le enviaré un cheque mañana. ¿Cuál es su club?

—No pertenezco a ningún club; es decir, no por el momento. Pero mis señas son… Permítame que le dé una tarjeta.

Y sacando del bolsillo del pecho una cartulina de cantos dorados, se la alargó con una profunda inclinación a lord Arthur, que leyó lo siguiente:

SEPTIMUS R. PODGERS
Quiromante profesional
103a West Moon Street

—Recibo de diez a cuatro —murmuró el señor Podgers con tono mecánico—, y hago descuentos a las familias.

—¡Dese prisa! —gritó lord Arthur, poniéndose muy pálido y tendiéndole la diestra.

El señor Podgers miró a su alrededor con gran agitación y corrió la pesada portière [la cortina gruesa que se utiliza para tapar la puerta de una habitación] sobre la puerta.

—La cosa durará un poco, lord Arthur. Mejor hará usted en sentarse.

—¡Dese prisa, caballero! —gritó de nuevo lord Arthur, colérico, golpeando con violencia el suelo encerado.

El señor Podgers sonrió y, sacando de su bolsillo una pequeña lente, se puso a limpiarla cuidadosamente con el pañuelo.

—Ya estoy preparado y a su disposición —dijo.

Capítulo II

Diez minutos más tarde, lord Arthur Savile, con el rostro lívido de terror y los ojos enloquecidos de angustia, se precipitaba fuera de Bentinck House. Se abrió paso entre el tropel de lacayos, cubiertos de pieles, que esperaban bajo la marquesina del gran pabellón, y parecía no ver ni oír nada en absoluto. La noche era muy fría, y las lámparas de gas de alrededor de la plaza centelleaban, vacilantes, bajo los latigazos del viento; pero él sentía en sus manos un calor febril, y las sienes le ardían como brasas. Andaba zigzagueando por la acera, como un beodo. Un policía lo miró con curiosidad al pasar, y un mendigo que surgió del quicio de un portal para pedirle limosna retrocedió aterrado al contemplar un infortunio mayor que el suyo. En un momento dado, lord Arthur Savile se detuvo debajo de un farol y se miró las manos. Creyó ver la mancha de sangre que las delataba, y un débil grito brotó de sus labios trémulos.

¡Asesino! Esta era la palabra que había leído el quiromante en ellas. ¡Asesino! La noche misma parecía saberlo, y el viento desolado la aullaba en sus oídos. Los rincones oscuros de las calles estaban preñados de aquella acusación, que le sonreía desde los tejados.

Primero se dirigió a Hyde Park, cuyo boscaje sombrío parecía fascinarlo. Se apoyó en la verja con aire extenuado, refrescando su frente con la humedad del hierro y escuchando el silencio rumoroso de los árboles. «¡Asesino! ¡Asesino!», se repitió, como si por dirigirse de nuevo la acusación pudiera atenuar el sentido de la palabra. El sonido de su propia voz le hizo estremecer, y, a pesar de ello, casi deseó que el eco lo escuchase y despertara de sus sueños a la ciudad adormecida. Sentía impulsos de detener al primer transeúnte que pasara y contárselo todo.

Después siguió su marcha vagando a lo largo de Oxford Street, adentrándose en callejuelas estrechas e ignominiosas. Dos mujeres de rostro pintarrajeado se mofaron de él a su paso. De un patio lóbrego llegó hasta sus oídos un ruido de juramentos y de golpes, seguidos de gritos penetrantes. Y apretujadas bajo una puerta húmeda y fría, vio las espaldas arqueadas y los cuerpos agotados de la pobreza y la decrepitud. Lo sobrecogió una extraña piedad. Aquellos hijos del pecado y de la miseria, ¿estaban fatalmente predestinados como él? ¿Acaso no eran, como él, muñecos de un guiñol monstruoso?

Y, sin embargo, no fue el misterio, sino la comedia del sufrimiento la que lo conmovió con su absoluta inutilidad y su grotesca falta de sentido. ¡Qué incoherente y qué desprovisto de armonía le pareció todo! Le dejó atónito el desacuerdo entre el optimismo superficial de su tiempo y la realidad de la vida. Era todavía muy joven.

Al cabo de un rato se encontró frente a la iglesia de Marylebone. La calle, silenciosa, parecía una larga cinta de plata bruñida, moteada aquí y allá por los oscuros arabescos de las sombras movedizas. A lo lejos se curvaba la línea de luces de los vacilantes faroles de gas, y ante una casita rodeada por un muro estaba detenido un solitario coche de alquiler, cuyo cochero dormía en el interior. Lord Arthur se dirigió con paso rápido en dirección a Portland Place, observando a cada momento a su alrededor, como si temiera que lo siguieran. En la esquina de Rich Street había dos hombres leyendo un anuncio en una valla. Un extraño sentimiento de curiosidad lo dominó, y cruzó la calle. Ya cerca, la palabra «asesino», impresa en letras negras, hirió sus ojos. Se estremeció, y una oleada de rubor tiñó sus mejillas. Se trataba de un bando ofreciendo una recompensa a quien facilitase detalles que cooperasen a la detención de un individuo de estatura regular, de entre treinta y cuarenta años, que vestía un sombrero blanco de alas levantadas, una chaqueta negra y unos pantalones escoceses, y que tenía una cicatriz en la mejilla derecha. Lord Arthur leyó y releyó el anuncio. Se preguntó si aquel hombre sería detenido y cómo se había hecho aquella cicatriz. ¡Quizá algún día su nombre se vería expuesto de igual modo en los muros de Londres! ¡Quizá algún día pondrían también precio a su cabeza!

Aquel pensamiento lo dejó descompuesto de horror, y, volviéndose sobre sus talones, huyó en la noche.

No sabía apenas dónde estaba. Recordaba confusamente haber vagado por un laberinto de casas sórdidas, perderse en una gigantesca maraña de calles sombrías, y empezaba a despuntar el alba cuando se dio cuenta, por fin, de que se hallaba en Piccadilly Circus. Al poco rato, cuando cruzaba por Belgrave Square, se encontró con los grandes camiones de transporte que se dirigían al mercado de Covent Garden. Los carreteros, con sus blusas blancas y sus rostros agradables, bronceados por el sol, de revueltos cabellos rizados, apresuraban con vigor el paso restallando sus fustas y hablándose a gritos. Sobre el lomo de un enorme caballo gris, el primero de la recua, iba montado un mozo mofletudo con un ramito de prímulas en su sombrero de alas caídas, agarrándose con mano firme a las crines y riendo a carcajadas. En la claridad matinal, los grandes montones de legumbres destacaban como bloques de verde jade sobre los pétalos rosados de una flor mágica. Lord Arthur experimentó un sentimiento de viva conmoción, sin que pudiese decir por qué. Había algo en la delicada belleza del alba que lo emocionaba inefablemente, y pensó en todos los días que despuntan y mueren en medio de la tempestad. Aquellos hombres rudos, con sus voces broncas, su grosero buen humor y su andar perezoso, ¡qué Londres más extraño veían! ¡Un Londres preñado de los crímenes nocturnos y del humo del día; una ciudad pálida, fantasmagórica; una ciudad desolada de tumbas! Se preguntó lo que pensarían de ella y si sabrían algo de sus esplendores y sus vergüenzas, de sus goces soberbios, tan bellos de color, de su hambre atroz y de todo cuanto brota y se marchita en Londres desde la mañana hasta la noche. Tal vez para ellos era tan solo el mercado donde llevaban a vender sus productos, y en el que no permanecían más que unas horas a lo sumo, dejando a su regreso las calles todavía en silencio y las casas aún dormidas. Sintió un gran placer en verlos pasar. Por muy zafios que fuesen con sus zapatones claveteados y sus andares ordinarios, llevaban consigo algo de la Arcadia. Sintió que habían vivido con la Naturaleza, y que esta les enseñó la paz. Envidió todo aquello que ignoraban.

Cuando cruzó Belgrave Square el cielo era de un azul desvanecido, y los pájaros empezaban a piar en los jardines.

Capítulo III

Cuando despertó, lord Arthur ya era muy avanzada la mañana, y el sol del mediodía se filtraba a través de las cortinas de seda marfileña de su dormitorio. Se levantó y fue a mirar por el ventanal. Una vaga neblina de calor flotaba sobre la gran ciudad, y los tejados de las casas parecían de plata oxidada. Por el césped tembloroso de la plaza de abajo se perseguían unos niños como mariposas blancas, y las aceras estaban llenas de gente que se dirigía a Hyde Park. Nunca le pareció la vida tan hermosa ni tan alejada de él la maldad.

En aquel momento su ayuda de cámara le llevó una taza de chocolate sobre una bandeja. Después de tomársela, levantó una pesada cortina color albaricoque y pasó al cuarto de baño. La luz entraba con suavidad desde lo alto a través de unas delgadas hojas de ónice transparente, y el agua en la pila de mármol tenía el brillo apagado de la piedra lunar. Lord Arthur se sumergió con rapidez hasta que el agua rozó su cuello y sus cabellos; entonces metió de golpe la cabeza dentro del líquido, como si quisiera purificarse de la mancha de algún recuerdo infame. Cuando salió del baño, se sintió casi serenado. El bienestar físico que había experimentado lo dominó, como sucede a menudo a las naturalezas refinadas, pues los sentidos, como el fuego, pueden purificar o destruir.

Después de almorzar, se tumbó en un diván y encendió un cigarrillo. Sobre la repisa de la chimenea, enmarcada con un brocado antiguo finísimo, descansaba un gran retrato de Sybil Merton, tal como la vio por primera vez en el baile de lady Noel. La pequeña cabeza, de un modelado delicioso, se inclinaba ligeramente a un lado, como si el cuello, delgado y frágil como una caña, apenas pudiera soportar el peso de tanta belleza; los labios estaban un poco entreabiertos y parecían formados para la suave música, y en sus ojos soñadores se leían las sorpresas de la más tierna pureza virginal. Ceñida en su vestido de blanco crespón de China, con un gran abanico de plumas en la mano, parecía una de esas delicadas figuritas que se encuentran en los bosques de olivos próximos a Tanagra; y había en su postura y en su actitud rasgos de gracia helénica. Sin embargo, no resultaba petite, sino proporcionada a la perfección, cosa rara en una época en que tantas mujeres son, o más altas de lo debido, o insignificantes.

Contemplándola en aquel momento, lord Arthur se sintió lleno de esa terrible piedad que nace del amor. Comprendió que casarse con ella teniendo el fatum [es decir, la fatalidad] del delito suspendido sobre su cabeza sería una traición como la de Judas, un crimen peor que todos los que planearon los Borgia. ¿De qué felicidad gozarían cuando, en cualquier momento, podría verse forzado a ejecutar la espantosa profecía escrita en su mano? ¿Cuál sería su vida mientras el Destino mantuviese aquella terrible orden en su balanza? Era preciso a toda costa retrasar el matrimonio. Estaba completamente decidido a ello. Aunque amase con ardor a Sybil, aunque el simple contacto de sus dedos, cuando se sentaban juntos, hiciera estremecer de exquisito goce todas las fibras de su ser, no dejaba de reconocer cuál era su deber y estaba del todo convencido de que no tenía derecho a casarse con ella mientras no cometiera el crimen. Una vez ejecutado, podría presentarse ante el altar con Sybil Merton y depositar su vida en manos de la mujer amada sin temor a remordimientos. De este modo, podría estrecharla entre sus brazos, sabiendo que ella nunca tendría que sentirse avergonzada. Pero antes tenía que cometerlo: cuanto antes lo hiciera, mejor para ambos.

Muchos, en su caso, hubieran preferido el sendero florido del amor a la cuesta escarpada del deber; pero lord Arthur era demasiado escrupuloso para colocar el placer por encima de sus principios. En su amor no había solo una simple atracción sensual: Sybil simbolizaba para él cuanto hay de bueno y noble en el mundo. Durante un momento sintió una repugnancia instintiva hacia la tarea que el Destino le obligaba a realizar; pero enseguida se desvaneció aquella impresión. Su corazón le dijo que aquello no era un crimen, sino un sacrificio; y su razón le recordó que no le quedaba ninguna otra salida. Era preciso elegir entre vivir para él o vivir para los demás, y por terrible que fuera en realidad aquella tarea que le estaba impuesta, sabía, no obstante, que no debía permitir que el egoísmo venciera al amor. Más tarde o más temprano, todos nos vemos obligados a resolver ese mismo problema, ya que a cada uno de nosotros se nos plantea la misma cuestión. A lord Arthur se le presentó muy pronto en la vida, antes de que el cinismo corrompiera su carácter y lo convirtiera en un calculador en la edad madura, o antes de que le corroyera el corazón el egoísmo frívolo y elegante de su época, y él no vaciló en cumplir su deber.

Por fortuna para él, no era un simple soñador o un diletante ocioso. De serlo, habría dudado, como Hamlet, permitiendo que la irresolución destruyera su propósito. Pero era un hombre esencialmente práctico. Para él, la vida representaba acción antes que pensamiento. Poseía ese don tan raro entre nosotros que se llama sentido común.

Las sensaciones crueles y violentas de la noche anterior se habían borrado ahora por completo, y pensaba, casi con un sentimiento de vergüenza, en su loca caminata de calle en calle, en su terrible agonía emotiva. La misma sinceridad de su sufrimiento lo hacía ahora pasar por inexistente ante sus ojos. Se preguntaba cómo había podido ser tan insensato para indignarse y desbarrar contra lo inevitable. La única cuestión que ahora parecía turbarlo era cómo llevaría a cabo su obra, pues no era tan obcecado como para negar el hecho de que el crimen, como las religiones paganas, exige una víctima y un sacerdote. Como lord Arthur no era un genio, no tenía enemigos y, por otro lado, comprendía que no era ocasión de satisfacer un rencor o un odio personal; la misión de la que estaba encargado era de una gravedad y solemnidad indiscutibles.

Por consiguiente, hizo una lista de sus amigos y parientes en una hoja de un libro de notas, y después de un minucioso examen se decidió en favor de lady Clementina Beauchamp, una estimable dama, ya de edad, que vivía en Curzon Street y que era prima segunda por parte de su madre. Siempre tuvo un gran afecto por lady Clem, como la llamaban todos; y como él era muy rico, pues una vez alcanzó la mayoría de edad entró en posesión de la fortuna de lord Rugby, quedaba descartada la sospecha de que la muerte de aquella pariente le acarreara algún despreciable beneficio económico. En efecto, cuanto más lo reflexionaba, más veía en lady Clem la persona que le convenía escoger; y, pensando que todo aplazamiento era una mala acción con respecto a Sybil, decidió ocuparse de inmediato en los preparativos.

Lo primero que debía hacer, sin duda, era saldar cuentas con el quiromante. Así pues, se sentó ante una mesita de Sheraton, colocada frente a la ventana, y escribió un cheque por ciento cinco libras, pagadero a la orden del señor Septimus Podgers; después lo metió en un sobre y ordenó a su criado que lo llevase a West Moon Street. Enseguida telefoneó a su cochero para que enganchasen el cupé y se vistió para salir. Antes de abandonar la habitación, dirigió una mirada al retrato de Sybil Merton, jurándose que, pasara lo que pasara, no le diría nunca lo que iba a hacer por su amor y que guardaría el secreto de su sacrificio en lo más hondo de su corazón.

De camino hacia el club de Buckingham, se detuvo en una tienda de flores y envió a Sybil un ramo de narcisos de bellos pétalos blancos y pistilos parecidos a ojos de faisán. Al llegar al club, fue directamente a la biblioteca, tocó el timbre y pidió al camarero que le trajese una limonada y un tratado de toxicología. Había decidido que el veneno era el medio más adecuado para llevar a cabo su enojosa tarea. Nada le desagradaba tanto como un acto de violencia personal, y además le preocupaba mucho asesinar a lady Clementina con algún método que pudiese llamar la atención. Le horrorizaba la idea de convertirse en el hombre de moda en casa de lady Windermere, o de ver su nombre figurar en los sueltos de los periódicos que lee el vulgo. También debía tener en cuenta a los padres de Sybil, que, como pertenecían a una generación un poco anticuada, podrían oponerse al matrimonio si surgía algún escándalo. Sin embargo, estaba seguro de que, si les contara todos los detalles, serían los primeros en comprender los motivos que le impulsaban a obrar así. Tenía, pues, perfecta razón al decidirse por el veneno: era inofensivo, seguro, silencioso y actuaba sin necesidad de escenas penosas, por las cuales sentía él una profunda aversión, como muchos ingleses.

Sin embargo, no tenía el menor conocimiento sobre la ciencia de los venenos y, como el criado parecía incapaz de encontrar algo en la biblioteca que no fuera Ruff's Guide o Bailey's Magazine [dos revistas deportivas de la época], examinó por sí mismo los estantes llenos de libros y acabó por dar con una edición muy bien encuadernada de la Pharmacopeia y un ejemplar de la Toxicología de Erskine, editada por sir Mathew Reid, presidente de la Real Academia de Medicina y uno de los miembros más antiguos del Buckingham Club, para el que fue elegido por confusión con otro candidato, contratiempo que disgustó tanto a la junta que, cuando el verdadero aspirante se presentó, fue derrotado por unanimidad.

Lord Arthur se quedó desconcertado ante los términos técnicos empleados en los dos libros, y empezaba a recriminarse no haber prestado más atención a sus estudios en Oxford, cuando en el segundo tomo de Erskine encontró una explicación acertadísima y muy completa de las propiedades de la aconitina, redactada en un inglés clarísimo. Le pareció que aquel veneno le convenía en todos los sentidos: era muy activo, por no decir casi instantáneo, no causaba dolor y, tomado en forma de cápsula de gelatina, como recomendaba sir Mathew, era insípido al paladar. Se anotó en el puño de la camisa la dosis necesaria para causar la muerte, devolvió los libros a su sitio y se encaminó por Saint James Street hasta Pestle & Humbey's, el establecimiento de aquellos grandes farmacéuticos.

El señor Pestle, que servía siempre personalmente a sus clientes de la aristocracia, se quedó muy sorprendido por su petición y, con tono amabilísimo, murmuró algo sobre la necesidad de una receta médica. Sin embargo, no bien lord Arthur le explicó que era para un gran danés del que debía deshacerse, pues presentaba síntomas de hidrofobia y había intentado morder dos veces a su cochero en una pantorrilla, pareció satisfecho por completo y, tras felicitarlo por sus extraordinarios conocimientos de toxicología, preparó la mezcla de inmediato.

Lord Arthur colocó la cápsula en una hermosa bombonera de plata que adquirió en una tienda de Bond Street, tiró la basta cajita de Pestle & Humbey's y se encaminó hacia la casa de lady Clementina.

—Y bien, monsieur le mauvais sujet [es decir, señor malvado] —le espetó la anciana dama al verlo entrar en su salón—, ¿por qué no has venido a verme en todo este tiempo?

—Mi querida lady Clem, no tengo nunca un momento de soledad —respondió lord Arthur con una sonrisa.

—Supongo que querrás decir que te pasas los días con Sybil Merton, comprando chiffons [es decir, retales de tejidos] y diciendo tonterías. No acabo de entender por qué la gente se alborota tanto para casarse. En mis tiempos, no hubiéramos pensado nunca en exhibirnos y en bullir tanto, ni en público ni en privado, por algo tan vulgar.

—Le aseguro que no he visto a Sybil desde hace veinticuatro horas, lady Clem. Que yo sepa, pertenece por completo a sus modistas.

—¡Claro! Ese es el único motivo que puede traerte a la casa de una mujer vieja como yo... Me extraña que vosotros, los hombres, no escarmentéis. On a fait des folies pour moi [se han cometido locuras por mí], y aquí me tienes, hecha una pobre reumática, con pelo postizo y mal humor. Bueno, y si no fuera por esa querida lady Jansen, que me manda las peores novelas francesas que puede encontrar, no sé cómo serían mis días. Los médicos no sirven más que para sacarle dinero a sus pacientes. Ni siquiera pueden curar mi enfermedad del estómago.

—Le traigo un remedio para ello, lady Clem —dijo con gravedad lord Arthur—. Es una fórmula maravillosa, inventada por un estadounidense.

—No me gustan nada los inventos estadounidenses, Arthur; no me gustan en absoluto. He estado leyendo hace poco varias de sus novelas y eran verdaderas insensateces.

—¡Oh! Esto no es ninguna insensatez, lady Clem. Le aseguro que es un remedio infalible. Tiene que prometerme que lo probará.

Y lord Arthur sacó de su bolsillo la bombonera y se la ofreció a lady Clementina.

—¡Pero es deliciosa esta bombonera, Arthur! Una verdadera joya. Eres amabilísimo. Y aquí está el remedio; parece un bombón. Voy a tomarlo ahora mismo.

—¡Por Dios, lady Clem! —exclamó lord Arthur, deteniéndola—. ¡No haga usted eso! Es una medicina homeopática. Si la toma sin tener dolor de estómago, le sentará mal. Espere a que se presente un ataque y entonces tómela. Quedará asombrada por el resultado.

—Querría tomarla ahora —dijo lady Clementina, mirando al trasluz la capsulita transparente, con su burbuja flotante de aconitina líquida—. Estoy segura de que es deliciosa. Te lo confieso: detesto a los médicos, pero adoro las medicinas. Sin embargo, la guardaré para mi próximo ataque.

—¿Y cuándo cree usted que sobrevendrá ese ataque? —preguntó lord Arthur, impaciente—. ¿Será pronto?

—No lo espero hasta dentro de una semana. Ayer pasé un día malísimo, ¡pero vaya usted a saber!

—¿Está usted segura, entonces, de padecer un ataque antes de fin de mes, lady Clem?

—Mucho me lo temo. ¡Pero cuánto afecto me demuestras hoy, Arthur! La verdad es que la influencia de Sybil te resulta muy beneficiosa. Y ahora debes marcharte. Ceno con gente gris que carece de conversación bulliciosa y entretenida, y sé que, si no duermo un poco antes, me será imposible permanecer despierta durante la cena. Adiós, Arthur. Cariños a Sybil y un millón de gracias por tu remedio americano.

—No se olvidará usted de tomarlo, ¿verdad, lady Clem? —dijo lord Arthur, levantándose.

—Claro que no me olvidaré, tunante. Encuentro muy amable que te preocupes por mí. Ya te escribiré si necesito más cápsulas.

Lord Arthur salió de casa de lady Clementina lleno de bríos y sintiéndose reconfortado.

Aquella noche tuvo una entrevista con Sybil Merton. Le dijo que se veía de pronto en una situación horriblemente difícil, ante la cual no le permitían retroceder ni su honor ni su deber. Le explicó que era preciso aplazar la boda, pues hasta que no se encontrase exento de aquel compromiso no recobraría su libertad. Le rogó que confiara en él y que no dudara del porvenir. Todo marcharía bien, pero era necesario tener paciencia.

La escena tuvo lugar en el invernadero de la residencia del señor Merton, en Park Lane, donde cenó lord Arthur como de costumbre. Sybil no se mostró nunca tan dichosa, y hubo un momento en que lord Arthur sintió la tentación de portarse como un cobarde, escribir a lady Clementina revelándole lo de la cápsula y dejar que se produjera el casamiento, como si no existiese en el mundo el señor Podgers. No obstante, su buen criterio se impuso enseguida, y no flaqueó ni siquiera cuando Sybil, llorando, se arrojó a sus brazos. La belleza que hacía vibrar sus sentidos despertó del mismo modo su conciencia. Comprendió que perder una vida tan hermosa por unos cuantos meses de placer era realmente una acción despreciable.

Estuvo con Sybil hasta cerca de medianoche, consolándola y recibiendo ánimos de su parte. Y al día siguiente, muy temprano, salió para Venecia, después de haber escrito al señor Merton una carta varonil y firme respecto al aplazamiento necesario de la boda.

Capítulo IV

En Venecia se encontró con su hermano, lord Surbiton, que acababa de llegar de Corfú en su yate. Los dos jóvenes pasaron juntos dos semanas encantadoras. Por la mañana montaban a caballo por el Lido o iban de un lado para otro por los canales verdes en su alargada góndola negra; por la tarde solían recibir visitas a bordo del yate, y por la noche cenaban en Florian's y fumaban innumerables cigarrillos paseando por la plaza. A pesar de todo, lord Arthur no era feliz. Todos los días recorría la columna de defunciones del Times, esperando encontrar la noticia de la muerte de lady Clementina, pero siempre sufría una decepción. Empezó a temer que le hubiese ocurrido algún accidente, y sintió muchas veces no haberle dejado tomar la aconitina cuando quiso ella probar sus efectos. Las cartas de Sybil, aunque llenas de amor, confianza y ternura, tenían con frecuencia un tono triste, y a veces pensaba que se había separado de ella para siempre.

Al cabo de quince días, lord Surbiton se cansó de Venecia y decidió recorrer la costa hasta Rávena, pues oyó decir que había mucha caza en el Pinetum. Lord Arthur, al principio, se negó de forma tajante a acompañarlo; pero Surbiton, a quien quería muchísimo, lo persuadió por fin de que, si seguía viviendo en el hotel Danieli, se moriría de tedio, y el día 15, por la mañana, zarparon con un fuerte viento nordeste y un mar bastante picado. La travesía fue agradable, y la vida al aire libre hizo que reaparecieran los frescos colores en las mejillas de lord Arthur, pero hacia el día 22 volvieron a invadirlo sus preocupaciones con respecto a lady Clementina, y, a pesar de las exhortaciones de Surbiton, regresó en tren a Venecia.

Cuando desembarcó de su góndola en los escalones del hotel, el dueño fue a su encuentro llevando un telegrama. Lord Arthur se lo arrebató de las manos y lo abrió con un ademán brusco.

¡Éxito total! Lady Clementina había muerto de repente, por la noche, cinco días antes.

El primer pensamiento de lord Arthur fue para Sybil, y le envió un telegrama anunciándole su regreso inmediato a Londres. Enseguida ordenó a su criado que preparase el equipaje para el rápido de aquella noche, quintuplicó la propina a su gondolero y subió a su habitación con paso ligero y corazón alegre. Allí le esperaban tres cartas. Una de Sybil, llena de cariño, con un pésame muy sentido; las otras, de la madre de Arthur y del notario de lady Clementina.

Parecía ser que la anciana dama cenó con la duquesa la noche antes de su muerte. Encantó a todo el mundo con su gracejo y esprit, pero se retiró temprano, quejándose de dolor de estómago. A la mañana siguiente la encontraron muerta en su lecho, sin que pareciera haber sufrido en modo alguno. Se avisó entonces a sir Mathew Reid, pero ya era inútil, y fue enterrada en Beauchamp Chalcote el día 22. Pocos días antes de su muerte escribió su testamento.

Dejaba a lord Arthur su casa de Curzon Street, con todo su mobiliario, efectos personales y galería de cuadros, salvo la colección de miniaturas, que legaba a su hermana lady Margaret Rufford, y su collar de amatistas, que dejaba a Sybil Merton. El inmueble no valía mucho, pero el señor Mansfield, el notario, deseaba vivamente que acudiera lord Arthur lo antes posible, porque había muchas deudas que pagar, ya que lady Clementina nunca pudo mantener sus cuentas en regla.

A lord Arthur le conmovió mucho aquel buen recuerdo de lady Clementina, y pensó que el señor Podgers tenía que asumir una grave responsabilidad en aquel asunto. Su amor por Sybil dominó, sin embargo, cualquier otra emoción, y la plena conciencia de que había cumplido su deber lo tranquilizó y le dio ánimos. Al llegar a Charing Cross, ya se sentía completamente dichoso.

Los Merton lo recibieron con gran afecto. Sybil le hizo prometer que no toleraría ningún obstáculo que se interpusiera entre ellos, y quedó fijada la boda para el 7 de junio. La vida le parecía, una vez más, brillante y hermosa, y toda su antigua alegría renacía en él.

Sin embargo, pocos días después, mientras lord Arthur confeccionaba el inventario de la casa de Curzon Street junto con el notario de lady Clementina y con Sybil, quemando paquetes, cartas amarillentas y desechando extrañas antiguallas, la joven lanzó de pronto un grito de alegría.

—¿Qué has encontrado, Sybil? —inquirió lord Arthur, levantando la cabeza y sonriendo.

—Esta bombonerita de plata. ¡Es preciosa! Parece holandesa. ¿Me la regalas? Las amatistas no me sentarán bien, creo yo, hasta que tenga ochenta años.

Era la cajita con la cápsula de aconitina.

Lord Arthur se estremeció, y un rubor repentino inflamó sus mejillas. Ya casi no se acordaba de lo que había hecho, y le pareció una extraña coincidencia que fuera Sybil, por cuyo amor pasó todas aquellas angustias, la primera en recordárselo.

La conmoción que le produjo aquel descubrimiento fue superior a sus fuerzas. Tiró la píldora al fuego y se desplomó sobre el sofá con un grito desesperado.

Capítulo V

El señor Merton quedó muy desconsolado ante aquel segundo aplazamiento, y lady Julia, que ya había encargado su vestido para la boda, hizo todo cuanto pudo por convencer a Sybil de la necesidad de una ruptura. A pesar del inmenso cariño que Sybil profesaba a su madre, había entregado su vida a lord Arthur, y nada de lo que esta le dijo pudo torcer su voluntad. En cuanto a lord Arthur, necesitó varios días para reponerse de su cruel decepción y, durante una temporada, tuvo los nervios deshechos. Sin embargo, recobró pronto su excelente sensatez, y su criterio sano y práctico no le dejó titubear demasiado sobre la conducta a seguir. Ya que el veneno había fallado por completo, era preciso emplear la dinamita, o cualquier otro explosivo de ese tipo.

Así pues, examinó de nuevo la lista de sus amigos y parientes, y después de una madura reflexión decidió volar a su tío, el deán de Chichester. A este, que era un hombre de gran cultura y talento, le entusiasmaban los relojes. Tenía una colección maravillosa de esos aparatos, que abarcaba desde el siglo XV hasta la actualidad. A lord Arthur le pareció que aquella afición del bonachón deán le proporcionaba una excelente base para llevar a cabo sus planes. Pero agenciarse una máquina explosiva era otro asunto.

El London Directory [la guía de direcciones comerciales de Inglaterra] no le ofrecía ninguna pista sobre ello, y pensó que le resultaría muy poco útil dirigirse a Scotland Yard: allí nunca se enteran de los hechos y movimientos de los dinamiteros sino después de una explosión, y ni siquiera entonces.

De pronto pensó en su amigo Rouvaloff, un joven ruso de tendencias revolucionarias, a quien conoció el invierno anterior en casa de lady Windermere. El conde de Rouvaloff estaba escribiendo una biografía de Pedro el Grande. Había llegado a Inglaterra con el propósito de estudiar los documentos referentes a la estancia del zar en ese país, cuando trabajó como carpintero naval, pero todos sospechaban que en realidad era un agente nihilista [el movimiento intelectual revolucionario ruso que se oponía a toda forma de autoridad estatal]. Era evidente que la embajada rusa no veía con buenos ojos su presencia en Londres. Lord Arthur pensó que aquel era el hombre que le convenía, y una mañana se dirigió a su casa en Bloomsbury para pedirle consejo y ayuda.

—¿Al fin piensa usted ocuparse seriamente de política? —preguntó el conde de Rouvaloff cuando lord Arthur le expuso el motivo de su visita.

Pero este, que detestaba las fanfarronadas, creyó necesario explicarle que las cuestiones sociales no le interesaban en absoluto, y que necesitaba un explosivo para un asunto puramente familiar.

El conde de Rouvaloff lo contempló un momento, sorprendido, y luego, viendo que hablaba en serio, escribió una dirección en un pedazo de papel, firmó con sus iniciales y se lo dio a lord Arthur, diciendo:

—Scotland Yard daría cualquier cosa por conocer esa dirección, mi querido amigo.

—No la conocerán —exclamó lord Arthur, echándose a reír.

Y después de estrechar amistosamente la mano del joven ruso, bajó las escaleras apresuradamente y ordenó a su cochero que lo llevara a Soho Square.

Una vez allí, lo despidió y siguió por Greek Street hasta llegar a un callejón llamado Bayle's Court. Atravesó un pasaje y se encontró en un curioso cul-de-sac, que parecía ocupado por un lavadero francés, pues de una casa a otra se extendía toda una red de cuerdas cargadas de ropa blanca, agitadas por la brisa matinal. Lord Arthur caminó decidido hasta el final de ese improvisado secadero y llamó a la puerta de una casita verde.

Después de una breve espera, durante la cual todas las ventanas del patio se llenaron de cabezas curiosas, abrió la puerta un extranjero de aspecto bastante hosco, que le preguntó en un inglés pésimo qué deseaba. Lord Arthur le tendió el papel que le había dado el conde de Rouvaloff. No bien lo hubo leído, el hombre se inclinó y lo invitó a pasar a una habitación diminuta en la planta baja.

Pocos minutos después, herr Winckelkopf, como lo llamaban en Inglaterra, irrumpió en la estancia con una servilleta al cuello, manchada de vino, y un tenedor en la mano izquierda.

—El conde de Rouvaloff —dijo lord Arthur, inclinándose— me ha dado este papel de presentación para usted, y deseo fervientemente que me conceda una breve entrevista por un asunto de negocios. Me llamo Smith, Robert Smith, y necesito que me proporcione un reloj explosivo.

—Encantado de recibirle, lord Arthur —replicó el malicioso y pequeño alemán, estallando en carcajadas—. No me mire con esa cara de asustado. Es mi deber conocer a todo el mundo y recuerdo haberle visto una noche en casa de lady Windermere; espero que Su Excelencia esté bien de salud. ¿Quiere acompañarme mientras termino de almorzar? Tengo un excelente pâté [pastel o tarta], y mis amigos llevan su amabilidad hasta afirmar que mi vino del Rin es mejor que cualquiera de los que pueden beberse en la embajada de Alemania.

Y antes de que lord Arthur hubiera salido de su asombro, se encontró sentado en la salita del fondo, bebiendo a sorbos un delicioso Marcobrünner en una copa amarillo pálido, grabada con el monograma imperial, y charlando de la manera más amistosa con el famoso anarquista.

—Los relojes explosivos —dijo herr Winckelkopf— no son buenos artículos para la exportación, ni siquiera consiguiendo hacerlos pasar por la aduana. El servicio de trenes es tan irregular que, por lo general, estallan antes de llegar a su destino. A pesar de ello, si necesita usted uno de esos aparatos para uso doméstico, puedo proporcionarle un artículo excelente, garantizándole que ha de quedar satisfecho con el resultado. ¿Puedo preguntarle para qué fin piensa usted destinarlo? Si es para la policía o para alguien relacionado con Scotland Yard, lo sentiré muchísimo, pero no puedo hacer nada por usted. Los detectives ingleses son nuestros mejores amigos, y he comprobado siempre que, gracias a su estupidez, podemos hacer todo cuanto se nos antoja. No quisiera tocar ni un solo cabello de sus cabezas.

—Le aseguro —replicó lord Arthur— que esto no tiene nada que ver con la policía. Para que lo sepa: el mecanismo de relojería está destinado al deán de Chichester.

—¡Caramba! No podía imaginarme, ni por lo más remoto, que fuese usted tan exaltado en materia religiosa, lord Arthur. Los jóvenes de hoy no suelen apasionarse por esas cosas.

—Creo que me alaba demasiado, herr Winckelkopf —dijo lord Arthur, ruborizándose—. Lo cierto es que soy un completo ignorante en teología.

—¿Se trata entonces de un asunto meramente personal?

—Meramente personal.

Herr Winckelkopf se encogió de hombros y salió de la habitación. Unos minutos después reapareció con un cartucho redondo de dinamita, del tamaño de un penique, y un precioso reloj francés, rematado por una figurita en bronce dorado de la Libertad aplastando a la hidra del Despotismo.

El semblante de lord Arthur se iluminó de alegría al verlo.

—Esto es justo lo que necesito. Y ahora dígame cómo funciona.

—¡Ah, ese es mi secreto! —respondió herr Winckelkopf, contemplando su invento con una mirada de orgullo justificado—. Dígame usted tan solo cuándo desea que estalle y regularé el mecanismo para el momento indicado.

—Bueno, hoy es martes, y si puede enviármelo enseguida…

—Imposible. Tengo una infinidad de encargos, entre otros, un trabajo importantísimo para unos amigos de Moscú. Pero, a pesar de todo, se lo mandaré mañana.

—¡Oh! Llegará a tiempo —dijo lord Arthur, con cortesía— si se entrega mañana por la noche o el jueves por la mañana. En cuanto al momento de la explosión, fijémoslo para el viernes a mediodía en punto. A esa hora el deán está siempre en su casa.

—¿El viernes a mediodía? —repitió herr Winckelkopf.

Y tomó nota en un gran registro abierto sobre una mesa, al lado de la chimenea.

—Y ahora —dijo lord Arthur, levantándose—, haga el favor de decirme cuánto le debo.

—Muy poca cosa, lord Arthur; se lo dejaré al precio de coste. La dinamita vale siete chelines con seis peniques; la maquinaria de relojería, tres libras con diez chelines; y el porte, unos cinco chelines. Me complace sobremanera poder servir a un amigo del conde de Rouvaloff.

—Pero ¿y su molestia, herr Winckelkopf?

—¡Oh, nada! Obtengo un verdadero placer en ello. No trabajo por dinero, vivo solo para mi arte.

Lord Arthur depositó cuatro libras, dos chelines y seis peniques sobre la mesa, agradeció al pequeño alemán su amabilidad y, rechazando con la mejor excusa posible una invitación para entrevistarse con varios anarquistas en una merienda el sábado siguiente, salió de casa de herr Winckelkopf y se dirigió al parque.

Los dos días siguientes los pasó en un tremendo estado de agitación. El viernes a mediodía se dirigió al Buckingham en espera de noticias. Durante toda la tarde, el estúpido portero de servicio fijó en la tablilla telegramas de todos los lugares del país con los resultados de las carreras de caballos, las sentencias de divorcio, el estado del tiempo y otras informaciones semejantes, mientras la cinta telegráfica desenrollaba los detalles más aburridos sobre la sesión nocturna de la Cámara de los Comunes y sobre un ligero ataque de pánico en la Bolsa de Londres.

A las cuatro llegaron los diarios de la noche, y lord Arthur desapareció en el salón de lectura con el Pall Mall, el St. James's, el Globe y el Echo, ante la gran indignación del coronel Goodchild, que quería leer el extracto de un discurso que había pronunciado aquella mañana en el palacio consistorial, con motivo de las misiones sudafricanas y la conveniencia de tener en cada provincia un obispo negro. Y el coronel sentía, no se sabe por qué, una gran animadversión hacia el Evening News.

Ninguno de aquellos periódicos contenía, sin embargo, la menor alusión a Chichester, y lord Arthur comprendió que el atentado había fracasado. Fue para él un terrible golpe, y durante algunos minutos permaneció abatidísimo.

Herr Winckelkopf, a quien visitó al día siguiente, se deshizo en excusas complicadas, comprometiéndose a proporcionarle otro reloj, que abonaría él, o una caja de bombas de nitroglicerina a precio de coste. Pero lord Arthur no tenía ya ninguna confianza en los explosivos, y herr Winckelkopf reconoció que hoy en día todo estaba tan falsificado que era difícil incluso conseguir dinamita sin adulterar.

Sin embargo, el alemán, aun admitiendo que el mecanismo de relojería podía tener algún defecto, confiaba todavía en que el resorte del reloj funcionase. Citaba en apoyo de su tesis el caso de un barómetro que envió una vez al gobernador militar de Odessa, preparado para estallar al décimo día, y que permaneció imperturbable por espacio de tres meses. También era verdad que cuando estalló no hizo añicos más que a una doncella, pues el gobernador había salido de la ciudad seis semanas antes; pero, al menos, aquello demostraba que la dinamita, regida por un mecanismo de relojería, era un poderoso agente, aunque algo inexacto.

Lord Arthur halló un poco de consuelo con aquella reflexión, pero estaba predestinado a sufrir un nuevo desengaño.

Dos días después, cuando subía la escalera, la duquesa le llamó a su tocador y le enseñó una carta que acababa de recibir del deanato.

—Jane me escribe unas cartas encantadoras —le dijo—; lee esta última, es tan interesante como algunas de las novelas que nos remite Mudie.

Lord Arthur se la arrebató de las manos. Estaba redactada en los siguientes términos:

Deanato de Chichester,
27 de mayo.

Queridísima tía:

Mil gracias por la franela para el asilo Dorcas, así como por la guinga. Estoy completamente de acuerdo con usted en que es absurdo ese afán de lucir cosas llamativas; pero hoy en día todo el mundo es tan radical y tan poco religioso que resulta difícil hacerles entender que no deben adoptar los gustos y la elegancia de la clase alta. ¡Lo cierto es que no sé adónde vamos a llegar! Como dice papá a menudo en sus sermones, vivimos en una época de incredulidad.

Hemos tenido un gran alboroto estos días debido a un relojito que papá recibió de un admirador desconocido el pasado jueves. Llegó de Londres, con el porte pagado, en un cajoncito de madera, y papá cree que le ha sido remitido por algún oyente de su notable sermón sobre el tema "¿El libertinaje es la libertad?", pues el reloj está coronado por una figura de mujer con un gorro frigio en la cabeza. No encuentro esto muy correcto, pero papá dice que es un símbolo histórico y que debe de tener sus razones. Parker desembaló el objeto y papá lo colocó sobre la repisa de la chimenea de la biblioteca.

Estábamos todos sentados en esa habitación el viernes por la mañana cuando, en el preciso momento en que el reloj marcaba las doce, oímos un ruido como de alas, salió un poco de humo del pedestal de la figura y la diosa de la libertad se desprendió... ¡rompiéndose la nariz contra el reborde de la chimenea! María se impresionó mucho, pero fue una escena tan ridícula que James y yo estuvimos riéndonos un buen rato, y el mismo papá se divirtió.

Cuando examinamos el reloj, vimos que era una especie de despertador, y que, disponiendo la aguja sobre una hora determinada y colocando pólvora y un fulminante debajo del martillo, se producía el estallido a voluntad. Papá dijo que era un reloj demasiado ruidoso para tenerlo en la biblioteca, así que Reggie se lo llevó al colegio, y allí sigue produciendo pequeñas explosiones durante todo el día.

¿Cree usted que le gustaría a Arthur un regalo de boda así? Supongo que deben estar muy de moda en Londres. Papá dice que estos relojes pueden ser útiles, porque enseñan que la libertad no es duradera y que su reinado acaba en el desmoronamiento. También dice que la libertad fue un invento de la Revolución francesa. ¡Es algo atroz!

Voy en un momento al asilo Dorcas, y pienso leerles su carta, que es tan instructiva. ¡Qué cierta es, tía, su idea de que, dada su condición, no deberían llevar lo que no les corresponde ni les sienta bien! De verdad creo que su preocupación por el vestir es absurda, habiendo tantas otras cosas graves en las que pensar en este mundo y en el futuro. Me alegro mucho de que su popelín floreado sea de tan buena calidad y de que el encaje no se rompa.

El miércoles llevaré a casa del obispo el vestido de raso amarillo que tuvo usted la amabilidad de regalarme; creo que hará un gran efecto. ¿Tiene usted lazos, tía? Jennings dice que ahora todo el mundo los usa, y que las enaguas se llevan encañonadas.

Reggie acaba de asistir a otra explosión. Papá ha mandado llevar el reloj a la cuadra; me parece que ya no lo aprecia tanto como al principio, aunque le halaga mucho haber recibido un regalo tan bonito e ingenioso, pues demuestra que sus sermones tienen oyentes y que sirven de enseñanza.

Papá le envía recuerdos, al igual que James, Reggie y María, quienes esperan que tío Cecil se encuentre mejor de su gota.

Ya sabe usted, querida tía, cuánto la quiere su sobrina,

JANE PERCY

P. D.: Dígame sobre los lazos. Jennings insiste en que están muy de moda.

Lord Arthur contempló la carta con un aire tan serio y triste que la duquesa se echó a reír.

—¡Mi querido Arthur! —exclamó—, ¡no volveré a enseñarte una carta de una muchacha! Pero, ¿qué piensas de ese reloj? Me parece un invento verdaderamente curioso y me gustaría tener uno así.

—No me inspiran gran confianza esos relojes —dijo lord Arthur con una triste sonrisa.

Y, después de besar a su madre, salió de la habitación.

No bien llegó a la suya, se desplomó sobre un sofá con los ojos arrasados en lágrimas. Había hecho todo lo posible por cometer el crimen, pero sus tentativas habían fracasado dos veces sin que él tuviera la culpa. Intentó cumplir con su deber, pero parecía que el Destino le traicionaba.

Estaba abrumado por el sentimiento de esterilidad de sus buenas intenciones, por la inutilidad de sus esfuerzos en un acto honrado. Quizás hubiera sido mejor romper su compromiso con Sybil. Ella sufriría, sí, pero el dolor no podría aniquilar un carácter tan noble como el suyo. En cuanto a él, ¿qué importaba? Siempre hay alguna guerra en la que un hombre puede hacerse matar, o una causa por la que puede dar su vida. Y si la vida no tenía aliciente para él, la muerte no le aterraba. ¡Que se cumpliese su Destino! No haría nada por evitarlo.

Se vistió a las siete y media y se marchó al club. Allí estaba Surbiton con un grupo de jóvenes, y lord Arthur se vio obligado a cenar con ellos. Su frívola conversación y sus gestos indolentes no le interesaban, y en cuanto sirvieron el café, los dejó con la excusa de una cita.

Al salir del club, el conserje le entregó una carta. Era de herr Winckelkopf, quien le invitaba a ir la noche siguiente a presenciar la demostración de un paraguas explosivo que estallaba al abrirse, el último grito de los inventos llegados de Ginebra. Lord Arthur rompió la carta en pedazos. Estaba decidido a no realizar nuevos experimentos.

Vagó luego por los muelles del Támesis y permaneció varias horas sentado a orillas del río. La luna asomó a través de un velo de nubes rojizas, como la pupila de un león, e innumerables estrellas salpicaron de lentejuelas el firmamento insondable, como un polvillo dorado extendido sobre la cúpula púrpura.

De vez en cuando, una enorme barcaza se balanceaba sobre el río cenagoso y se deslizaba con la corriente. Las señales del ferrocarril, primero verdes, se tornaban rojizas a medida que los trenes atravesaban el puente con estruendo. Al poco rato sonaron las doce con un ruido sordo en la torre de Westminster, y la noche pareció vibrar con cada sonora campanada. Después se apagaron las luces de la vía. Solo una siguió brillando como un gran rubí sobre un poste gigantesco, y el rumor de la ciudad fue debilitándose.

A las dos, lord Arthur se levantó y se encaminó paseando hacia Blackfriars.

¡Qué irreal! ¡Qué semejante a un extraño sueño le parecía todo! Al otro lado del río, las casas parecían surgir de las tinieblas. Se hubiera dicho que la plata y la oscuridad reconstruían el mundo. La enorme cúpula de St. Paul se dibujaba como un globo en la atmósfera negruzca.

Al acercarse a la Aguja de Cleopatra, lord Arthur divisó a un hombre asomado al parapeto del río. Cuando llegó, la luz del farol, que caía de lleno sobre su rostro, le permitió reconocerlo.

¡Era el señor Podgers, el quiromante! El rostro carnoso y arrugado, las gafas de oro, la sonrisa enfermiza y la boca sensual eran inconfundibles.

Lord Arthur se detuvo. Una idea brillante lo iluminó como un relámpago. Se deslizó con suavidad hacia el señor Podgers, y en un segundo le agarró por las piernas y lo arrojó al Támesis.

Se oyó una blasfemia, el ruido de un chapoteo y… nada más.

Lord Arthur contempló con ansiedad la superficie del río, pero no vio más que el sombrero del quiromante, que daba vueltas en un remolino de agua plateada por la luna.

Entonces, sintió que había cumplido con su Destino. Suspiró profundamente y el nombre de Sybil apareció en sus labios.

—¿Se le ha caído a usted algo? —dijo de repente una voz a su espalda.

Se volvió de golpe y vio a un policía con su linterna sorda.

—Nada que valga la pena —contestó sonriendo; y tomando un coche que pasaba, se dirigió a Belgrave Square.

Los días siguientes alternó entre la alegría y la preocupación. Había momentos en que casi esperaba ver entrar al señor Podgers en su habitación; y, sin embargo, otras veces comprendía que el Destino no podía ser tan injusto con él. Fue dos veces a casa del quiromante, pero no pudo decidirse a tocar el timbre. Deseaba con toda su alma conocer la verdad y, al mismo tiempo, la temía.

Y al fin la supo. Se hallaba sentado en el salón de fumar del club, tomando el té y escuchando, aburrido, a Surbiton, quien le cantaba la última canción cómica del Gaiety, cuando el criado trajo los periódicos de la tarde. Tomó el St. James's y, hojeándolo con ojos distraídos, de repente se topó con este titular:

SUICIDIO DE UN QUIROMANTE

Palideció de emoción y empezó a leer la noticia, que decía lo siguiente:

Ayer por la mañana, a las siete, fue hallado el cuerpo del señor Septimus R. Podgers, el eminente quiromante, devuelto por el río en la ribera de Greenwich, frente al hotel Ship. Este infortunado señor desapareció hace unos días, y en los centros quirománticos se sentían vivas inquietudes respecto a su paradero. Se supone que se suicidó a causa de un trastorno momentáneo de sus facultades mentales, provocado por un trabajo excesivo. Así lo ha reconocido por unanimidad el dictamen forense, emitido esta tarde. El señor Podgers había concluido un tratado sobre la lectura de la mano humana, que será publicado en breve y ha de suscitar, sin duda alguna, un gran interés. El finado tenía sesenta y cinco años y, según parece, no ha dejado familia.

Lord Arthur salió con gran precipitación del club, periódico en mano, ante la gran estupefacción del conserje, que intentó inútilmente detenerlo, y se hizo conducir a Park Lane a toda prisa. Sybil, que miraba por la ventana, lo vio llegar y algo pareció decirle que traía buenas noticias. Corrió a su encuentro y, al mirarlo a la cara, comprendió que todo marchaba bien.

—Mi querida Sybil —exclamó lord Arthur—, ¡casémonos mañana!

—¡Qué chiquillo más loco! ¡Y el pastel de boda sin encargar! —replicó Sybil, riéndose entre lágrimas.

Capítulo VI

Cuando se celebró la boda, unas tres semanas después, St. Peter estaba lleno de una verdadera multitud de personas de la más elevada alcurnia. Ofició de un modo conmovedor el deán de Chichester, y todos los asistentes estuvieron de acuerdo en reconocer que no habían visto nunca una pareja tan seductora como la que formaban los novios. Pero eran más que hermosos; eran felices. No sintió lord Arthur, ni por un solo momento, lo que había sufrido por amor a Sybil, y ella, por su parte, le daba lo mejor que puede ofrecer una mujer a un hombre: respeto, ternura y amor. En su caso, la realidad no mató su romance. Y conservaron siempre la juventud de sus sentimientos.

Algunos años después, cuando habían nacido dos preciosos niños, lady Windermere fue a visitarlos a Alton Priory, antigua y encantadora finca, regalo de boda del duque a su hijo; y, sentada una tarde con Sybil bajo un tilo en el jardín, contemplando al niño y a la chiquilla que jugaban correteando por la rosaleda como dos suaves rayos de sol, asió de pronto las manos de Sybil y le preguntó:

—¿Eres feliz, Sybil?

—¡Sí, mi querida lady Windermere, soy feliz! ¿Y usted?

—No tengo tiempo de serlo, Sybil; me encariño siempre con la última persona que me presentan. Pero generalmente, en cuanto la conozco a fondo, me aburre.

—¿No la entretienen ya sus leones, lady Windermere?

—¡Oh, amiga mía! Los leones no sirven más que para una temporada. En cuanto se cortan la melena, se convierten en los seres más insufribles del mundo. Además, si una se porta de un modo cariñoso con ellos, ellos, en cambio, se portan muy mal con una. ¿Te acuerdas de aquel horrible señor Podgers? Era un inicuo impostor. Como es natural, al principio no lo noté, y hasta cuando me pidió dinero se lo di, pero no podía soportar que me hiciera la corte. Me ha hecho odiar de veras la quiromancia. Ahora mi pasión es la telepatía. Resulta mucho más divertida.

—Aquí no puede hablarse mal de la quiromancia, lady Windermere. Es la única cosa sobre la cual no le gustan a Arthur las bromas. Le aseguro a usted que se la toma en serio por completo.

—¿No querrás decirme, Sybil, que tu marido cree en ella?

—Pregúnteselo usted y lo verá, lady Windermere. Aquí viene.

Lord Arthur se acercaba, en efecto, por el jardín, con un gran ramo de rosas amarillas en la mano y sus dos hijos jugueteando a su alrededor.

—¿Lord Arthur?

—A sus órdenes, lady Windermere.

—¿Se atreverá usted de verdad a mantener que cree en la quiromancia?

—Claro que sí —dijo el joven, sonriendo.

—Pero ¿por qué?

—Porque le debo toda la dicha de mi vida —murmuró él, arrellanándose en un sillón de mimbre.

—¿Qué le debe usted, mi querido lord Arthur?

—Pues Sybil —contestó él, ofreciendo las rosas a su mujer y mirándose en sus ojos violeta.

—¡Qué tontería! —exclamó lady Windermere—. ¡No he oído en mi vida una tontería semejante!

EL FANTASMA DE CANTERVILLE

I

Cuando el señor Hiram B. Otis, el ministro de Estados Unidos, compró Canterville-Chase, todo el mundo le dijo que cometía una gran necedad, porque la finca estaba embrujada.

Hasta el mismo lord Canterville, como hombre de la más escrupulosa honradez, se creyó en el deber de advertírselo al señor Otis cuando discutieron las condiciones de la venta.

—Nosotros mismos —dijo lord Canterville— nos hemos negado rotundamente a vivir en ese sitio desde que mi tía abuela, la duquesa de Bolton, sufrió un desmayo del que nunca se repuso por completo, provocado por el espanto que experimentó al sentir que dos manos esqueléticas se posaban sobre sus hombros mientras se vestía para cenar. Me veo en la obligación de decirle, señor Otis, que el fantasma ha sido visto por varios miembros de mi familia que aún viven, así como por el rector de la parroquia, el reverendo Augustus Dampier, agregado de la Universidad de Oxford. Después del trágico incidente con la duquesa, ninguna doncella quiso quedarse en la casa, y lady Canterville no pudo volver a conciliar el sueño debido a los misteriosos ruidos que provenían del pasillo y la biblioteca.

—Señor —respondió el ministro—, adquiriré el inmueble y el fantasma bajo inventario. Vengo de un país moderno, donde podemos tener todo lo que el dinero puede comprar, y esos jóvenes avispados nuestros que recorren de punta a punta el viejo continente, llevándose a los mejores actores y prima donnas de ustedes, estoy seguro de que si queda aún un verdadero fantasma en Europa, no tardarán en buscarlo para exhibirlo en uno de nuestros museos públicos o pasearlo por los caminos como un fenómeno.

—El fantasma existe, me temo —dijo lord Canterville, soltando una sonrisa—, aunque quizá se resista a las ofertas de los intrépidos empresarios de ustedes. Se le conoce desde hace más de tres siglos, exactamente desde 1574, y nunca deja de aparecer cuando está por ocurrir una defunción en la familia.

—¡Bah! Los médicos de cabecera hacen lo mismo, lord Canterville. Mi estimado amigo, un fantasma no puede existir, y no creo que las leyes de la naturaleza admitan excepciones en favor de la aristocracia inglesa.

—Realmente son ustedes muy naturales en Estados Unidos —dijo lord Canterville, sin comprender del todo la última observación del señor Otis—. En cualquier caso, si le gusta tener un fantasma en casa, mejor para usted. Solo recuerde que yo le previne.

Algunas semanas después se cerró el trato y, a finales de la temporada, el ministro y su familia emprendieron el viaje a Canterville.

La señora Otis, quien en su juventud había sido la célebre señorita Lucrecia R. Tappan, de la calle Oeste 52, en Nueva York, era todavía una mujer muy hermosa, de mediana edad, con unos ojos magníficos y un perfil soberbio.

Muchas damas norteamericanas, cuando abandonan su país, adoptan el aire de estar aquejadas de alguna dolencia crónica, creyendo que ese es uno de los signos de distinción europeos; pero la señora Otis nunca cayó en tal error.

Poseía una naturaleza espléndida y una energía vital extraordinaria.

A decir verdad, era completamente inglesa en muchos aspectos y bien podría haber sido citada como prueba de que lo único que hoy no comparten Estados Unidos e Inglaterra es el idioma.

Su hijo mayor, bautizado con el nombre de Washington por sus padres en un momento de patriótico fervor que él no dejaba de lamentar, era un muchacho rubio, de buena figura, que se había erigido en candidato a la diplomacia tras dirigir un cotillón en el casino de Newport durante tres temporadas consecutivas. Incluso en Londres era considerado un bailarín excepcional.

Sus únicas debilidades eran las gardenias y la patria; fuera de eso, era perfectamente sensato.

La señorita Virginia E. Otis era una muchacha de quince años, esbelta y grácil como un cervatillo, con un aire encantador de despreocupación en sus grandes ojos azules.

Era una amazona prodigiosa y, montada en su pequeño caballo, derrotó en una carrera al viejo lord Bilton, dándole dos vueltas al parque y sacándole un cuerpo y medio de ventaja justo frente a la estatua de Aquiles. Tal hazaña provocó un entusiasmo tan desbordante en el joven duque de Cheshire, que le propuso matrimonio en el acto, y sus tutores tuvieron que enviarlo a Eton esa misma noche, entre lágrimas.

Después de Virginia venían los gemelos, conocidos comúnmente como "Estrellas y Bandas", ya que siempre se los veía exhibiéndolas.

Eran niños encantadores y, junto con el ministro, los únicos verdaderos republicanos de la familia.

Como Canterville-Chase se encontraba a siete millas de Ascot, la estación más cercana, el señor Otis envió un telegrama solicitando que los recogieran en un coche descubierto, y emprendieron el viaje con gran alegría.

Era una hermosa noche de julio, perfumada por el aroma de los pinos.

De vez en cuando, se oía el arrullo de una paloma o se vislumbraba, entre la maleza y el susurro de los helechos, la pechuga de oro bruñido de algún faisán.

Pequeñas ardillas los observaban desde lo alto de las hayas a su paso; conejos cruzaban el sendero como flechas entre los matorrales o sobre las colinas cubiertas de hierba, mostrando sus colas blancas.

Sin embargo, apenas entraron en la avenida de Canterville-Chase, el cielo se cubrió repentinamente de nubes. Un extraño silencio pareció invadir la atmósfera, una gran bandada de cornejas cruzó en vuelo sobre sus cabezas sin emitir un solo graznido, y antes de que llegaran a la casa ya habían comenzado a caer algunas gotas de lluvia.

En la escalinata los esperaba una anciana vestida pulcramente con un traje de seda negra, cofia y delantal blancos.

Era la señora Umney, el ama de llaves, a quien la señora Otis había accedido a mantener en su puesto a petición insistente de lady Canterville.

Hizo una profunda reverencia a la familia cuando bajaron del coche y dijo, con un singular acento de los tiempos antiguos:

—Les doy la bienvenida a Canterville-Chase.

Los guió a través de un hermoso vestíbulo de estilo Tudor hasta la biblioteca, un amplio y espacioso salón que terminaba en un gran ventanal acristalado.

El té estaba listo.

Después de quitarse los trajes de viaje, se sentaron todos y comenzaron a curiosear a su alrededor, mientras la señora Umney iba y venía con diligencia.

De pronto, la mirada de la señora Otis se posó en una mancha de un rojo oscuro sobre el suelo, justo al lado de la chimenea. Sin pensarlo, dijo a la señora Umney:

—Veo que han derramado algo en ese sitio.

—Sí, señora —respondió la señora Umney en voz baja—. Ahí se ha derramado sangre.

—¡Qué espantoso! —exclamó la señora Otis—. No quiero manchas de sangre en un salón. Es preciso limpiarla de inmediato.

La anciana sonrió y, con la misma voz baja y misteriosa, replicó:

—Es la sangre de lady Leonor de Canterville, quien fue asesinada en ese mismo lugar por su esposo, Simón de Canterville, en 1565. Simón vivió nueve años más, pero desapareció repentinamente en circunstancias muy misteriosas. Su cuerpo nunca fue encontrado, pero su alma culpable sigue acechando la casa. La mancha de sangre ha sido muy admirada por los turistas y otras personas, pero eliminarla es imposible.

—Todo eso son tonterías —exclamó Washington Otis—. El detergente y quitamanchas "Campeón Pinkerton" hará desaparecer eso en un abrir y cerrar de ojos.

Y antes de que el ama de llaves, aterrada, pudiera intervenir, ya se había arrodillado y frotaba enérgicamente el suelo con una barra de una sustancia parecida a un cosmético negro. En pocos instantes, la mancha había desaparecido sin dejar rastro.

—Ya sabía yo que el "Campeón Pinkerton" la eliminaría —exclamó triunfalmente, lanzando una mirada de satisfacción a su familia.

Pero apenas había pronunciado esas palabras cuando un relámpago formidable iluminó la estancia y un estruendoso trueno sacudió a todos, excepto a la señora Umney, que se desmayó.

—¡Qué clima más terrible! —dijo tranquilamente el ministro, encendiendo un largo cigarro—. Creo que el país de los abuelos está tan lleno de gente que no hay buen tiempo suficiente para todos. Siempre he opinado que lo mejor que podrían hacer los ingleses es emigrar.

—Querido Hiram —replicó la señora Otis—, ¿qué hacemos con una mujer que se desmaya?

—Le descontamos el tiempo de su salario en caja. Así no volverá a desmayarse.

En efecto, la señora Umney pronto recobró el sentido. Sin embargo, se la veía profundamente afectada, y con voz solemne advirtió a la señora Otis que debían estar preparados para cualquier desgracia en la casa.

—Señores, he visto con mis propios ojos cosas… que pondrían los pelos de punta a cualquier cristiano. Ha habido noches y noches en las que no he podido cerrar los ojos por los terribles sucesos que ocurren aquí.

A pesar de ello, el señor Otis y su esposa aseguraron a la buena mujer que no tenían miedo de los fantasmas.

La anciana ama de llaves, tras invocar la bendición de la Providencia sobre sus nuevos amos y lograr que le aumentaran el salario, se retiró a su habitación renqueando.

II

La tormenta rugió durante toda la noche, pero no sucedió nada extraordinario.

A la mañana siguiente, cuando bajaron a desayunar, encontraron nuevamente la terrible mancha sobre el suelo.

—No creo que sea culpa del "limpiador sin rival" —dijo Washington—, porque lo he probado con todo tipo de manchas. Debe ser cosa del fantasma.

Así que volvió a borrar la mancha frotando un poco. Sin embargo, a la mañana siguiente reapareció. Y eso que la biblioteca había permanecido cerrada toda la noche, pues el señor Otis se había llevado la llave consigo.

Desde ese momento, la familia empezó a interesarse en el fenómeno. El señor Otis estaba a punto de admitir que había sido demasiado dogmático al negar la existencia de los fantasmas. La señora Otis expresó su intención de unirse a la Sociedad Psíquica, y Washington preparó una larga carta a los señores Myers y Podmone, basada en la persistencia de las manchas de sangre cuando provenían de un crimen.

Aquella noche despejó todas las dudas sobre la existencia objetiva de los fantasmas.

La familia había aprovechado la frescura de la tarde para dar un paseo en coche. Regresaron a las nueve y tomaron una cena ligera. Durante la conversación no se mencionó ni una sola vez el tema de los fantasmas, de modo que no se daban las condiciones más elementales de "espera" y "receptividad" que suelen preceder a los fenómenos psíquicos.

Los temas de discusión, según luego relató la señora Otis, fueron los habituales en las conversaciones de norteamericanos cultos de la alta sociedad: la inmensa superioridad de Miss Janny Davenport sobre Sarah Bernhardt como actriz; la dificultad de encontrar maíz tierno y galletas de trigo sarraceno, incluso en las mejores casas inglesas; la importancia de Boston en el desarrollo del alma universal; las ventajas del sistema de anotación de equipajes para viajeros, y la suavidad del acento neoyorquino en comparación con el deje londinense.

Ni la más mínima alusión a lo sobrenatural. Nada sobre Simón de Canterville.

A las once, la familia se retiró a dormir. A las doce y media, todas las luces estaban apagadas.

Poco después, el señor Otis se despertó con un ruido extraño en el pasillo, justo fuera de su habitación.

Parecía el rechinar de hierros viejos, y se acercaba cada vez más.

Se levantó de inmediato, encendió la luz y miró la hora. Era la una en punto.

El señor Otis estaba perfectamente tranquilo. Se tomó el pulso y lo encontró normal.

El ruido seguía, acompañado ahora por el sonido claro de unos pasos.

Se puso las zapatillas, tomó un pequeño frasco de su tocador y abrió la puerta.

Ante él, en el pálido resplandor de la luna, se alzaba un anciano de aspecto espantoso.

Sus ojos parecían brasas encendidas.

Una larga cabellera gris caía en desorden sobre sus hombros.

Sus ropas, de corte antiguo, estaban manchadas y desgarradas.

De sus muñecas y tobillos colgaban pesadas cadenas y grilletes oxidados.

—Mi distinguido señor —dijo el señor Otis—, permítame rogarle encarecidamente que engrase esas cadenas. Le he traído para ello una botella de Engrasador Tammany-Sol-Levante. Dicen que con una sola aplicación es altamente eficaz, y en la etiqueta hay varios certificados de nuestros más ilustres agoreros nativos que lo avalan. Voy a dejársela aquí, junto a las mecedoras, y será un placer proporcionarle más si lo desea.

Dicho esto, el ministro de los Estados Unidos dejó el frasquito sobre una mesa de mármol, cerró la puerta y volvió a la cama.

El fantasma de Canterville permaneció inmóvil por unos momentos, indignado. Luego, lleno de rabia, tiró el frasco contra el suelo encerado y huyó por el corredor lanzando gruñidos cavernosos y despidiendo una extraña luz verdosa.

Sin embargo, al llegar a la gran escalera de roble, una puerta se abrió de repente. Aparecieron dos figuras infantiles vestidas de blanco y, antes de que pudiera reaccionar, una voluminosa almohada le golpeó en la cabeza. No había tiempo que perder, así que, utilizando la cuarta dimensión del espacio como medio de fuga, desapareció a través del estuco, y la casa recuperó su tranquilidad.

Al llegar a un cuarto secreto en el ala izquierda, se apoyó en un rayo de luna para recobrar el aliento y se puso a reflexionar sobre su situación.

Jamás, en sus trescientos años de brillante carrera, había sido tratado con tal falta de respeto.

Recordó la crisis de terror que había provocado en la duquesa viuda cuando, mientras se miraba al espejo cubierta de brillantes y encajes, sintió su presencia; las cuatro doncellas a las que llevó al borde de la locura con convulsiones histéricas solo con hacerles muecas entre las cortinas de una de las habitaciones de invitados; el rector de la parroquia, cuya vela apagó de un soplido cuando volvía tarde de la biblioteca y que, desde entonces, se convirtió en víctima de toda clase de trastornos nerviosos.

También evocó la aterradora visión que le infligió a la anciana señora de Tremouillac, quien, al despertarse a medianoche y verlo sentado junto a la lumbre en forma de esqueleto, leyendo el diario de su vida, sufrió un ataque cerebral y pasó seis meses en cama. Tras recuperarse, rompió toda relación con el escéptico monsieur de Voltaire y se reconcilió con la Iglesia.

Rememoró, con orgullo artístico, la noche en que hizo agonizar de espanto al bribón de lord Canterville, a quien obligó a confesar que había timado diez mil libras a Carlos Fos, tras hacerle tragar la carta con la que cometió el fraude.

Desfilaron por su mente sus mejores hazañas: el mayordomo que se voló la tapa de los sesos después de ver una mano verde tamborileando sobre los cristales; la bella lady Steefield, condenada a llevar un collar de terciopelo negro para ocultar la marca de cinco dedos grabada como un hierro candente en su piel, hasta que finalmente se ahogó en el estanque de la Avenida Real.

Sumido en la nostalgia, se dedicó una amarga sonrisa al evocar sus más célebres apariciones: su última actuación como Rubén el Rojo, el niño estrangulado, su debut como Gibeon, el Vampiro flaco del páramo de Bevley, y el terror que desató una tarde de junio jugando a los bolos con sus propios huesos sobre el campo de lawn-tennis.

¿Y todo para qué?

Para que unos miserables norteamericanos le ofrecieran Engrasador Sol-Levante y le arrojaran almohadas a la cabeza.

Era absolutamente intolerable. La historia demostraba que jamás se había tratado así a un fantasma.

Era necesario tomar represalias.

Permaneció en actitud de profunda meditación hasta el amanecer.

III

Cuando a la mañana siguiente la familia Otis se reunió para el almuerzo, discutieron extensamente acerca del fantasma. El ministro de los Estados Unidos estaba, como era natural, un poco ofendido al ver que su ofrecimiento no había sido aceptado.

—No quisiera de ninguna manera ofender personalmente al fantasma —dijo—, y reconozco que, dado el tiempo que lleva en la casa, no fue muy cortés lanzarle una almohada a la cabeza…

Siento decir que esta observación tan justa provocó una explosión de risa entre los gemelos.

—Pero, por otro lado —continuó el señor Otis—, si insiste en no usar el engrasador Sol-Levante, nos veremos obligados a quitarle las cadenas. No se puede dormir con todo ese ruido en la puerta de las habitaciones.

Sin embargo, durante el resto de la semana no fueron molestados. Lo único que llamó su atención fue la reaparición continua de la mancha de sangre en el parqué de la biblioteca. Era realmente muy extraño, sobre todo porque el señor Otis cerraba la puerta con llave cada noche, al igual que las ventanas. Los cambios de color que sufría la mancha, similares a los de un camaleón, también despertaron frecuentes comentarios en la familia. Una mañana era de un rojo oscuro, casi violáceo; otras veces aparecía bermellón; luego, un púrpura espléndido, y un día, cuando bajaron a rezar según los ritos sencillos de la Iglesia Episcopal Reformada de Norteamérica, la encontraron de un hermoso verde esmeralda. Como era de esperar, estos cambios caleidoscópicos divirtieron mucho a la familia, y cada noche hacían apuestas sobre qué color tendría al día siguiente. La única que no participaba en la broma era la joven Virginia. Por razones desconocidas, siempre se sentía impresionada por la mancha de sangre y estuvo a punto de llorar la mañana en que apareció verde esmeralda.

El fantasma hizo su segunda aparición el domingo por la noche. Poco después de que todos se acostaran, un enorme estrépito en el salón los alarmó. Bajaron apresuradamente y encontraron que una armadura completa se había desprendido de su soporte y había caído sobre las losas. Cerca de allí, sentado en un sillón de alto respaldo, el fantasma de Canterville se restregaba las rodillas con una expresión de agudo dolor en el rostro.

Los gemelos, que se habían provisto de sus hondas, le lanzaron inmediatamente dos balines con esa precisión que solo se adquiere tras largos y pacientes ejercicios sobre el profesor de caligrafía. Mientras tanto, el ministro de los Estados Unidos mantenía al fantasma bajo la amenaza de su revólver y, conforme a la etiqueta californiana, lo instaba a levantar los brazos.

El fantasma se incorporó bruscamente, lanzó un grito de furia salvaje y se desvaneció en medio de ellos como una niebla, apagando de paso la vela de Washington Otis y dejándolos a todos en la oscuridad.

Cuando llegó a lo alto de la escalera, ya más calmado, decidió lanzar su célebre carcajada satánica, que en otras ocasiones le había sido muy útil. Se decía que ese sonido había hecho encanecer en una sola noche el peluquín de lord Raker y que tres amas de llaves consecutivas renunciaron antes de completar su primer mes en la casa.

Por lo tanto, lanzó su carcajada más aterradora, dejando que los ecos retumbaran en las antiguas bóvedas; pero apenas se apagaron, una puerta se abrió y apareció la señora Otis, vestida de azul claro.

—Me temo que no se encuentra bien —dijo la dama—, así que le traigo un frasco de la tintura del doctor Dobell. Si es una indigestión, esto le sentará de maravilla.

El fantasma la miró con ojos llameantes de furia y se sintió obligado a transformarse en un gran perro negro. Era un truco que le había dado gran reputación y al cual atribuía la locura incurable del tío de lord Canterville, el honorable Tomás Horton.

Sin embargo, un ruido de pasos que se acercaban lo hizo dudar, así que se limitó a volverse un poco fosforescente. Luego, tras lanzar un gemido sepulcral, desapareció rápidamente, pues los gemelos ya estaban a punto de alcanzarlo.

Una vez en su habitación, se sintió completamente derrotado y presa de una intensa agitación. La insolencia de los gemelos, el grosero materialismo de la señora Otis… todo aquello era realmente humillante.

Pero lo que más lo afligía era darse cuenta de que ya no tenía fuerzas para llevar una armadura.

Contaba con que su aparición como espectro acorazado causaría algún impacto, al menos por deferencia a su poeta nacional, Longfellow, cuyas delicadas y encantadoras poesías a menudo le habían servido para matar el tiempo mientras los Canterville estaban en Londres.

Además, era su propia armadura. La había llevado con éxito en el torneo de Kenilworth, recibiendo incluso elogios de la mismísima Reina Virgen.

Pero cuando intentó ponérsela de nuevo, el peso de la enorme coraza y del yelmo de acero lo aplastaron por completo. Se desplomó pesadamente sobre las losas de piedra, despellejándose las rodillas y contusionándose la muñeca derecha.

Durante varios días estuvo enfermo y apenas salió de su escondite, excepto para asegurarse de que la mancha de sangre permaneciera intacta. Sin embargo, con el tiempo logró reponerse y decidió hacer un tercer intento de aterrorizar al ministro de los Estados Unidos y su familia.

Eligió la noche del viernes 17 de agosto para su nueva aparición y dedicó gran parte del día a revisar sus disfraces. Finalmente, optó por un sombrero con el ala levantada de un lado y caída del otro, adornado con una pluma roja; un sudario deshilachado por las mangas y el cuello, y un puñal oxidado.

Al atardecer, estalló una gran tormenta. El viento era tan fuerte que sacudía violentamente las puertas y ventanas de la antigua casa. Sin duda, era el clima ideal para su plan.

Esto era lo que pensaba hacer:

Se deslizaría sigilosamente hasta la habitación de Washington Otis, le susurraría palabras ininteligibles al pie de la cama y, al son de una música fúnebre, hundiría tres veces seguidas el puñal en su garganta.

Odiaba a Washington más que a nadie, pues estaba seguro de que era él quien constantemente eliminaba la famosa mancha de sangre de Canterville con el "limpiador incomparable de Pinkerton".

Después de acabar con el temerario joven, entraría en la habitación del ministro de los Estados Unidos y su esposa. Allí, colocaría su mano fría y viscosa sobre la frente de la señora Otis y, al mismo tiempo, susurraría con voz lúgubre en el oído del ministro los secretos más oscuros de la tumba.

Respecto a la pequeña Virginia, aún no había decidido qué hacer. Nunca lo había insultado. Además, era bonita y amable. Creía que unos cuantos gemidos lúgubres provenientes del armario serían suficientes, y si no lograban despertarla, podría llegar a tirarle suavemente de la punta de la nariz con sus dedos rígidos por la parálisis.

Pero con los gemelos, estaba decidido a darles una lección. Primero, se sentaría sobre sus pechos para provocarles una terrible pesadilla.

Luego, aprovechando que sus camas estaban muy juntas, se elevaría entre ellas como un cadáver verde y frío como el hielo, hasta paralizarlos de terror.

Después, arrojando bruscamente su sudario, recorrería la habitación en cuatro patas como un esqueleto blanqueado por el tiempo, girando los ojos en sus órbitas en su interpretación de Daniel el Mudo, el esqueleto del suicida, papel con el que había causado gran impacto en otras ocasiones.

Estaba convencido de que lo haría tan bien como en su otra célebre caracterización: Martín el Demente, el misterio enmascarado.

A las diez y media oyó subir a la familia a acostarse. Durante algunos instantes lo inquietaron las tumultuosas carcajadas de los gemelos, que se divertían evidentemente con su loca alegría de colegiales antes de meterse en la cama. Pero a las once y cuarto todo quedó nuevamente en silencio, y cuando sonaron las doce se puso en camino. La lechuza chocaba contra los cristales de la ventana. El cuervo graznaba en el hueco de un tejo centenario y el viento gemía vagando alrededor de la casa, como un alma en pena; pero la familia Otis dormía, sin sospechar la suerte que le esperaba. Oía con toda claridad los ronquidos regulares del ministro de los Estados Unidos, que dominaban el ruido de la lluvia y de la tormenta. Se deslizó furtivamente a través del estuco. Una sonrisa perversa se dibujaba sobre su boca cruel y arrugada, y la luna escondió su rostro tras una nube cuando pasó delante de la gran ventana ojival, sobre la que estaban representadas, en azul y oro, sus propias armas y las de su esposa asesinada. Seguía andando siempre, deslizándose como una sombra funesta, que parecía hacer retroceder de espanto a las mismas tinieblas en su camino.

En un momento dado le pareció oír que alguien lo llamaba: se detuvo, pero era tan solo un perro que ladraba en la Granja Roja. Prosiguió su marcha, refunfuñando extraños juramentos del siglo XVI y blandiendo de cuando en cuando el puñal enmohecido en el aire de medianoche. Por fin llegó a la esquina del pasillo que conducía a la habitación de Washington. Allí hizo una breve parada. El viento agitaba en torno de su cabeza sus largos mechones grises y ceñía en pliegues grotescos y fantásticos el horror indecible del fúnebre sudario. Sonó entonces el cuarto en el reloj. Comprendió que había llegado el momento. Se dedicó una risotada y dio la vuelta a la esquina.

Pero apenas lo hizo, retrocedió lanzando un gemido lastimero de terror y escondiendo su cara lívida entre sus largas manos huesudas.

Frente a él había un horrible espectro, inmóvil como una estatua, monstruoso como la pesadilla de un loco. La cabeza del espectro era pelada y reluciente; su faz, redonda, carnosa y blanca; una risa horrorosa parecía retorcer sus rasgos en una mueca eterna; por los ojos brotaba a oleadas una luz escarlata, la boca tenía el aspecto de un ancho pozo de fuego, y una vestidura horrible, como la de él, como la del mismo Simón, envolvía con su nieve silenciosa aquella forma gigantesca. Sobre el pecho tenía colgado un cartel con una inscripción en caracteres extraños y antiguos. Quizá era un rótulo infamante, donde estaban escritos delitos espantosos, una terrible lista de crímenes. Tenía, por último, en su mano derecha una cimitarra de acero resplandeciente.

Como nunca antes había visto fantasmas, naturalmente sintió un pánico terrible y, después de lanzar a toda prisa una segunda mirada sobre el monstruo atroz, regresó a su habitación, tropezando en el sudario que le envolvía. Cruzó la galería corriendo, y acabó por dejar caer el puñal enmohecido en las botas de montar del ministro, donde lo encontró el mayordomo al día siguiente. Una vez refugiado en su retiro, se desplomó sobre un reducido catre de tijera, tapándose la cabeza con las sábanas. Pero, al cabo de un momento, el valor indomable de los antiguos Canterville se despertó en él y tomó la resolución de hablar al otro fantasma en cuanto amaneciera.

Por consiguiente, no bien el alba plateó las colinas, volvió al sitio en que había visto por primera vez al horroroso fantasma. Pensaba que, después de todo, dos fantasmas valían más que uno solo y que, con ayuda de su nuevo amigo, podría contender victoriosamente con los gemelos. Pero cuando llegó al sitio se halló en presencia de un espectáculo terrible. Le sucedía algo indudablemente al espectro, porque la luz había desaparecido por completo de sus órbitas. La cimitarra centelleante se había caído de su mano y estaba recostado sobre la pared en una actitud forzada e incómoda. Simón se precipitó hacia adelante y lo cogió en sus brazos; pero cuál no sería su terror al ver despegarse la cabeza y rodar por el suelo, mientras el cuerpo tomaba la posición supina. Notó entonces que abrazaba una cortina blanca de lienzo grueso y que yacían a sus pies una escoba, un machete de cocina y una calabaza vacía. Sin poder comprender aquella curiosa transformación, cogió con mano febril el cartel, leyendo a la claridad grisácea de la mañana estas palabras terribles:

He aquí al fantasma Otis
El único espíritu auténtico y verdadero
Desconfíen de las imitaciones
Todos los demás son falsificaciones

Y la verdad se le apareció como un relámpago. ¡Había sido burlado, chasqueado, engañado! La expresión característica de los Canterville reapareció en sus ojos. Apretó las mandíbulas desdentadas y, levantando por encima de su cabeza sus manos amarillas, juró, según el ritual pintoresco de la antigua escuela, "que cuando el gallo tocara por dos veces el cuerno de su alegre llamada, se consumarían sangrientas hazañas y el crimen, de callado paso, saldría de su retiro".

No había terminado de formular este juramento terrible, cuando de una alquería lejana, de tejado de ladrillo rojo, salió el canto de un gallo. Lanzó una larga risotada, lenta y amarga, y esperó. Esperó una hora y después otra; pero por alguna razón misteriosa el gallo no volvió a cantar. Por fin, a eso de las siete y media, la llegada de las criadas lo obligó a abandonar su terrible guardia y regresó a su morada con altivo paso, pensando en su juramento vano y en su vano proyecto fracasado. Una vez allí consultó varios libros de caballería, cuya lectura le interesaba extraordinariamente, y pudo comprobar que el gallo cantó siempre dos veces en cuantas ocasiones se recurrió a aquel juramento.

—¡Que el diablo se lleve a ese animal volátil! —murmuró—. ¡En otro tiempo hubiese caído sobre él con mi buena lanza, atravesándole el cuello y obligándolo a cantar otra vez para mí, aunque reventara!

Y dicho esto, se retiró a su confortable caja de plomo, y allí permaneció hasta la noche.

IV

Al día siguiente, el fantasma se sintió muy débil y cansado. Las terribles emociones de las cuatro últimas semanas empezaban a producir su efecto. Tenía el sistema nervioso completamente alterado y temblaba al más ligero ruido. No salió de su habitación en cinco días y concluyó por hacer una concesión en lo relativo a la mancha de sangre del parqué de la biblioteca. Puesto que la familia Otis no quería verla, era indudable que no la merecía. Aquella gente estaba colocada, a ojos vistas, en un plano inferior de vida material y era incapaz de apreciar el valor simbólico de los fenómenos sensibles. La cuestión de las apariciones de fantasmas y el desarrollo de los cuerpos astrales era realmente para ellos algo desconocido e indiscutiblemente fuera de su alcance.

Pero, por lo menos, constituía para él un deber ineludible mostrarse en el corredor una vez a la semana y farfullar por la gran ventana ojival el primero y el tercer miércoles de cada mes. No veía ningún medio digno de sustraerse a aquella obligación. Verdad es que su vida había sido muy criminal; pero, quitando eso, era un hombre muy concienzudo en todo cuanto se relacionaba con lo sobrenatural. Así pues, los tres sábados siguientes atravesó, como de costumbre, el corredor entre las doce de la noche y las tres de la madrugada, tomando todas las precauciones posibles para no ser visto ni oído. Se quitaba las botas, pisaba lo más ligeramente que podía sobre las viejas maderas carcomidas, se envolvía en una gran capa de terciopelo negro y no dejaba de usar el engrasador "Sol-Levante" para sus cadenas.

Me veo precisado a reconocer que solo después de muchas vacilaciones se decidió a adoptar este último medio de protección. Pero, al fin, una noche, mientras la familia cenaba, se deslizó en el dormitorio de la señora Otis y se llevó el frasquito. Al principio se sintió un poco humillado, pero después fue lo suficientemente razonable como para comprender que aquel invento merecía grandes elogios y cooperaba, en cierto modo, a la realización de sus proyectos.

A pesar de todo, no se vio libre de problemas. No dejaban nunca de tenderle cuerdas de lado a lado del corredor para hacerlo tropezar en la oscuridad, y una vez, que se había disfrazado para el papel de "Isaac el Negro o el cazador del bosque de Hogsley", cayó cuan largo era al poner el pie sobre una pista de maderas enjabonadas que los gemelos habían colocado desde el umbral del salón de Tapices hasta la parte alta de la escalera de roble.

Esta última afrenta le dio tal rabia que decidió hacer un esfuerzo para imponer su dignidad y consolidar su posición social, y formó el proyecto de visitar la noche siguiente a los insolentes chicos de Eton en su célebre papel de "Ruperto el Temerario o el conde sin cabeza".

No se había mostrado con aquel disfraz desde hacía sesenta años, es decir, desde que causó con él tal pavor a la bella lady Bárbara Modish, que ésta retiró su consentimiento al abuelo del actual lord Canterville y se fugó a Gretna Green con el arrogante Jack Castletown, jurando que por nada del mundo consentiría en emparentar con una familia que toleraba los paseos de un fantasma tan horrible por la terraza al atardecer.

El pobre Jack fue, al poco tiempo, muerto en duelo por lord Canterville en la pradera de Wandsworth, y lady Bárbara murió de pena en Tunbridge Wells antes de terminar el año; así que fue un gran éxito en todos los sentidos.

Sin embargo, era, permitiéndome emplear un término de argot teatral para aplicarlo a uno de los mayores misterios del mundo sobrenatural (o en lenguaje más científico, "del mundo superior a la Naturaleza"), era, repito, una creación de las más difíciles y necesitó sus buenas tres horas para terminar los preparativos.

Por fin, todo estuvo listo y él estaba contentísimo con su disfraz. Las grandes botas de montar, que hacían juego con el traje, eran, eso sí, un poco holgadas para él, y no pudo encontrar más que una de las dos pistolas del arzón; pero, en general, quedó satisfechísimo, y a la una y cuarto pasó a través del estuco y bajó al corredor.

Cuando estuvo cerca de la habitación ocupada por los gemelos, a la que llamaré el dormitorio azul, por el color de sus cortinajes, se encontró con la puerta entreabierta. A fin de hacer una entrada sensacional, la empujó con violencia, pero se le vino encima una jarra de agua que lo empapó hasta los huesos, sin darle en el hombro por unos milímetros. Al mismo tiempo, oyó unas risas sofocadas que partían de la doble cama con dosel.

Su sistema nervioso sufrió tal conmoción que regresó a sus habitaciones a todo escape, y al día siguiente tuvo que permanecer en cama con un fuerte reuma. El único consuelo que tuvo fue el de no haber llevado su cabeza sobre los hombros, pues sin esto las consecuencias hubieran podido ser más graves.

Desde entonces renunció para siempre a espantar a aquella recia familia de norteamericanos y se limitó a vagar por el corredor, con zapatillas de orillo, envuelto el cuello en una gruesa bufanda por temor a las corrientes de aire, y provisto de un pequeño arcabuz para el caso en que fuese atacado por los gemelos.

Hacia el 19 de septiembre recibió el golpe de gracia. Había bajado por la escalera hasta el espacioso salón, seguro de que en aquel sitio, por lo menos, estaba a cubierto de jugarretas, y se entretenía en hacer observaciones satíricas sobre las grandes fotografías del ministro de los Estados Unidos y de su esposa, hechas en casa de Sarony.

Iba vestido sencilla pero decentemente, con un largo sudario salpicado de moho de cementerio. Se había atado la quijada con una tira de tela y llevaba una linternita y una azada de sepulturero. En una palabra, iba disfrazado de "Jonás el Desenterrador o el ladrón de cadáveres de Chertsey Barn".

Era una de sus creaciones más notables y de las que mejor recordaban los Canterville, ya que fue la verdadera causa de su riña con lord Rufford, vecino suyo.

Serían aproximadamente las dos y cuarto de la madrugada, y, a su juicio, no se movía nadie en la casa. Pero cuando se dirigía tranquilamente en dirección a la biblioteca, para ver lo que quedaba de la mancha de sangre, se abalanzaron hacia él, desde un rincón sombrío, dos siluetas, agitando locamente sus brazos sobre sus cabezas, mientras gritaban a su oído:

—¡Bu!

Lleno de pánico, cosa muy natural en aquellas circunstancias, se precipitó hacia la escalera, pero entonces se encontró frente a Washington Otis, que lo esperaba armado con la regadera del jardín. Cercado por sus enemigos, casi acorralado, tuvo que evaporarse en la gran estufa de hierro colado, que, afortunadamente para él, no estaba encendida, y abrirse paso hasta sus habitaciones por entre tubos y chimeneas, llegando a su refugio en el tremendo estado en que lo dejaron la agitación, el hollín y la desesperación.

Desde aquella noche no volvió a vérsele nunca de expedición nocturna. Los gemelos se quedaron muchas veces al acecho para sorprenderlo, sembrando cáscaras de nuez en los corredores todas las noches, con gran molestia de sus padres y criados. Pero fue inútil. Su amor propio estaba profundamente herido, sin duda, y no quería mostrarse.

V

Virginia y su adorador de cabello rizado dieron, unos días después, un paseo a caballo por los prados de Brockley, paseo en el que ella desgarró su vestido de amazona al saltar un seto, de tal manera que, de vuelta a su casa, entró por la escalera de atrás para que no la viesen. Al pasar corriendo por delante de la puerta del salón de Tapices, que estaba abierta de par en par, le pareció ver a alguien dentro. Pensó que sería la doncella de su madre, que iba con frecuencia a trabajar a esa habitación. Asomó la cabeza para encargarle que le cosiera el vestido.

¡Pero, con gran sorpresa suya, quien allí estaba era el fantasma de Canterville en persona! Se había acomodado ante la ventana, contemplando el oro llameante de los árboles amarillentos que revoloteaban por el aire, las hojas enrojecidas que bailaban locamente a lo largo de la gran avenida. Tenía la cabeza apoyada en una mano, y toda su actitud revelaba el desaliento más profundo.

Realmente presentaba un aspecto tan abrumado, tan abatido, que la pequeña Virginia, en vez de ceder a su primer impulso, que fue echar a correr y encerrarse en su cuarto, se sintió llena de compasión y tomó la decisión de ir a consolarlo.

Tenía la muchacha un paso tan ligero y él una melancolía tan honda, que no se dio cuenta de su presencia hasta que le habló.

—Lo he sentido mucho por usted —dijo—, pero mis hermanos regresan mañana a Eton, y entonces, si se porta usted bien, nadie lo atormentará.

—Es inconcebible pedirme que me porte bien —le respondió, contemplando estupefacto a la jovencita que tenía la audacia de dirigirle la palabra—. Perfectamente inconcebible. Es necesario que yo sacuda mis cadenas, que gruña por los agujeros de las cerraduras y que corretee de noche. ¿Eso es lo que usted llama portarse mal? No tengo otra razón de ser.

—Esa no es una razón de ser. En sus tiempos fue usted muy malo, ¿sabe? La señora Umney nos dijo el día que llegamos que usted mató a su esposa.

—Sí, lo reconozco —respondió incautamente el fantasma—. Pero era un asunto de familia y nadie tenía que meterse.

—Está muy mal matar a nadie —dijo Virginia, que a veces adoptaba un bonito gesto de gravedad puritana, heredado quizás de algún antepasado venido de Nueva Inglaterra.

—¡Oh, no puedo soportar la severidad barata de la moral abstracta! Mi mujer era feísima. Nunca almidonaba lo suficiente mis puños y no sabía nada de cocina. Mire usted: un día había yo cazado un soberbio ciervo en los bosques de Hogsley, un hermoso macho de dos años. ¡Pues no puede usted imaginar cómo me lo sirvió! Pero, en fin, dejemos eso. Es un asunto liquidado, y no encuentro nada bien que sus hermanos me dejaran morir de hambre, aunque yo la haya matado.

—¡Que lo dejaran morir de hambre! ¡Oh, señor fantasma…! Don Simón, quiero decir, ¿es que tiene usted hambre? Hay un sándwich en mi costurero. ¿Le gustaría?

—No, gracias, ahora ya no como; pero, de todos modos, lo encuentro amabilísimo por su parte. ¡Es usted bastante más atenta que el resto de su horrible, arisca, ordinaria y ladrona familia!

—¡Basta! —exclamó Virginia, dando un fuerte pisotón en el suelo—. El arisco, el horrible y el ordinario es usted. En cuanto a lo de ladrón, bien sabe usted que me ha robado mis colores de la caja de pinturas para restaurar esa ridícula mancha de sangre en la biblioteca. Empezó usted por coger todos mis rojos, incluso el bermellón, imposibilitándome pintar puestas de sol. Después agarró el verde esmeralda y el amarillo cromo. Y, finalmente, solo me queda el añil y el blanco. Así que ahora no puedo hacer más que claros de luna, que dan grima de ver e, además, son incomodísimos de colorear. Y no lo he acusado, aun estando fastidiada y a pesar de que todas esas cosas son completamente ridículas. ¿Se ha visto alguna vez sangre color verde esmeralda…?

—Vamos a ver —dijo el fantasma, con cierta dulzura—: ¿y qué iba yo a hacer? Es dificilísimo en los tiempos actuales agenciarse sangre de verdad, y ya que su hermano empezó con su quitamanchas incomparable, no veo por qué no iba yo a emplear los colores de usted para resistir. En cuanto al tono, es cuestión de gusto. Así, por ejemplo, los Canterville tienen sangre azul, la sangre más azul que existe en Inglaterra… Aunque ya sé que ustedes, los norteamericanos, no hacen el menor caso de esas cosas.

—No sabe usted nada, y lo mejor que puede hacer es emigrar, así se formará una idea de algo. Mi padre tendrá un verdadero placer en proporcionarle un pasaje gratuito, y aunque haya fuertes impuestos sobre los espíritus, no le pondrán dificultades en la Aduana. Y una vez en Nueva York, puede contar con un gran éxito. Conozco infinidad de personas que darían cien mil dólares por tener antepasados y que sacrificarían una cantidad aún mayor por tener un fantasma en la familia.

—Creo que no me divertiría mucho en Estados Unidos.

—Quizás se deba a que allí no tenemos ni ruinas ni curiosidades —dijo burlonamente Virginia.

—¡Qué curiosidades ni qué ruinas! —contestó el fantasma—. Tienen ustedes su Marina y sus modales.

—Buenas noches; voy a pedir a papá que conceda a los gemelos una semana más de vacaciones.

—¡No se vaya, señorita Virginia, se lo suplico! —exclamó el fantasma—. Estoy tan solo y soy tan desgraciado que no sé qué hacer. Quisiera ir a acostarme y no puedo.

—Pues es inconcebible: no tiene más que meterse en la cama y apagar la luz. Algunas veces es dificilísimo permanecer despierto, sobre todo en una iglesia, pero, en cambio, dormir es muy sencillo. Ya ve usted: los gemelos saben dormir admirablemente, y no son de los más listos.

—Hace trescientos años que no duermo —dijo el anciano tristemente, haciendo que Virginia abriera mucho sus hermosos ojos azules, llenos de asombro—. Hace ya trescientos años que no duermo, así que me siento cansadísimo.

Virginia adoptó un grave continente, y sus finos labios se movieron como pétalos de rosa. Se acercó y se arrodilló al lado del fantasma, contemplando su rostro envejecido y arrugado.

—Pobrecito fantasma —profirió a media voz—, ¿y no hay ningún sitio donde pueda usted dormir?

—Allá lejos, pasando el pinar —respondió él en voz baja y soñadora—, hay un jardincito. La hierba crece en él alta y espesa; allí pueden verse las grandes estrellas blancas de la cicuta, allí el ruiseñor canta toda la noche. Canta toda la noche, y la luna de cristal helado deja caer su mirada, y el tejo extiende sus brazos de gigante sobre los durmientes.

Los ojos de Virginia se empañaron de lágrimas y sepultó la cara entre sus manos.

—Se refiere usted al jardín de la Muerte —murmuró.

—Sí, de la Muerte. Debe ser hermosa. Descansar en la blanda tierra oscura, mientras las hierbas se balancean encima de nuestra cabeza, y escuchar el silencio. No tener ni ayer ni mañana. Olvidarse del tiempo y de la vida; morar en paz. Usted puede ayudarme; usted puede abrirme de par en par las puertas de la Muerte, porque el amor la acompaña a usted siempre, y el amor es más fuerte que la Muerte.

Virginia tembló. Un estremecimiento helado recorrió todo su ser, y durante unos instantes hubo un gran silencio. Le parecía vivir un sueño terrible. Entonces el fantasma habló de nuevo con una voz que resonaba como los suspiros del viento:

—¿Ha leído usted alguna vez la antigua profecía que hay sobre las vidrieras de la biblioteca?

—¡Oh, muchas veces! —exclamó la muchacha levantando los ojos—. La conozco muy bien. Está pintada con unas curiosas letras doradas y se lee con dificultad. No tiene más que estos seis versos:

"Cuando una joven rubia logre hacer brotar

una oración de los labios del pecador,
cuando el almendro estéril dé fruto
y una niña deje correr su llanto,
entonces, toda la casa recobrará la tranquilidad
y volverá la paz a Canterville".

—Pero no sé lo que significan.

—Significan que tiene usted que llorar conmigo mis pecados, porque no tengo lágrimas, y que tiene usted que rezar conmigo por mi alma, porque no tengo fe, y entonces, si ha sido usted siempre dulce, buena y cariñosa, el ángel de la Muerte se apoderará de mí. Verá usted seres terribles en las tinieblas y voces funestas murmurarán en sus oídos, pero no podrán hacerle ningún daño, porque contra la pureza de una niña no pueden nada las potencias infernales.

Virginia no contestó, y el fantasma se retorcía las manos en la violencia de su desesperación, sin dejar de mirar la rubia cabeza inclinada. De pronto, la joven se irguió, muy pálida, con un fulgor en los ojos.

—No tengo miedo —dijo con voz firme— y rogaré al ángel que se apiade de usted.

El fantasma se levantó de su asiento lanzando un débil grito de alegría, cogió la blonda cabeza entre sus manos, con una gentileza que recordaba tiempos pasados, y la besó. Sus dedos estaban fríos como hielo y sus labios abrasaban como el fuego, pero Virginia no flaqueó. El fantasma la guio a través de la estancia sombría. Sobre un tapiz, de un verde apagado, estaban bordados unos pequeños cazadores. Soplaban en sus cuernos adornados de flecos y con sus lindas manos le hacían gestos de que retrocediera.

—Vuelve sobre tus pasos, Virginia. ¡Vete, vete! —gritaban.

Pero el fantasma le apretaba en aquel momento la mano con más fuerza, y ella cerró los ojos para no verlos. Horribles animales de colas de lagarto y ojazos saltones parpadearon maliciosamente en las esquinas de la chimenea, mientras le decían en voz baja:

—Ten cuidado, Virginia, ten cuidado. Podríamos no volver a verte.

Pero el fantasma apresuró el paso y Virginia no oyó nada. Cuando llegaron al extremo de la estancia, el viejo se detuvo, murmurando unas palabras que ella no comprendió. Virginia volvió a abrir los ojos y vio disiparse el muro lentamente, como una neblina, y abrirse ante ella una negra caverna. Un áspero y helado viento los azotó, y la muchacha sintió que le tiraban del vestido.

—De prisa, de prisa —gritó el fantasma—, o será demasiado tarde.

Y en el mismo momento el muro se cerró de nuevo detrás de ellos y el salón de Tapices quedó desierto.

VI

Unos diez minutos después sonó la campana para el té y Virginia no bajó. La señora Otis envió a uno de los criados a buscarla. No tardó en volver, diciendo que no había podido encontrar a la señorita Virginia por ninguna parte. Como la muchacha tenía la costumbre de ir todas las tardes al jardín a recoger flores para la cena, la señora Otis no se inquietó en lo más mínimo.

Pero sonaron las seis y Virginia no aparecía. Entonces su madre se sintió seriamente intranquila y envió a sus hijos en su busca, mientras ella y su marido recorrían todas las habitaciones de la casa. A las seis y media volvieron los gemelos, diciendo que no habían encontrado huellas de su hermana por ninguna parte. Entonces se conmovieron todos extraordinariamente, y nadie sabía qué hacer, cuando el señor Otis recordó de repente que pocos días antes habían permitido acampar en el parque a una tribu de gitanos. Así que salió inmediatamente para Blackfell-Hollow, acompañado de su hijo mayor y de dos de sus criados de la granja.

El duquesito de Cheshire, completamente loco de inquietud, rogó con insistencia al señor Otis que lo dejara acompañarlo, pero este se negó, temiendo algún jaleo. Sin embargo, cuando llegó al sitio en cuestión, vio que los gitanos se habían marchado. Se dieron prisa en huir, sin duda alguna, pues el fuego ardía todavía y quedaban platos sobre la hierba. Después de mandar a Washington y a los dos hombres a que registraran los alrededores, se apresuró a regresar y envió telegramas a todos los inspectores de Policía del condado, rogándoles que buscasen a una joven raptada por unos vagabundos o gitanos. Luego hizo que le trajeran su caballo y, después de insistir para que su esposa y sus tres hijos se sentaran a la mesa, partió con un criado por el camino de Ascot.

Había recorrido apenas dos millas, cuando oyó un galope a su espalda. Se volvió y vio al duquesito que llegaba en su caballito, con la cara sofocada y la cabeza descubierta.

—Lo siento muchísimo, señor Otis —le dijo el joven con voz entrecortada—, pero me es imposible comer mientras Virginia no aparezca. Se lo ruego: no se enfade conmigo. Si nos hubiera permitido casarnos el año pasado, esto nunca habría pasado. No me rechaza usted, ¿verdad? ¡No puedo ni quiero irme!

El ministro no pudo evitar sonreír ante aquel mozo guapo y atolondrado, conmovido por la abnegación que mostraba por Virginia. Inclinándose sobre su caballo, le acarició los hombros bondadosamente y le dijo:

—Pues bien, Cecil: ya que insiste en venir, no me queda más remedio que admitirlo en mi compañía; pero, eso sí, tengo que comprarle un sombrero en Ascot.

—¡Al diablo los sombreros! ¡Lo que quiero es a Virginia! —exclamó el duquesito, riendo.

Y acto seguido galoparon hasta la estación.

Una vez allí, el señor Otis preguntó al jefe si no habían visto en el andén de salida a una joven cuyas señas correspondieran con las de Virginia, pero no averiguó nada sobre ella. No obstante, el jefe de la estación envió telegramas a las estaciones del trayecto, ascendentes y descendentes, y le prometió ejercer una vigilancia minuciosa. Luego, después de comprar un sombrero para el duquesito en una tienda de novedades que se disponía a cerrar, el señor Otis cabalgó hasta Bexley, un pueblo situado cuatro millas más allá, y que, según le dijeron, era muy frecuentado por los gitanos.

Hicieron levantarse al guardia rural, pero no pudieron conseguir ningún dato de él. Así que, después de atravesar la plaza, los dos jinetes tomaron otra vez el camino de casa, llegando a Canterville a eso de las once, rendidos de cansancio y con el corazón desgarrado por la inquietud.

Se encontraron allí con Washington y los gemelos, esperándolos a la puerta con linternas, porque la avenida estaba muy oscura. No se había descubierto la menor señal de Virginia. Los gitanos fueron alcanzados en el prado de Brockley, pero la joven no estaba entre ellos. Explicaron la prisa de su marcha diciendo que habían equivocado el día en que debía celebrarse la feria de Chorton y que el temor de llegar demasiado tarde los obligó a darse prisa. Además, parecieron desconsolados por la desaparición de Virginia, pues estaban agradecidísimos con el señor Otis por haberles permitido acampar en su parque. Cuatro de ellos se quedaron atrás para tomar parte en la búsqueda.

Se ordenó vaciar el estanque de las carpas y se registró la finca en todos los sentidos, pero no se consiguió nada. Era evidente que Virginia estaba perdida, al menos por aquella noche, y fue con un aire de profundo abatimiento como entraron en casa el señor Otis y los jóvenes, seguidos del criado, que llevaba de las bridas al caballo y al caballito.

En el salón se encontraron con el grupo de criados, llenos de terror. La pobre señora Otis estaba tumbada sobre un sofá de la biblioteca, casi loca de espanto y ansiedad, y la vieja ama de llaves le humedecía la frente con agua de colonia.

Fue una cena tristísima. No se hablaba apenas, y hasta los mismos gemelos parecían despavoridos y consternados, pues querían mucho a su hermana. Cuando terminaron, el señor Otis, a pesar de los ruegos del duquesito, mandó que todo el mundo se acostara, ya que no podía hacer nada aquella noche; al día siguiente telegrafiaría a Scotland Yard para que pusieran inmediatamente varios detectives a su disposición.

Pero he aquí que en el preciso momento en que salían del comedor, sonaron las doce en el reloj de la torre. Apenas acababan de extinguirse las vibraciones de la última campanada, cuando se oyó un crujido acompañado de un grito penetrante.

Un trueno formidable sacudió la casa, una melodía, que no tenía nada de terrenal, flotó en el aire. Un lienzo de la pared se despegó bruscamente en lo alto de la escalera, y sobre el rellano, muy pálida, casi blanca, apareció Virginia, llevando en la mano un cofrecito.

Inmediatamente se precipitaron todos hacia ella. La señora Otis la estrechó apasionadamente contra su corazón. El duquesito casi la ahogó con la violencia de sus besos, y los gemelos ejecutaron una danza de guerra salvaje alrededor del grupo.

—¡Ah…! ¡Hija mía! ¿Dónde te habías metido? —dijo el señor Otis, bastante enfadado, creyendo que les había querido gastar una broma—. Cecil y yo hemos registrado toda la comarca en busca tuya, y tu madre ha estado a punto de morirse de espanto. No vuelvas a hacer bromitas de ese tipo a nadie.

—¡Menos al fantasma, menos al fantasma! —gritaron los gemelos, continuando sus cabriolas.

—Hija mía querida, gracias a Dios que te hemos encontrado; ya no nos volveremos a separar —murmuraba la señora Otis, besando a la muchacha, toda trémula, y acariciando sus cabellos de oro, que se desparramaban sobre sus hombros.

—Papá —dijo dulcemente Virginia—, estaba con el fantasma. Ha muerto ya. Es preciso que vayan a verlo. Fue muy malo, pero se ha arrepentido sinceramente de todo lo que había hecho, y antes de morir me ha dado este cofrecito de hermosas joyas.

Toda la familia la contempló muda y aterrada, pero ella tenía un aire muy solemne y serio. Enseguida, dando media vuelta, los precedió a través del hueco de la pared y bajaron a un corredor secreto.

VII

Cuatro días después de estos curiosos sucesos, a eso de las once de la noche, salió un fúnebre cortejo de Canterville-House. El carro iba arrastrado por ocho caballos negros, cada uno de los cuales llevaba adornada la cabeza con un gran penacho de plumas de avestruz que se balanceaban. La caja de plomo iba cubierta con un rico paño de púrpura, sobre el cual estaban bordadas en oro las armas de los Canterville. A cada lado del carro y de los coches marchaban los criados llevando antorchas encendidas. Toda aquella comitiva tenía un aspecto grandioso e impresionante.

Lord Canterville presidía el duelo; había venido desde Gales expresamente para asistir al entierro y ocupaba el primer coche con la pequeña Virginia. Después iban el ministro de los Estados Unidos y su esposa, y detrás, Washington y los dos muchachos. En el último coche iba la señora Umney. Todo el mundo convino en que, después de haber sido atemorizada por el fantasma durante más de cincuenta años, tenía realmente derecho a verlo desaparecer para siempre.

Cavaron una profunda fosa en un rincón del cementerio, precisamente bajo el tejo centenario, y el reverendo Augusto Dampier pronunció las últimas oraciones con gran solemnidad. Luego, al bajar la caja a la fosa, Virginia se adelantó y colocó encima de ella una gran cruz hecha con flores de almendro, blancas y rojas. En aquel momento, la luna salió de detrás de una nube e iluminó el cementerio con su luz plateada, mientras que, desde un bosquecillo cercano, se elevó el canto de un ruiseñor.

Virginia recordó la descripción que le había hecho el fantasma del jardín de la Muerte; sus ojos se llenaron de lágrimas y apenas pronunció una palabra durante el regreso.

A la mañana siguiente, antes de que lord Canterville partiera para la ciudad, la señora Otis conversó con él respecto a las joyas entregadas por el fantasma a Virginia. Eran soberbias, magníficas. Había, sobre todo, un collar de rubíes en una antigua montura veneciana, que era un espléndido trabajo del siglo XVI, y el conjunto representaba tal valor que el señor Otis sentía grandes escrúpulos en permitir que su hija se quedara con ellas.

—Señor —dijo el ministro—, sé que en este país se aplica la ley de la "mano muerta" tanto a los bienes muebles como a las tierras, y para mí es evidente que estas joyas deben quedar en su poder como legado de familia. Le ruego, por tanto, que acepte llevárselas a Londres, considerándolas simplemente como parte de su herencia, que le es restituida en circunstancias extraordinarias.

—Mi hija no es más que una niña y, hasta hoy, me complace decirlo, siente poco interés por estas banalidades de lujo superfluo. Además, he sabido por la señora Otis, cuya autoridad en temas de arte no es desdeñable —pues ha tenido la suerte de pasar varios inviernos en Boston—, que estas piedras preciosas tienen un gran valor monetario y que, si se pusieran en venta, producirían una suma considerable.

—En estas circunstancias, lord Canterville, reconocerá usted, sin duda, que no puedo permitir que queden en manos de ningún miembro de mi familia. Además, todas estas bagatelas, por muy apreciadas que sean dentro de la aristocracia británica, estarían fuera de lugar en personas educadas según los estrictos principios de la sencillez republicana.

—Quizá me atrevería a asegurar que Virginia tiene gran interés en quedarse con el cofrecito que encierra esas joyas, en recuerdo de las locuras y el infortunio de su antepasado. Y como ese cofrecito es muy antiguo y está bastante deteriorado, quizá usted considere razonable aceptar su petición. Confieso que me sorprende enormemente ver a uno de mis hijos demostrar interés por algo de la Edad Media, y la única explicación que encuentro es que Virginia nació en un barrio de Londres, poco después de que la señora Otis regresara de un viaje a Atenas.

Lord Canterville escuchó con paciencia el discurso del digno ministro, atusándose de vez en cuando el bigote gris para ocultar una sonrisa involuntaria. Una vez que el señor Otis terminó, le estrechó cordialmente la mano y respondió:

—Mi querido amigo, su encantadora hija ha prestado un servicio importantísimo a mi desgraciado antecesor. Mi familia y yo le estamos profundamente agradecidos por su valentía y sangre fría. Las joyas le pertenecen sin duda alguna, y creo, a fe mía, que si tuviera la insensibilidad de quitárselas, el viejo bribón saldría de su tumba en quince días para atormentarme.

—En cuanto a que sean joyas de familia, no podrían serlo si no estuvieran especificadas como tales en un testamento legalmente válido, y la existencia de estas joyas siempre fue desconocida. Le aseguro que me pertenecen tanto como a su mayordomo. Cuando la señorita Virginia sea mayor, sospecho que le encantará tener cosas tan bellas para lucir.

—Además, señor Otis, olvida usted que adquirió la propiedad junto con el fantasma bajo inventario. De modo que todo lo que pertenecía al fantasma le pertenece a usted. A pesar de sus intentos de mantenerse activo recorriendo el corredor, desde el punto de vista legal sigue estando muerto, y su compra lo convierte en dueño de todo lo que le pertenecía.

El señor Otis quedó preocupado ante la negativa de lord Canterville y le pidió que reconsiderara su decisión; pero este se mantuvo firme y terminó por convencer al ministro de aceptar el regalo del fantasma.

Cuando, en la primavera de 1890, la duquesita de Cheshire fue presentada por primera vez en la recepción de la reina con motivo de su matrimonio, sus joyas fueron motivo de general admiración. Virginia fue distinguida con la diadema que se otorga como recompensa a todas las jóvenes norteamericanas sensatas, y se casó con su prometido en cuanto él tuvo edad para ello.

Eran tan encantadores y se amaban tanto, que todo el mundo celebró su matrimonio, excepto la vieja marquesa de Dumbleton, quien había hecho todo lo posible por casar al duquesito con una de sus siete hijas, organizando al menos tres grandes y costosas cenas con ese propósito.

El señor Otis, aunque sentía simpatía personal por el duquesito, era teóricamente enemigo de los títulos nobiliarios y, según sus propias palabras, "temía que, entre las influencias relajantes de una aristocracia ávida de placeres, Virginia olvidara los verdaderos principios de la sencillez republicana".

Pero nadie hizo caso de sus objeciones y, cuando avanzó por la nave lateral de la iglesia de San Jorge, en Hanover Square, llevando a su hija del brazo, no había hombre más orgulloso en toda Inglaterra.

Después de la luna de miel, el duque y la duquesa regresaron a Canterville-Chase, y al día siguiente de su llegada, por la tarde, fueron a dar un paseo por el cementerio cercano al pinar. Al principio les preocupó la inscripción que debía grabarse en la lápida de Simón, pero finalmente decidieron colocar solo sus iniciales y los versos escritos en la vidriera de la biblioteca.

Virginia llevaba unas rosas magníficas, que esparció sobre la tumba. Después de permanecer allí un rato, se dirigieron a las ruinas del claustro de la antigua abadía. La duquesa se sentó sobre una columna caída, mientras su esposo, recostado a sus pies y fumando un cigarrillo, la contemplaba con adoración.

De pronto, tiró el cigarrillo y, tomándole una mano, le dijo:

—Virginia, una esposa no debe tener secretos para su marido.

—Y no los tengo, querido Cecil.

—Sí los tienes —respondió sonriendo—. Nunca me has contado lo que sucedió cuando estuviste encerrada con el fantasma.

—Ni se lo he contado a nadie —replicó Virginia gravemente.

—Ya lo sé; pero podrías decírmelo a mí.

—Cecil, te ruego que no me lo preguntes. No puedo realmente decírtelo. ¡Pobre Simón! Le debo mucho. Sí, no te rías, Cecil. Le debo mucho, realmente. Me hizo comprender lo que es la vida, lo que significa la muerte y por qué el amor es más fuerte que la muerte.

El duque se levantó para besar amorosamente a su mujer.

—Puedes guardar tu secreto mientras yo posea tu corazón —dijo a media voz.

—Siempre fue tuyo.

—Y se lo dirás algún día a nuestros hijos, ¿verdad?

Virgina se ruborizó.

LA ESFINGE SIN SECRETO

Una tarde, tomaba mi vermut en la terraza del Café de la Paix, contemplando el esplendor y la miseria de la vida parisina y asombrándome del extraño panorama de orgullo y pobreza que desfilaba ante mis ojos, cuando oí que alguien me llamaba. Volví la cabeza y vi a lord Murchison. No nos habíamos vuelto a ver desde nuestra época de estudiantes, hacía casi diez años, así que me encantó encontrarme de nuevo con él y nos dimos un fuerte apretón de manos.

En Oxford habíamos sido grandes amigos. Yo lo había apreciado muchísimo, ¡era tan apuesto, íntegro y divertido! Solíamos decir que habría sido el mejor de los compañeros si no hubiese dicho siempre la verdad, pero creo que todos le admirábamos más por su franqueza. Me pareció que estaba muy cambiado. Daba la impresión de estar inquieto y desorientado, como si dudara de algo. Comprendí que no podía ser un caso de escepticismo moderno, pues Murchison era el más firme de los conservadores y creía con la misma convicción en el Pentateuco que en la Cámara de los Pares; así que llegué a la conclusión de que se trataba de una mujer, y le pregunté si se había casado.

—No comprendo suficientemente bien a las mujeres —respondió.

—Mi querido Gerald —dije—, las mujeres están hechas para ser amadas, no comprendidas.

—Soy incapaz de amar a alguien en quien no puedo confiar —replicó.

—Creo que hay un misterio en tu vida, Gerald —exclamé—; ¿de qué se trata?

—Vamos a dar una vuelta en coche —contestó—, aquí hay demasiada gente. No, un carruaje amarillo no, de cualquier otro color… Mira, aquel verde oscuro servirá.

Y poco después bajábamos trotando por el bulevar en dirección a la Madeleine.

—¿Dónde vamos? —quise saber.

—¡Oh, donde tú quieras! —repuso—. Al restaurante del Bois de Boulogne; cenaremos allí y me hablarás de tu vida.

—Me gustaría que tú lo hicieras antes —dije—. Cuéntame tu misterio.

Lord Murchison sacó de su bolsillo una cajita de tafilete con cierre de plata y me la entregó. La abrí. En el interior llevaba la fotografía de una mujer. Era alta y delgada, de un extraño atractivo, con grandes ojos de mirada distraída y el cabello suelto. Parecía una clairvoyante, e iba envuelta en ricas pieles.

—¿Qué opinas de ese rostro? —inquirió—. ¿Lo crees sincero?

Lo examiné detenidamente. Tuve la sensación de que era el rostro de alguien que guardaba un secreto, aunque fui incapaz de adivinar si era bueno o malo. Se trataba de una belleza moldeada a fuerza de misterios… una belleza psicológica, en realidad, no plástica… y el atisbo de sonrisa que rondaba sus labios era demasiado sutil para ser realmente dulce.

—Bueno —exclamó impaciente—, ¿qué me dices?

—Es la Gioconda envuelta en martas cibelinas —respondí—. Cuéntame todo sobre ella.

—Ahora no, después de la cena —replicó, antes de empezar a hablar de otras cosas.

Cuando el camarero trajo el café y los cigarrillos, le recordé a Gerald su promesa. Se levantó de su asiento, recorrió dos o tres veces la estancia y, desplomándose en un sofá, me contó la siguiente historia:

—Una tarde —dijo—, estaba paseando por la Calle Bond alrededor de las cinco. Había una gran aglomeración de carruajes, que casi estaban parados. Cerca de la acera, había un pequeño coche amarillo que, por algún motivo, atrajo mi atención. Al pasar junto a él, vi asomarse el rostro que te he enseñado esta tarde. Me fascinó al instante. Estuve toda la noche obsesionado con él, y todo el día siguiente. Caminé arriba y abajo por esa maldita calle, mirando dentro de todos los carruajes y esperando la llegada del coche amarillo; pero no pude encontrar a ma belle inconnue y empecé a pensar que se trataba de un sueño.

»Aproximadamente una semana después, tenía una cena en casa de Madame de Rastail. La cena iba a ser a las ocho; pero, media hora después, seguíamos esperando en el salón. Finalmente, el criado abrió la puerta y anunció a lady Alroy. Era la mujer que había estado buscando. Entró muy despacio, como un rayo de luna vestido de encaje gris y, para mi inmenso placer, me pidieron que la acompañara al comedor.

»—Creo que la vi en la Calle Bond hace unos días, lady Alroy —exclamé con la mayor inocencia cuando nos hubimos sentado.

»Se puso muy pálida y me dijo en voz baja:

»—No hable tan alto, por favor; pueden oírlo.

»Me sentí muy desdichado por haber empezado tan mal, y me zambullí imprudentemente en el tema del teatro francés. Ella apenas decía nada, siempre con la misma voz baja y musical, y parecía tener miedo de que alguien la escuchara. Me enamoré apasionadamente, de forma estúpida, y la indefinible atmósfera de misterio que la rodeaba despertó mi más ferviente curiosidad. Cuando estaba a punto de marcharse, poco después de la cena, le pregunté si me permitiría ir a visitarla. Ella pareció vacilar, miró a uno y otro lado para comprobar si había alguien cerca de nosotros y luego respondió:

»—Sí, mañana a las cinco menos cuarto.

»Pedí a Madame de Rastail que me hablara de ella, pero lo único que logré saber fue que era una viuda con una casa preciosa en Park Lane; y como algún aburrido científico empezó a disertar sobre las viudas, con la intención de ilustrar la supervivencia de los más capacitados para la vida matrimonial, me despedí y regresé a casa.

»Al día siguiente llegué a Park Lane con absoluta puntualidad, pero el mayordomo me comunicó que lady Alroy acababa de marcharse. Me dirigí al club bastante apesadumbrado y totalmente perplejo y, después de meditarlo detenidamente, le escribí una carta pidiéndole permiso para visitarla cualquier otra tarde. No recibí ninguna respuesta en varios días, pero finalmente llegó una pequeña nota diciendo que estaría en casa el domingo a las cuatro, con esta extraordinaria posdata: "Le ruego que no vuelva a escribirme a esta dirección; se lo explicaré cuando nos veamos".

»El domingo me recibió y no pudo estar más encantadora; pero, cuando iba a marcharme, me rogó que, si en alguna ocasión le escribía de nuevo, dirigiera mi carta "a la atención de la señora Knox, Biblioteca Whittaker, Calle Green".

»—Existen razones —dijo— que no me permiten recibir cartas en mi propia casa.

»Durante toda aquella temporada, la vi con asiduidad, y jamás la abandonó aquel aire de misterio. A veces se me ocurría pensar que estaba bajo el poder de algún hombre, pero parecía tan inaccesible que no podía creerlo. Era realmente difícil para mí llegar a alguna conclusión, pues era como uno de esos extraños cristales que se ven en los museos, que tan pronto son transparentes como opacos.

»Al final decidí pedirle que se casara conmigo: estaba harto del constante sigilo que imponía a todas mis visitas y a las escasas cartas que le enviaba. Le escribí a la biblioteca para preguntarle si podía reunirse conmigo el lunes siguiente a las seis. Me respondió que sí, y yo me sentí en el séptimo cielo. Estaba loco por ella, a pesar del misterio, pensaba yo entonces… por efecto de él, comprendo ahora. No, era la mujer lo que yo amaba. El misterio me molestaba, me enloquecía. ¿Por qué me puso el azar en su camino?

—Entonces, ¿lo descubriste? —exclamé.

—Eso me temo —repuso—. Puedes juzgar por ti mismo.

»El lunes fui a almorzar con mi tío y, hacia las cuatro, llegué a Marylebone Road. Mi tío, como sabes, vive en Regent's Park. Yo quería ir a Piccadilly y, para atajar, atravesé un montón de viejas callejuelas. De pronto, vi delante de mí a lady Alroy, completamente tapada con un velo y andando muy deprisa. Al llegar a la última casa de la calle, subió los escalones, sacó una llave y entró en ella.

»"He aquí el misterio", pensé, y me acerqué presuroso a examinar la vivienda. Parecía uno de esos lugares donde alquilan habitaciones. Su pañuelo se había caído en el umbral. Lo recogí y lo metí en mi bolsillo. Entonces empecé a cavilar sobre lo que debía hacer. Llegué a la conclusión de que no tenía el menor derecho a espiarla y me dirigí en carruaje al club.

»A las seis aparecí en su casa. Se hallaba recostada en un sofá, con un elegante vestido de tisú plateado sujeto con unas extrañas adularias que siempre llevaba. Estaba muy hermosa.

»—No sabe cuánto me alegro de verlo —dijo—; no he salido en todo el día.

»La miré sorprendido, y, sacando el pañuelo de mi bolsillo, se lo entregué.

»—Se le cayó esta tarde en la Calle Cummor, lady Alroy —señalé sin inmutarme.

»Me miró horrorizada, pero no hizo ningún intento de coger el pañuelo.

»—¿Qué estaba haciendo allí? —inquirí.

»—¿Y qué derecho tiene usted a preguntármelo? —exclamó ella.

»—El derecho de un hombre que la quiere —contesté—; he venido para pedirle que sea mi esposa.

»Ocultó el rostro entre las manos y se deshizo en un mar de lágrimas.

»—Debe contármelo —proseguí.

»Ella se puso en pie y, mirándome a la cara, respondió:

»—Lord Murchison, no tengo nada que contarle.

»—Fue usted a reunirse con alguien —afirmé—; ese es su misterio.

»Lady Alroy adquirió una palidez cadavérica y dijo:

»—No fui a reunirme con nadie.

»—¿Acaso no puede decir la verdad? —exclamé.

»—Ya se la he dicho —repuso.

»Yo estaba furibundo, enloquecido; no recuerdo mis palabras, pero la acusé de cosas terribles. Finalmente, me precipité fuera de su domicilio. Ella me escribió una carta al día siguiente; se la devolví sin abrir y me fui a Noruega con Alan Colville. Regresé un mes más tarde y lo primero que leí en el Morning Post fue la noticia de la muerte de lady Alroy. Se había resfriado en la ópera y, cinco días después, falleció de una congestión pulmonar. Me encerré en casa y no quise ver a nadie. La había querido demasiado, la había amado con locura. ¡Santo Dios! ¡Cuánto había amado a esa mujer!

—¿Y nunca fuiste a aquella casa? —le interrumpí.

—Sí —replicó.

»Un día me dirigí a la Calle Cummor. No pude evitarlo; me torturaba la duda. Llamé a la puerta y me abrió una mujer de aspecto respetable. Le pregunté si tenía alguna habitación para alquilar.

»—Verá, señor —contestó—, en teoría los salones están alquilados; pero, como hace tres meses que la señora no viene y nadie paga la renta, puede usted quedarse con ellos.

»—¿Es ésta su inquilina? —quise saber, mostrándole la foto.

»—Sin duda alguna —exclamó—. ¿Y cuándo piensa volver, señor?

»—La señora ha fallecido —repuse.

»—¡Oh, señor, espero que no sea cierto! —dijo la mujer—. Era mi mejor inquilina. Me pagaba tres guineas a la semana solo por sentarse en mis salones de vez en cuando.

»—¿Se reunía con alguien? —le pregunté.

»Pero la mujer me aseguró que no, que siempre llegaba sola y jamás veía a nadie.

»—¿Y qué diablos hacía? —inquirí.

»—Se limitaba a sentarse en el salón, señor, y leía libros; a veces también tomaba el té —respondió ella.

»No supe qué contestarle, así que le di una libra y me marché.

—Y bien, ¿qué crees que significaba todo aquello? ¿No pensarás que la mujer decía la verdad?

—Pues claro que lo pienso.

—Entonces, ¿por qué acudía allí lady Alroy?

—Mi querido Oswald —replicó—, lady Alroy era simplemente una mujer obsesionada con el misterio. Alquiló esas habitaciones por el placer de ir allí tapada con su velo, imaginando que era la heroína de una novela. Le encantaban los secretos, pero no era más que una esfinge sin secreto.

—¿De veras lo crees?

—Estoy convencido.

Sacó la cajita de tafilete, la abrió y contempló la fotografía.

—Sigo teniendo mis dudas —exclamó finalmente.

EL MODELO MILLONARIO

A menos que se sea rico, no sirve de nada ser una persona encantadora. Lo romántico es un privilegio de los ricos, no una profesión para los desempleados. Los pobres deberían ser prácticos y prosaicos. Vale más tener una renta permanente que ser fascinante. Estas son las grandes verdades de la vida moderna que Hughie Erskine nunca comprendió. ¡Pobre Hughie!

Intelectualmente, hemos de admitir, no era muy notable. Nunca dijo en su vida una cosa brillante, ni siquiera una malintencionada. Pero, en cambio, era asombrosamente apuesto, con su cabello castaño rizado, su perfil bien definido y sus ojos grises. Era tan popular entre los hombres como entre las mujeres, y tenía todas las cualidades excepto la de hacer dinero. Su padre le había legado su espada de caballería y una Historia de la Guerra Peninsular, en quince volúmenes. Hughie colgó la espada sobre el espejo, colocó los libros en un estante entre la Guía de Ruff y la Revista de Bailey, y vivió con las doscientas libras anuales que le proporcionaba una anciana tía. Lo había intentado todo. Pasó seis meses en la Bolsa, pero ¿qué podía hacer una mariposa entre toros y osos? Fue comerciante de té algo más de tiempo, pero pronto se cansó del té chino negro fuerte y del negro ligero. Luego intentó vender jerez seco; aquello no resultó: el jerez, tal vez, era demasiado seco. Finalmente, se dedicó a no hacer nada y a ser simplemente un joven encantador, inútil, de perfil perfecto y sin ninguna profesión.

Para colmo de males, estaba enamorado. La muchacha que amaba era Laura Merton, hija de un coronel retirado que había perdido el humor y la digestión en la India, y que no había vuelto a encontrar ni lo uno ni lo otro.

Laura lo adoraba, y él hubiera besado los cordones de los zapatos que ella calzaba. Eran la pareja más hermosa de Londres, y no tenían ni un penique entre los dos. Al coronel le agradaba Hughie, pero no quería oír hablar de noviazgo.

—Muchacho —solía decirle—, ven a verme cuando tengas diez mil libras tuyas, y hablaremos.

Y Hughie tomaba un aire taciturno en esos días, y tenía que ir a Laura en busca de consuelo.

Una mañana, cuando se dirigía a Holland Park, donde vivían los Merton, entró a ver a un gran amigo suyo, Alan Trevor. Trevor era pintor. En verdad, hoy día poca gente escapa de esa profesión; pero este era artista, además, y los artistas son bastante escasos. Como persona era un individuo extraño y rudo, con un rostro lleno de pecas y una barba roja descuidada. Sin embargo, cuando tomaba el pincel era un verdadero maestro, y sus cuadros eran muy solicitados. Hughie le había interesado mucho; al principio, hay que reconocerlo, enteramente por su encanto personal.

—Un pintor —solía decir— debería conocer únicamente a las personas que son tontas y hermosas, a las que son un placer artístico cuando se las mira y un descanso intelectual cuando se habla con ellas. Los hombres elegantes y las mujeres amadas gobiernan el mundo; al menos, deberían hacerlo.

No obstante, cuando llegó a conocer mejor a Hughie, le agradó tanto por su radiante optimismo como por su generosa naturaleza atolondrada, y le dio entrada libre en su estudio.

Cuando llegó Hughie aquel día, encontró a Trevor dando los últimos toques a un magnífico retrato de un mendigo en tamaño natural. El mendigo mismo estaba posando en pie, subido a un estrado en un ángulo del estudio. Era un viejo seco, con un rostro semejante a un pergamino arrugado y una expresión sumamente lastimera. De los hombros le colgaba una tosca capa parda, toda desgarrada y harapienta; sus gruesas botas estaban remendadas y llenas de parches, y con una mano se apoyaba en un áspero bastón, mientras que con la otra sostenía su maltrecho sombrero, pidiendo limosna.

—¡Qué modelo tan asombroso! —susurró Hughie al estrechar la mano de su amigo.

—¿Un modelo asombroso? —gritó Trevor a plena voz—. ¡Eso creo yo! No se encuentran mendigos como él todos los días. Une trouvaille, mon cher; un Velázquez en carne y hueso! ¡Rayos!, ¡qué aguafuerte habría hecho Rembrandt con él!

—¡Pobre viejo! —dijo Hughie—. ¡Qué aspecto tan triste tiene! Pero supongo que para ustedes, los pintores, su rostro vale una fortuna.

—Ciertamente —replicó Trevor—. No querrás que un mendigo parezca feliz, ¿verdad?

—¿Cuánto cobra un modelo por posar? —preguntó Hughie, mientras encontraba un asiento cómodo en un diván.

—Un chelín por hora.

—¿Y cuánto cobras tú por el cuadro, Alan?

—¡Oh, por este cobro dos mil!

—¿Libras?

—Guineas. Los pintores, los poetas y los médicos siempre cobramos en guineas.

—Bueno, yo creo que el modelo debería llevarse un porcentaje —exclamó Hughie riendo—; trabaja tanto como ustedes.

—¡Tonterías, tonterías! Mira, aunque solo sea por la molestia de extender la pintura y estar de pie todo el santo día delante del caballete… Para ti es muy fácil hablar, Hughie, pero te aseguro que hay momentos en que el arte alcanza casi la dignidad del trabajo manual. Pero no debes charlar; estoy muy ocupado. Fúmate un cigarrillo y quédate callado.

Al cabo de un rato, entró el sirviente y le dijo a Trevor que el hombre que le hacía los marcos quería hablar con él.

—No te vayas corriendo, Hughie —dijo al salir—; volveré dentro de un momento.

El viejo mendigo aprovechó la ausencia de Trevor para descansar unos instantes en un banco de madera que había detrás de él. Parecía tan desamparado y tan desdichado que Hughie no pudo evitar compadecerse de él, y se palpó los bolsillos para ver qué dinero tenía. Todo lo que pudo encontrar fue una libra de oro y algunas monedas de cobre.

"¡Pobre viejo!" —pensó—. "La necesita más que yo, pero esto supone que no podré tomar un simón en dos semanas."

Y cruzó el estudio para deslizar la moneda de oro en la mano del mendigo.

El viejo se sobresaltó, y una débil sonrisa revoloteó en sus labios marchitos.

—Gracias, señor —dijo—, muchas gracias.

Entonces llegó Trevor, y Hughie se marchó, sonrojándose un poco por lo que había hecho. Pasó el día con Laura, recibió una encantadora reprimenda por su extravagancia y tuvo que volver a casa andando.

Aquella noche, entró en el Palette Club hacia las once y encontró a Trevor sentado solo en el salón de fumadores, bebiendo vino del Rin con agua de seltz.

—Bien, Alan, ¿terminaste el cuadro? —dijo mientras encendía su cigarrillo.

—Está terminado y enmarcado, muchacho —contestó Trevor—. Y, a propósito, has hecho una conquista. El viejo modelo que viste te tiene verdadera devoción. He tenido que contarle todo acerca de ti: quién eres, dónde vives, de qué ingresos dispones, qué perspectivas de futuro tienes…

—Querido Alan —exclamó Hughie—, probablemente lo encontraré esperándome cuando llegue a casa. Pero, naturalmente, estás bromeando. ¡Pobre viejo desgraciado! Me gustaría hacer algo por él; creo que es terrible que haya alguien tan desdichado. Tengo montones de ropa vieja en casa, ¿crees que le interesaría algo de ella? ¡Sus harapos se le estaban cayendo a pedazos!

—Pero tiene un aspecto espléndido con ellos —dijo Trevor—. No lo pintaría con levita por nada del mundo. Lo que tú llamas harapos, yo lo llamo atuendo romántico; lo que a ti te parece pobreza, a mí me parece un aspecto pintoresco. Sin embargo, le hablaré de tu ofrecimiento.

—Alan —dijo Hughie gravemente—, ustedes, los pintores, son gente sin corazón.

—El corazón de un artista es su cabeza —replicó Trevor—; y, además, nuestra tarea es comprender el mundo como lo vemos, no reformarlo de acuerdo con el conocimiento que tenemos de él. À chacun son métier. Y ahora, dime, ¿cómo está Laura? El viejo modelo se interesó mucho por ella.

—¿No querrás decir que le hablaste de ella? —dijo Hughie.

—Desde luego que sí. Él sabe todo sobre el inexorable coronel, la bella Laura y las diez mil libras.

—¿Contaste al viejo mendigo todos mis asuntos privados? —exclamó Hughie, enrojeciendo y enfadándose mucho.

—Mi querido muchacho —dijo Trevor, sonriendo—, ese viejo mendigo, como tú le llamas, es uno de los hombres más ricos de Europa. Podría comprar mañana todo Londres sin dejar al descubierto sus cuentas corrientes. Tiene una casa en todas las capitales, come en vajilla de oro y, cuando quiere, puede impedir que Rusia entre en una guerra.

—¿Qué demonios quieres decir? —exclamó Hughie.

—Lo que digo —respondió Trevor—. El viejo que viste hoy en el estudio era el barón Hausberg. Es un gran amigo mío; compra todos mis cuadros y todas esas cosas, y hace un mes me encargó que lo pintara como mendigo. Que voulez-vous? La fantaisie d'un millionnaire! Y he de reconocer que hacía una magnífica figura con sus harapos, o quizá debiera decir con los míos, pues es ropa vieja que conseguí en España.

—¡El barón Hausberg! —exclamó Hughie—. ¡Cielo santo! ¡Y yo le di una libra!

Y se desplomó en un sillón, pareciendo la imagen misma de la consternación.

**—¿Que le diste una libra? —gritó Trevor, lanzando una carcajada—. ¡Mi querido muchacho, nunca volverás a verla! Son affaire c'est l'argent des autres.

—Creo que bien podías habérmelo dicho, Alan —dijo Hughie, malhumorado—, y no haberme dejado hacer el ridículo.

—Bueno, para empezar, Hughie —dijo Trevor—, nunca se me hubiera ocurrido que fueras por ahí repartiendo limosnas de ese modo tan atolondrado. Puedo entender que le des un beso a una modelo guapa, ¡pero que le des una moneda de oro a un modelo feo, por Júpiter, no! Además, la verdad es que en realidad yo no estaba en casa para nadie, y cuando entraste tú, no sabía si a Hausberg le gustaría que se mencionara su nombre. Ya sabes que no estaba vestido de etiqueta.

—¡Qué imbécil debe creer que soy! —dijo Hughie.

—Nada de eso. Estaba de muy buen humor después de que te fuiste; no hacía más que reírse entre dientes y frotarse las viejas manos rugosas. Yo no podía explicarme por qué estaba tan interesado en saber todo lo referente a ti, pero ahora lo veo todo claro. Invertirá tu libra por ti, Hughie, te pagará los intereses cada seis meses y tendrá una historia estupenda para contar después de la cena.

—Soy un pobre diablo sin suerte —refunfuñó Hughie—. Lo mejor que puedo hacer es irme a la cama, y tú, querido Alan, no debes decírselo a nadie; no me atrevería a dejar que me vieran la cara en el Row.

—¡Tonterías! Esto hace honor a tu alta reputación de espíritu filantrópico, Hughie. Y no te vayas corriendo. Fúmate otro cigarrillo y puedes hablar de Laura tanto como quieras.

Sin embargo, Hughie no quiso quedarse allí; se fue a casa sintiéndose muy desgraciado y dejó a Trevor con un ataque de risa.

A la mañana siguiente, cuando estaba desayunando, el sirviente le llevó una tarjeta en la que estaba escrito:

"Monsieur Gustave Naudin, de la part de M. le baron Hausberg."

"Supongo que habrá venido a pedir que me disculpe", se dijo Hughie.

Y ordenó al criado que hiciera pasar al visitante.

Entró en la habitación un señor anciano con gafas de oro y pelo canoso, y dijo con un ligero acento francés:

—¿Tengo el honor de hablar con monsieur Erskine?

Hughie asintió con la cabeza.

—Vengo de parte del barón Hausberg —continuó—. El barón…

—Le ruego, señor, que le ofrezca mis más sinceras disculpas —balbuceó Hughie.

—El barón —dijo el anciano con una sonrisa— me ha encargado que le traiga esta carta.

Y le tendió un sobre lacrado, en el que estaba escrito lo siguiente:

"Un regalo de boda para Hugh Erskine y Laura Merton, de un viejo mendigo."

Y dentro había un cheque por diez mil libras.

Cuando se casaron, Alan Trevor fue el padrino, y el barón pronunció un discurso en el desayuno de bodas.

—Los modelos millonarios —observó Alan— son bastante raros, pero, ¡por Júpiter!, los millonarios modelo son más raros todavía.

LA ESFINGE SIN SECRETO

Una tarde, tomaba mi vermut en la terraza del Café de la Paix, contemplando el esplendor y la miseria de la vida parisina y asombrándome del extraño panorama de orgullo y pobreza que desfilaba ante mis ojos, cuando oí que alguien me llamaba. Volví la cabeza y vi a lord Murchison. No nos habíamos vuelto a ver desde nuestra época de estudiantes, hacía casi diez años, así que me encantó encontrarme de nuevo con él y nos dimos un fuerte apretón de manos. En Oxford habíamos sido grandes amigos. Yo lo había apreciado muchísimo, ¡era tan apuesto, íntegro y divertido! Solíamos decir que habría sido el mejor de los compañeros si no hubiese dicho siempre la verdad, pero creo que todos le admirábamos más por su franqueza. Me pareció que estaba muy cambiado. Daba la impresión de estar inquieto y desorientado, como si dudara de algo. Comprendí que no podía ser un caso de escepticismo moderno, pues Murchison era el más firme de los conservadores, y creía con la misma convicción en el Pentateuco que en la Cámara de los Pares; así que llegué a la conclusión de que se trataba de una mujer, y le pregunté si se había casado.

—No comprendo suficientemente bien a las mujeres —respondió.

—Mi querido Gerald —dije—, las mujeres están hechas para ser amadas, no comprendidas.

—Soy incapaz de amar a alguien en quien no puedo confiar —replicó.

—Creo que hay un misterio en tu vida, Gerald —exclamé—; ¿de qué se trata?

—Vamos a dar una vuelta en coche —contestó—, aquí hay demasiada gente. No, un carruaje amarillo no, de cualquier otro color... Mira, aquel verde oscuro servirá.

Y poco después bajábamos trotando por el bulevar en dirección a la Madeleine.

—¿Dónde vamos? —quise saber.

—¡Oh, donde tú quieras! —repuso—. Al restaurante del Bois de Boulogne; cenaremos allí y me hablarás de tu vida.

—Me gustaría que tú lo hicieras antes —dije—. Cuéntame tu misterio.

Lord Murchison sacó de su bolsillo una cajita de tafilete con cierre de plata y me la entregó. La abrí. En el interior llevaba la fotografía de una mujer. Era alta y delgada, y de un extraño atractivo, con sus grandes ojos de mirada distraída y su pelo suelto. Parecía una clarividente, e iba envuelta en ricas pieles.

—¿Qué opinas de ese rostro? —inquirió—. ¿Lo crees sincero?

Lo examiné detenidamente. Tuve la sensación de que era el rostro de alguien que guardaba un secreto, aunque fuese incapaz de adivinar si era bueno o malo. Se trataba de una belleza moldeada a fuerza de misterios… una belleza psicológica, en realidad, no plástica… y el atisbo de sonrisa que rondaba sus labios era demasiado sutil para ser realmente dulce.

—Bueno —exclamó impaciente—, ¿qué me dices?

—Es la Gioconda envuelta en martas cibelinas —respondí—. Cuéntame todo sobre ella.

—Ahora no, después de la cena —replicó, antes de empezar a hablar de otras cosas.

Cuando el camarero trajo el café y los cigarrillos, recordé a Gerald su promesa. Se levantó de su asiento, recorrió dos o tres veces de un lado a otro la estancia y, desplomándose en un sofá, me contó la siguiente historia:

—Una tarde —dijo—, estaba paseando por la calle Bond alrededor de las cinco. Había una gran aglomeración de carruajes, y estos estaban casi parados. Cerca de la acera, había un pequeño coche amarillo que, por algún motivo, atrajo mi atención. Al pasar junto a él, vi asomarse el rostro que te he enseñado esta tarde. Me fascinó al instante. Estuve toda la noche obsesionado con él, y todo el día siguiente. Caminé arriba y abajo por esa maldita calle, mirando dentro de todos los carruajes y esperando la llegada del coche amarillo; pero no pude encontrar a ma belle inconnue y empecé a pensar que se trataba de un sueño. Aproximadamente una semana después, tenía una cena en casa de Madame de Rastail. La cena iba a ser a las ocho; pero, media hora después, seguíamos esperando en el salón. Finalmente, el criado abrió la puerta y anunció a lady Alroy. Era la mujer que había estado buscando. Entró muy despacio, como un rayo de luna vestido de encaje gris y, para mi inmenso placer, me pidieron que la acompañase al comedor.

»—Creo que la vi en la calle Bond hace unos días, lady Alroy —exclamé con la mayor inocencia cuando nos hubimos sentado.

»Se puso muy pálida y me dijo quedamente:

»—No hable tan alto, por favor; pueden oírlo.

»Me sentí muy desdichado por haber empezado tan mal, y me zambullí imprudentemente en el asunto del teatro francés. Ella apenas decía nada, siempre con la misma voz baja y musical, y parecía tener miedo de que alguien la escuchara. Me enamoré apasionada, estúpidamente de ella, y la indefinible atmósfera de misterio que la rodeaba despertó mi más ferviente curiosidad. Cuando estaba a punto de marcharse, poco después de la cena, le pregunté si me permitiría ir a visitarla. Ella pareció vacilar, miró a uno y otro lado para comprobar si había alguien cerca de nosotros, y luego repuso:

»—Sí, mañana a las cinco menos cuarto.

»Pedí a Madame de Rastail que me hablara de ella, pero lo único que logré saber fue que era una viuda con una casa preciosa en Park Lane; y como algún aburrido científico empezó a disertar sobre las viudas, a fin de ilustrar la supervivencia de los más capacitados para la vida matrimonial, me despedí y regresé a casa.

»Al día siguiente llegué a Park Lane con absoluta puntualidad, pero el mayordomo me comunicó que lady Alroy acababa de marcharse. Me dirigí al club bastante apesadumbrado y totalmente perplejo, y, después de meditarlo con detenimiento, le escribí una carta pidiéndole permiso para intentar visitarla cualquier otra tarde. No recibí ninguna respuesta en varios días, pero finalmente llegó una pequeña nota diciendo que estaría en casa el domingo a las cuatro, y con esta extraordinaria posdata: "Le ruego que no vuelva a escribirme a esta dirección; se lo explicaré cuando le vea". El domingo me recibió y no pudo estar más encantadora; pero, cuando iba a marcharme, me rogó que, si en alguna ocasión la escribía de nuevo, dirigiera mi carta "a la atención de la señora Knox, Biblioteca Whittaker, calle Green".

»—Existen razones —dijo— que no me permiten recibir cartas en mi propia casa.

»Durante toda aquella temporada, la vi con asiduidad, y jamás la abandonó aquel aire de misterio. A veces se me ocurría pensar que estaba bajo el poder de algún hombre, pero parecía tan inaccesible que no podía creerlo. Era realmente difícil para mí llegar a alguna conclusión, pues era como uno de esos extraños cristales que se ven en los museos, y que tan pronto son transparentes como opacos. Al final decidí pedirle que se casara conmigo: estaba harto del constante sigilo que imponía a todas mis visitas y a las escasas cartas que le enviaba. Le escribí a la biblioteca para preguntarle si podía reunirse conmigo el lunes siguiente a las seis. Me respondió que sí, y yo me sentí en el séptimo cielo. Estaba loco por ella, a pesar del misterio, pensaba yo entonces; por efecto de él, comprendo ahora. No, era la mujer lo que yo amaba. El misterio me molestaba, me enloquecía. ¿Por qué me puso el azar en su camino?

—Entonces, ¿lo descubriste? —exclamé.

—Eso me temo —repuso—. Puedes juzgar por ti mismo.

»El lunes fui a almorzar con mi tío y, hacia las cuatro, llegué a Marylebone Road. Mi tío, como sabes, vive en Regent's Park. Yo quería ir a Piccadilly y, para atajar, atravesé un montón de viejas callejuelas. De pronto, vi delante de mí a lady Alroy, completamente tapada con un velo y andando muy deprisa. Al llegar a la última casa de la calle, subió los escalones, sacó una llave y entró en ella. "He aquí el misterio", pensé; y me acerqué presuroso a examinar la vivienda. Parecía uno de esos lugares que alquilan habitaciones. Su pañuelo se había caído en el umbral. Lo recogí y lo metí en mi bolsillo. Entonces empecé a cavilar sobre lo que debía hacer. Llegué a la conclusión de que no tenía el menor derecho a espiarla y me dirigí en carruaje al club. A las seis aparecí en su casa. Se hallaba recostada en un sofá, con un elegante vestido de tisú plateado sujeto con unas extrañas adularias que siempre llevaba. Estaba muy hermosa.

»—No sabe cuánto me alegro de verlo —dijo—; no he salido en todo el día.

»La miré sorprendido, y sacando el pañuelo de mi bolsillo, se lo entregué.

»—Se le cayó esta tarde en la calle Cummor, lady Alroy —señalé sin inmutarme.

»Me miró horrorizada, pero no hizo ninguna tentativa de coger el pañuelo.

»—¿Qué estaba haciendo allí? —inquirí.

»—¿Y qué derecho tiene usted a preguntármelo? —exclamó ella.

»—El derecho de un hombre que la quiere —contesté—; he venido para pedirle que sea mi mujer.

»Ocultó el rostro entre las manos y se deshizo en un mar de lágrimas.

»—Debe contármelo —proseguí.

»Ella se puso en pie y, mirándome a la cara, respondió:

»—Lord Murchison, no tengo nada que contarle.

»—Fue usted a reunirse con alguien —afirmé—; ese es su misterio.

»Lady Alroy adquirió una palidez cadavérica y dijo:

»—No fui a reunirme con nadie.

»—¿Acaso no puede decir la verdad? —exclamé.

»—Ya se la he dicho —repuso.

»Yo estaba furibundo, enloquecido; no recuerdo mis palabras, pero la acusé de cosas terribles. Finalmente, me precipité fuera de su domicilio. Ella me escribió una carta al día siguiente; se la devolví sin abrir y me fui a Noruega con Alan Colville. Regresé un mes más tarde y lo primero que leí en el Morning Post fue la muerte de lady Alroy. Se había resfriado en la ópera, y había muerto de una congestión pulmonar a los cinco días. Me encerré en casa y no quise ver a nadie. La había querido demasiado, la había amado con locura. ¡Santo Dios! ¡Cuánto había amado a esa mujer!

—¿Y nunca fuiste a aquella casa? —le interrumpí.

—Sí —replicó.

»Un día me dirigí a la calle Cummor. No pude evitarlo; me torturaba la duda. Llamé a la puerta y me abrió una mujer de aire respetable. Le pregunté si tenía alguna habitación para alquilar.

»—Verá, señor —contestó—, en teoría los salones están alquilados; pero, como hace tres meses que la señora no viene y que nadie paga la renta, puede usted quedarse con ellos.

»—¿Es esta su inquilina? —quise saber, mostrándole la foto.

»—Sin duda alguna —exclamó—, y ¿cuándo piensa volver, señor?

»—La señora ha fallecido —repuse.

»—¡Oh, señor, espero que no sea cierto! —dijo la mujer—. Era mi mejor inquilina. Me pagaba tres guineas a la semana solo por sentarse en mis salones de vez en cuando.

»—¿Se reunía con alguien? —le pregunté.

»Pero la mujer me aseguró que no, que siempre llegaba sola y jamás veía a nadie.

»—¿Y qué diablos hacía? —inquirí.

»—Se limitaba a sentarse en el salón, señor, y leía libros; a veces también tomaba el té —respondió ella.

»No supe qué contestarle, así que le di una libra y me marché.

—Y bien, ¿qué crees que significaba todo aquello? ¿No pensarás que la mujer decía la verdad?

—Pues claro que lo pienso.

—Entonces, ¿por qué acudía allí lady Alroy?

—Mi querido Oswald —replicó—, lady Alroy era simplemente una mujer obsesionada con el misterio. Alquiló esas habitaciones por el placer de ir allí tapada con su velo, imaginando que era la heroína de una novela. Le encantaban los secretos, pero no era más que una esfinge sin secreto.

—¿De veras lo crees?

—Estoy convencido.

Sacó la cajita de tafilete, la abrió y contempló la fotografía.

—Sigo teniendo mis dudas —exclamó finalmente.

EL DISCÍPULO

Cuando murió Narciso, el remanso de su placer se transformó de una copa de aguas dulces en una copa de lágrimas saladas, y llegaron llorando a través de los bosques las ninfas de las montañas, las Oréades, para consolar al remanso con su canto.

Y cuando vieron que el remanso se había transformado de una copa de aguas dulces en una copa de lágrimas saladas, soltaron las verdes trenzas de sus cabellos y, clamando al remanso, le dijeron:

—No nos sorprende que hagas un duelo tan profundo por Narciso, tan hermoso como era.

—¿Era hermoso Narciso? —preguntó el remanso.

—¿Quién podría saberlo mejor que tú? —respondieron las ninfas—. A nosotras siempre nos desdeñaba, pero a ti te cortejaba, y solía recostarse en tus orillas e inclinarse a mirarte; en el espejo de tus aguas reflejaba gustoso su belleza.

Y el remanso respondió:

—Pero yo amaba a Narciso porque, cuando recostado en mis orillas se inclinaba a mirarme, en el espejo de sus ojos veía reflejada mi propia belleza.

EL ARTISTA

Una tarde, le vino al alma el deseo de dar forma a una imagen del "Placer que se posa un instante". Y se fue por el mundo a buscar bronce, pues solo el bronce podía concebir su obra.

Pero había desaparecido el bronce del mundo entero; en ninguna parte del mundo podía encontrarse bronce, salvo el bronce de la imagen del "Dolor que dura para siempre".

Era él quien había forjado esta imagen con sus propias manos, y la había puesto sobre la tumba de lo único que había amado en la vida. Sobre la tumba de lo que más había amado en la vida, y había muerto, había puesto esta imagen, hechura suya, como prenda y señal del amor humano que no muere nunca, y como símbolo del dolor humano que dura para siempre. Y en el mundo entero no había más bronce que el bronce de esta imagen.

Y tomó la imagen que había formado y la puso en un gran horno, y se la entregó al fuego.

Y con el bronce de la imagen del "Dolor que dura para siempre", esculpió una imagen del "Placer que se posa un instante".

EL IMÁN

Había una vez un imán y, en el vecindario, vivían unas limaduras de acero. Un día, a dos limaduras se les ocurrió de repente visitar al imán y empezaron a hablar de lo agradable que sería aquella visita. Otras limaduras cercanas escucharon la conversación y fueron embargadas por el mismo deseo. Se sumaron otras, y al final todas las limaduras comenzaron a discutir el asunto, hasta que, gradualmente, el vago deseo se transformó en un impulso.

—¿Por qué no ir hoy? —dijeron algunas, pero otras opinaron que sería mejor esperar hasta el día siguiente.

Mientras tanto, sin darse cuenta, habían ido acercándose al imán, que permanecía muy tranquilo, como si no se percatara de nada. Así continuaron discutiendo, siempre acercándose más y más, y cuanto más hablaban, más fuerte era el impulso, hasta que las más impacientes declararon que irían ese mismo día, hicieran lo que hicieran las demás. Algunas dijeron que era su deber visitar al imán y que hacía ya tiempo que le debían esa visita. Mientras hablaban, seguían, sin advertirlo, acercándose.

Al final, prevalecieron las impacientes y, en un impulso irresistible, la comunidad entera gritó:

—¡Inútil esperar! Iremos hoy. Iremos ahora. Iremos en el acto.

La masa unánime se precipitó y quedó pegada al imán por todos lados. El imán sonrió, porque las limaduras de acero estaban convencidas de que su visita era voluntaria.

LIBRO TERCERO: UNA CASA DE GRANADAS

EL PESCADOR Y SU ALMA

Todas las tardes, el joven Pescador se internaba en el mar y arrojaba sus redes al agua.

Cuando el viento soplaba desde tierra, no lograba pescar nada, porque era un viento malévolo de alas negras, y las olas se levantaban, empinándose a su encuentro. Pero, en cambio, cuando el viento soplaba en dirección a la costa, los peces subían desde las verdes profundidades y nadaban entre las mallas de la red, y el joven Pescador los llevaba al mercado para venderlos.

Todas las tardes, el joven Pescador se internaba en el mar. Un día, al recoger su red, la sintió tan pesada que no podía izarla hasta la barca. Riendo, se dijo:

—O bien he atrapado todos los peces del mar, o bien es algún monstruo torpe que asombrará a los hombres, o acaso será algo espantoso que la gran Reina deseará contemplar.

Haciendo uso de todas sus fuerzas, fue izando la red hasta que se le marcaron en relieve las venas de los brazos. Poco a poco fue cerrando el círculo de corchos, hasta que, por fin, la red apareció a flor de agua.

Sin embargo, no había atrapado pez alguno, ni monstruo, ni nada aterrador; solo una sirenita que estaba profundamente dormida.

Su cabellera parecía vellón de oro, y cada cabello era como una hebra de oro fino en una copa de cristal. Su cuerpo era del color del marfil, y su cola era de plata y nácar. De plata y nácar era su cola, y las verdes hierbas del mar se enredaban sobre ella; sus orejas eran como conchas marinas, y sus labios eran como el coral. Las olas frías se estrellaban sobre sus fríos senos, y la sal resplandecía en sus párpados cerrados.

Tan bella era aquella sirenita que, cuando el joven Pescador la vio, se sintió sobrecogido de asombro; alargó la mano y la atrajo hacia sí; luego, inclinándose sobre el borde de la barca, la tomó en brazos. Pero apenas la tocó, la sirenita gritó como una gaviota asustada, despertó y lo miró con sus ojos de amatista llenos de terror, esforzándose en un vano intento de escapar. Él la sujetó fuertemente, sin dejarla huir.

Cuando la sirenita comprendió que no había forma de escapar, se puso a llorar y dijo:

—Te suplico que me dejes en libertad. Soy la hija única de un Rey, y mi padre ya es viejo y vive solo.

Pero el joven Pescador respondió:

—No te soltaré hasta que me prometas que, cada vez que te llame, acudirás y cantarás para mí. A los peces les fascina escuchar las canciones del pueblo del mar, y así mis redes estarán siempre llenas.

—¿Juras que me soltarás si te hago esa promesa? —preguntó la sirena.

—Juro que te soltaré —respondió el joven Pescador.

Ella hizo entonces la promesa pactada, jurando con el juramento de los hijos del mar. Él abrió los brazos, y la sirenita se sumergió en el agua, temblando con un extraño estremecimiento.

Todas las tardes, el joven Pescador se internaba mar adentro y llamaba a la sirena, y ella acudía invariablemente; emergía del agua y cantaba. En torno a ella nadaban los delfines, y las gaviotas revoloteaban sobre su cabeza.

Cantaba una canción maravillosa.

Cantaba sobre los hijos del mar, que llevan sus rebaños de gruta en gruta, cargando los ternerillos al hombro; cantaba acerca de los tritones, que tienen largas barbas verdes y pechos velludos, y hacen sonar sus retorcidas caracolas cuando pasa el Rey; cantaba sobre el palacio del Rey, que es todo de ámbar, con un techo de claras esmeraldas y un pavimento de resplandecientes perlas; y cantaba sobre los jardines del mar, donde los grandes abanicos de coral se balancean todo el día, y los peces nadan alrededor como pájaros de plata, y las anémonas se aferran a las rocas y en la arena amarilla florecen con grandes corolas rojas.

Cantaba sobre las vastas ballenas, que bajan de los mares del norte con sus barbas cuajadas de agudos carámbanos; cantaba también acerca de las sirenas, que entonan tales maravillas, que los mercaderes deben taparse los oídos con cera por temor a escucharlas y lanzarse al agua, para luego ahogarse. Cantaba sobre las naves hundidas, con sus altos mástiles y sus marineros aún aferrados a las jarcias, mientras las caballas entraban y salían por los huecos abiertos en el casco. Cantaba sobre las diminutas lapas, que son grandes viajeras porque, adheridas a la quilla de los barcos, dan la vuelta al mundo una y otra vez. Cantaba sobre las jibias, que habitan los arrecifes, extienden sus largos brazos negros y pueden crear la noche cuando lo desean.

Cantaba sobre el nautilus, que navega en un barquito tallado en ópalo y se gobierna con una vela de plata; sobre los grandes leones marinos, con sus colmillos curvos, y los hipocampos, de crines flotantes y graciosos cuerpos de carey rojo y cabriolante.

Mientras la sirenita cantaba, los atunes subían de las profundidades para oírla, y el joven Pescador lanzaba sus redes al mar y los atrapaba, o bien traspasaba con su arpón a los más grandes. Y cuando tenía su barca bien cargada, la sirena le sonreía y se sumergía nuevamente hacia el reino de su padre.

Sin embargo, ella nunca se le acercó tanto como para que el Pescador pudiera volver a tocarla. Muchas veces él la llamó y le suplicó, pero ella no quería; y cuando intentaba capturarla, ella se zambullía en el mar con la grácil rapidez de una foca y no volvía a verla en todo el día. Y cada día el sonido de su voz era más dulce. Tan dulce era la voz de la sirena que, a veces, el Pescador olvidaba sus redes.

Esas tardes, los atunes pasaban en cardumen, con sus aletas purpúreas y sus ojos de oro elástico, sin que el Pescador se diera cuenta. Esas tardes, el arpón descansaba ocioso a su lado, y los cestos de mimbre quedaban vacíos. El Pescador, con los labios entreabiertos y los ojos llenos de asombro, se quedaba muy quieto en la barca, escuchando, escuchando, hasta que la niebla llegaba arrastrándose para envolver la embarcación y la luna bañaba con plata su cuerpo de bronce.

Y una tarde llamó a la sirena y le dijo:

—Sirenita, sirenita, yo te quiero. Seamos novios, porque estoy enamorado de ti.

Pero la sirena negó con un triste movimiento de cabeza, mientras decía:

—Tienes un alma humana. Solo podría amarte si te deshicieras de tu alma.

Entonces el joven Pescador se dijo:

—¿De qué me sirve mi alma? No puedo verla, no puedo tocarla, no la conozco. La despediré y podré ser feliz.

Y de sus labios surgió un grito de alegría. Poniéndose de pie en su barca, extendió los brazos hacia la sirena y le dijo:

—Expulsaré a mi alma y entonces seremos novios, viviremos juntos en lo más profundo del mar, me mostrarás todo lo que has cantado, yo haré todo lo que quieras, y nunca más podrán separarse nuestras vidas.

Y la sirenita rió alegremente, escondiendo el rostro entre las manos.

—Pero, ¿cómo podré desprenderme de mi alma? —preguntó el Pescador—. Dime qué debo hacer y lo haré ahora mismo.

—¡Ay! —repuso la sirenita—. ¡Yo no lo sé! Los hijos del mar no tenemos alma.

Lo miró con sus ojos ardientes y se hundió en las profundidades.

Al día siguiente, muy temprano, cuando el sol aún no se alzaba un palmo sobre la colina, el joven Pescador se dirigió a la casa del cura y llamó tres veces a la puerta.

El novicio se asomó por el postigo y, al ver de quién se trataba, descorrió el cerrojo y le dijo:

—Entra.

El joven entró, se arrodilló sobre la estera de juncos del suelo y dijo al cura, que leía el Libro Santo:

—Padre, estoy enamorado de una hija del mar, y mi alma impide que consiga mi deseo. Dime, por favor, qué debo hacer para librarme de ella, porque no la necesito. ¿De qué me sirve mi alma? No puedo verla, no puedo tocarla, no la conozco.

—¡Oh, muchacho, estás loco o acaso has comido algún hongo venenoso! El alma es lo más noble que hay en el hombre, y nos fue dada por Dios para que la usemos con dignidad. Nada hay tan precioso como el alma humana, ni cosa terrestre alguna que pueda comparársele. Vale todo el oro del mundo y es más valiosa que los rubíes de los reyes. Hijo mío, no pienses más en algo así, porque incluso tal pensamiento es un pecado mortal. Los hijos del mar están perdidos, y quienes tienen trato con ellos también lo están. Son como las bestias del campo, que no distinguen el bien del mal. ¡Por ellos no murió nuestro Señor Jesucristo!

Al escuchar las amargas palabras del cura, al joven Pescador se le llenaron los ojos de lágrimas; se levantó y repuso:

—Padre, los faunos viven en la selva y son felices, y los tritones descansan sobre las rocas del acantilado con sus arpas doradas. Déjame ser como ellos, te lo ruego, porque sus días son como los días de las flores. Y en cuanto a mi alma, dime tú, ¿de qué me sirve si se interpone entre el ser que amo y yo?

—El amor del cuerpo es ruin —exclamó el cura, frunciendo el ceño—, y los seres paganos que Dios permite que vaguen por el mundo también son ruines y maléficos. ¡Malditos sean los faunos del bosque y malditos los cantores del mar! Los he oído a veces en las noches e intentan distraerme de mi rosario. Llaman suavemente a mi ventana, ríen y me susurran al oído el cuento de sus placeres peligrosos. Me seducen con sus palabras y, cuando me propongo rezar, me hacen muecas. ¡Te digo que están perdidos, están perdidos! Para ellos no hay cielo ni infierno, y en ningún lugar podrán alabar el nombre del Señor.

—Padre —replicó el joven Pescador—, tú no sabes lo que dices. Una tarde capturé en mis redes a la hija de un Rey del Mar. Es más hermosa que la estrella de la mañana y más blanca que la luna. Yo daré mi alma por su cuerpo y renunciaré al cielo por su amor. Contesta mi pregunta y déjame ir en paz.

—¡Atrás! ¡Atrás! —gritó el cura—. ¡Esa muchacha está perdida y tú te perderás con ella!

Y lo expulsó de la casa parroquial sin darle su bendición.

El joven Pescador se dirigió al mercado, caminando lentamente, con la cabeza baja, sumido en una tristeza insondable.

Cuando lo vieron los mercaderes, cuchichearon entre ellos, y uno se adelantó. Después de llamarlo por su nombre, le preguntó:

—¿Qué vendes, Pescador?

—Vendo mi alma —contestó el joven Pescador—. Te ruego que la compres, porque estoy cansado de ella. ¿De qué me sirve mi alma? No puedo verla, no puedo tocarla, no la conozco.

Entonces los mercaderes se burlaron de él:

—Pero dinos, muchacho, ¿de qué nos serviría el alma de un hombre? No vale ni una mala moneda de cobre. Si quieres, podemos comprar tu cuerpo como esclavo, te vestiremos de rojo, te pondremos un anillo en el dedo y podrás ser el favorito de la gran Reina. Pero no nos hables de tu alma, porque para nosotros tampoco tiene ningún valor.

El joven Pescador pensó:

—¡Qué cosa rara! El cura dice que el alma vale todo el oro del mundo, pero los mercaderes aseguran que no vale ni una mala moneda de cobre.

Salió del mercado y se encaminó hacia la playa, donde se puso a meditar sobre qué debería hacer.

Al mediodía, el Pescador recordó que, cierta vez, uno de sus compañeros le había hablado de una bruja joven que vivía en una caverna al extremo de la bahía y que era muy sabia en brujerías. De inmediato echó a correr en dirección a la caverna, tan veloz que una nube de polvo lo seguía al avanzar por la arena de la playa.

La joven bruja adivinó la llegada del Pescador por una picazón que sintió en la palma de la mano; entonces se soltó la roja cabellera y se puso a reír. Se quedó de pie a la entrada de la caverna, sosteniendo en la mano una rama de cicuta florida.

—¿Qué necesitas? —gritó cuando el Pescador subía jadeando por el acantilado—. ¿Quieres peces para tus redes cuando el viento sopla en contra? Si es eso, tengo un caramillo que, cuando se sopla en él, hace que los mújoles entren a la bahía. Pero tiene su precio, hermoso joven, tiene su precio. ¿Qué necesitas? ¿Quieres una tormenta que haga naufragar los barcos y arrastre a la costa baúles llenos de tesoros? Tengo más huracanes que el tiempo, porque mi amo es más fuerte que el tiempo, y con un cedazo y un cubo de agua puedo enviar las grandes carabelas al fondo del mar. Pero también tiene su precio, hermoso joven, tiene su precio. ¿Qué necesitas? Conozco una flor que crece en el valle y que solo yo conozco. Tiene hojas púrpuras y una estrella en el corazón, y su jugo es tan blanco como la leche. Si tocas los labios desdeñosos de la gran Reina con esta flor, ella te seguirá a través del mundo entero. Pero tiene su precio, hermoso joven, tiene su precio. ¿Qué necesitas? Puedo machacar un sapo en el mortero y hacer un caldo, removiéndolo con la mano de un muerto. Si mojas con ese caldo a tu enemigo mientras duerme, se convertirá en una víbora negra y lo matará su propia madre. Con ayuda de una rueda puedo hacer bajar la luna del cielo, y en un cristal puedo mostrarte la Muerte. ¿Qué necesitas? ¿Qué necesitas? Dime tu deseo y yo te lo concederé. Pero me tendrás que pagar su precio, hermoso joven, me tendrás que pagar su precio.

—Mi deseo es poca cosa —contestó el joven Pescador—. Sin embargo, el cura se enojó conmigo y me arrojó de su casa. Es poca cosa, pero los mercaderes se burlaron de mí y me lo negaron. Por eso vengo a conversar contigo, a pesar de que los hombres dicen que eres mala; y sea cual sea tu precio, te lo pagaré.

—¿Qué necesitas? —preguntó la bruja, acercándose.

—Quiero desprenderme de mi alma —contestó el joven Pescador.

La bruja palideció y, con un estremecimiento, escondió su rostro en el manto azul.

—Hermoso joven, hermoso joven —murmuró—, esa es una cosa terrible.

Pero él sacudió sus rizos oscuros y se echó a reír.

—¿De qué me sirve mi alma? —dijo—. No puedo verla. No puedo tocarla. No la conozco.

—¿Qué me darás si te lo digo? —preguntó la bruja, mirándolo con sus hermosos ojos.

—Tengo cinco monedas de oro para darte —contestó él—, y también mis redes, la choza de cañas en la que vivo y la barca en la que navego. Dime solamente qué debo hacer para desprenderme de mi alma, y te daré todo lo que tengo.

Ella se rio burlonamente, lo rozó con la rama de cicuta y le dijo:

—Si yo lo deseara, podría convertir en oro las hojas del otoño y tejer hebras de plata con los rayos de la luna. Mi amo es más rico que todos los reyes de este mundo y gobierna sobre todos los dominios de la Tierra.

—¿Qué te daré entonces —dijo él— si no esperas recibir oro ni plata?

La joven bruja le acarició los cabellos con su mano blanca y fina y, sonriendo, murmuró:

—Tendrás que bailar conmigo, hermoso joven.

—¿Solo bailar contigo? —exclamó el Pescador maravillado.

—Nada más —contestó ella, sonriendo de nuevo.

—En cuanto se ponga el sol, bailaremos juntos donde nadie nos vea o donde quieras que lo hagamos —dijo él—, y después de bailar me dirás lo que quiero saber.

Ella agitó la cabeza, murmurando:

—Cuando salga la luna, cuando salga la luna.

Luego observó atentamente alrededor y escuchó con atención. Un pájaro azul salió chillando de su nido y comenzó a describir círculos sobre las dunas; tres pájaros pardos bostezaron en medio de la hierba verde y áspera, silbándose entre sí. No se oía más que el susurro de las olas arrastrando las piedras pulidas de la playa. Entonces la bruja extendió su mano, atrajo hacia sí al joven Pescador y le acercó los labios al oído:

—Esta noche habrás de venir a la cumbre de las colinas —dejó escapar un susurro—. Es sábado y estará Él.

El joven Pescador se estremeció. Ella reía, mostrando sus dientes blancos.

—¿Quién va a estar allí? —preguntó.

—Eso no debe importarte —repuso ella—. Ven esta noche y espérame a la sombra del espino blanco… Si un perro negro te acomete, golpéalo con una rama de sauce y huirá. Y si te habla un búho, no le respondas. Cuando la luna esté en el cenit, iré a buscarte y bailaremos juntos sobre la hierba.

—Pero, ¿juras decirme qué debo hacer para desprenderme de mi alma? —preguntó el joven Pescador.

Ella se puso al sol y el viento agitó sus cabellos rojos.

—Te lo juro por las pezuñas del macho cabrío —prometió.

—Eres la mejor de las brujas —exclamó el Pescador—, y bailaré contigo esta noche en la cumbre de las colinas… Hubiera preferido que me pidieras oro o plata, pero de todos modos el precio me conviene… es poca cosa.

Se quitó la gorra, hizo una profunda reverencia ante la mujer y bajó corriendo de regreso al pueblo, ebrio de alegría.

La joven bruja lo miró hasta que el Pescador se perdió de vista. Luego volvió a su gruta, sacó un espejo de un cofre de cedro labrado y lo puso en un marco. Después, sobre unas brasas, quemó delante del espejo un puñado de verbena y miró atentamente a través de las espirales de humo. Pasados unos instantes, cerró los puños con ira:

—Debería haber sido mío —murmuró—. Soy tan hermosa como ella.

Esa noche, al salir la luna, el joven Pescador trepó a la cima del monte y esperó bajo las ramas del espino blanco. Abajo, a sus pies, el mar se extendía como una rodela de plata bruñida, y la sombra de las barcas de pesca moteaba la bahía con signos que resbalaban sobre la luz. Un gran búho, de amarillos ojos sulfúreos, lo llamó por su nombre… pero él no respondió. Y un perro negro lo persiguió gruñendo… él lo golpeó con una rama de sauce, y el perro huyó lanzando gañidos lastimeros.

Las brujas llegaron a medianoche, volando por el aire como murciélagos.

—¡Whee-ho! —gritaban al tocar tierra—. Aquí hay uno a quien no conocemos.

Olfateaban alrededor, charlaban entre ellas y se hacían señas.

La joven bruja, con su roja cabellera al viento, llegó la última de todas. Vestía un traje de tisú de oro, bordado con ojos de pavos reales, y un pequeño birrete de terciopelo verde en la cabeza.

—¿Dónde está, dónde está? —chillaron las brujas al verla.

Pero ella no hizo más que reír, corrió hacia el espino blanco, tomó de la mano al Pescador y, llevándolo a la luz de la luna, comenzaron a bailar. Pronto todos estaban bailando.

Giraban juntos vertiginosamente, dando vuelta tras vuelta, y la joven bruja saltaba tan alto que el Pescador podía ver los tacones escarlata de sus zapatillas.

Entonces, por encima del tumulto de los bailarines, se escuchó el galope de un caballo, pero no se veía caballo alguno, y el joven Pescador sintió miedo.

—¡Más rápido! ¡Más rápido! —gritó la bruja, abrazándolo por el cuello mientras exhalaba su aliento cálido en su rostro.

—¡Más rápido! ¡Más rápido! —volvió a gritar, y la tierra parecía girar bajo los pies del Pescador. La cabeza le daba vueltas y comenzó a sentirse dominado por el terror, como si lo estuviera observando un ser maléfico. Al fin advirtió que, al pie de una roca, había una sombra que antes no estaba allí.

Era un hombre vestido de terciopelo negro, a la manera española; tenía el rostro pálido, y sus labios eran altivos como una flor roja. Estaba reclinado contra la roca, como si estuviese muy cansado, y su mano izquierda jugaba distraída con el pomo de la daga que pendía de su cinturón. A su lado, sobre la hierba, había un sombrero emplumado y unos guantes de montar bordados con hilos de oro. Sus manos blancas estaban cubiertas de preciosos anillos, y una capa corta le colgaba del hombro izquierdo. El Pescador no podía verle los ojos, porque sus párpados cansados los velaban.

El joven Pescador no podía apartar la mirada de aquella figura, como si estuviera víctima de un sortilegio. Al fin, sus ojos se encontraron, y parecía que lo seguían dondequiera que lo llevara la danza. Entonces escuchó reír a la bruja, y tomándola de la cintura, giraron y giraron locamente.

De pronto, un perro ladró en el bosque, y los bailarines se detuvieron y fueron acercándose de dos en dos para besar las manos del hombre. Mientras lo hacían, una sonrisa se dibujó levemente en sus labios altivos. Pero había cierto desdén en su gesto, y los ojos del hombre continuaban fijos en el joven Pescador.

—¡Ven, adorémoslo! —murmuró la bruja, tironeándolo hacia adelante.

El Pescador sintió un gran deseo de hacer lo que ella le pedía y la siguió. Pero cuando estuvo cerca del hombre, sin saber por qué, hizo la señal de la cruz, invocando el Nombre Santo.

Al instante, las brujas emprendieron vuelo, chillando como halcones, y el rostro pálido que lo había estado observando se contrajo con un espasmo de dolor. El hombre se dirigió al bosque y silbó. Un corcel con arreos de plata corrió a su encuentro. El hombre saltó sobre la silla, se volvió y miró tristemente, por última vez, al joven Pescador.

La bruja de cabellos rojos también trató de levantar el vuelo, pero el Pescador la sujetó fuertemente por las muñecas.

—¡Suéltame! —gritó ella—. ¡Déjame ir, porque has nombrado lo que no debería nombrarse y has hecho el signo que no debe verse!

—¡No! —replicó él—. No te dejaré ir hasta que me hayas dicho el secreto.

—¿Qué secreto? —preguntó ella, forcejeando como un gato montés y mordiéndose los labios, blancos de espuma.

—¡Lo sabes muy bien! —dijo el joven.

Los ojos de la bruja, verdes como el pasto, centellearon de lágrimas, y dijo:

—¡Pídeme lo que quieras, menos eso!

Pero él se echó a reír y la sujetó con más fuerza.

Y cuando ella vio que no podía escapar, le susurró al oído:

—¿No te parece que soy tan bella como las hijas del mar, tan seductora como las que viven bajo las aguas azules?

Lo miraba cariñosamente, acercando su rostro al del joven.

Pero el Pescador la rechazó, frunciendo el ceño, mientras decía:

—Si no cumples la promesa que me hiciste, tendré que matarte por ser una bruja falsa y mentirosa.

Ella palideció, tomando el color gris lívido de la flor del árbol de Judas y, estremeciéndose, le señaló:

—Será como quieres. Es tu alma y no la mía. Haz con ella lo que te plazca.

Y se descolgó del cinturón un cuchillo pequeño, con mango de piel de víbora verde, y se lo entregó. En la hoja centelleaban misteriosas runas.

—¿Y para qué me va a servir esto? —preguntó el Pescador sorprendido.

Ella calló todavía por un instante y una sombra de terror cruzó su rostro. Luego sonrió extrañamente, sacudió su cabellera roja y agregó:

—Lo que los hombres llaman la sombra del cuerpo no es la sombra del cuerpo, sino el cuerpo del alma. Ponte de pie en la playa, de espaldas a la luna, y con este cuchillo corta, desde tus pies, tu sombra, que es el cuerpo de tu alma, y ordénale que se vaya. Así tendrá que hacerlo.

El joven Pescador se estremeció de placer.

—¿Es verdad lo que me dices? —murmuró.

—Es cierto, y quisiera no habértelo dicho nunca —murmuró ella, llorando, y se abrazó a sus rodillas.

Pero el Pescador la rechazó de nuevo y la hizo caer sobre la hierba espesa. Luego se guardó el cuchillo en el cinturón, caminó hasta el borde de la cima e inició el descenso.

Y su alma, que estaba dentro de él y había escuchado todo, lo llamó para decirle, apesadumbrada:

—Escucha, he vivido contigo todos estos años y siempre estuve a tu servicio. No me arrojes ahora… ¿qué mal te he hecho?

Y el joven Pescador se echó a reír:

—No me has hecho ningún daño, pero no te necesito. El mundo es ancho, hay Cielo e Infierno, y esa sombría mansión crepuscular que se extiende entre ambos. Ve adonde quieras, pero no me importunes, porque mi amor me está llamando.

El alma suplicó, llorosa, pero el Pescador, sin hacerle caso, bajó saltando de risco en risco, tan seguro de pies como una cabra. Por fin llegó a la playa amarillenta junto al mar.

Recio y bronceado, como una estatua esculpida por un griego, se alzó sobre la arena, de espaldas a la luna; y, desde la espuma, surgieron, llamándolo, unos brazos blancos, y de las olas se levantaron formas indecisas, rindiéndole homenaje.

Delante de él yacía su sombra, que era el cuerpo de su alma, y detrás, en el aire, colgaba la luna color miel.

Su alma todavía le dijo:

—Si realmente quieres echarme, no me despidas sin corazón. El mundo es cruel, dame tu corazón para llevarlo conmigo.

Pero el Pescador, moviendo la cabeza, sonrió:

—¿Cómo voy a amar a mi amor si te doy mi corazón?

—Sé generoso —insistió el alma—. Dame tu corazón, que el mundo es muy cruel y tengo miedo.

—Mi corazón es de mi amor —dijo él—. No seas porfiada y vete.

—¿Y no podré amar yo también? —preguntó su alma.

—¡Ándate, te digo! Yo no te necesito para nada.

Y tomó el cuchillo con mango de piel de víbora verde, y recortó su sombra alrededor, a partir de sus pies. Y la sombra se irguió y quedó en pie delante de él, siendo exactamente igual a él.

Dando un paso atrás, el Pescador se guardó el cuchillo en el cinturón y sintió un temor que se adentraba en lo más profundo de su ser.

—¡Ahora vete! —murmuró—. ¡Que no vuelva yo a ver tu rostro!

—No —dijo el alma—. Es necesario que nos encontremos de nuevo —su voz era llorosa y aflautada, y sus labios apenas se movían al hablar.

—¿Cómo nos encontraremos? —dijo el Pescador—. ¿No estarás pensando seguirme a las profundidades del mar?

—Todos los años vendré una vez a este mismo lugar y te llamaré —dijo el alma—. Tal vez me necesites.

—¿Para qué te habría de necesitar? —protestó el joven Pescador—. En fin, haz lo que quieras.

Y se sumergió en el agua. Y los tritones soplaron sus caracolas, y la sirenita nadó para encontrarlo y lo abrazó, besándolo en los labios.

Y el alma, de pie en la playa solitaria, los miraba. Y cuando desaparecieron en el mar, se marchó llorando a través de las marismas.

Cuando transcurrió un año, el alma vino a la orilla del mar y llamó al joven Pescador. Él subió desde las profundidades y le preguntó con fastidio:

—¿Por qué me llamaste?

Y el alma respondió:

—Acércate más, para que pueda hablar contigo, porque he visto cosas maravillosas.

El Pescador se acercó a la orilla, se tendió sobre el agua y escuchó con la cabeza apoyada en la mano.

Y el alma le relató:

—Cuando nos separamos, miré hacia el Oriente y caminé hacia allá, pues del Oriente viene toda la sabiduría. Caminé durante seis días, y al amanecer del séptimo llegué a una colina que se encuentra en el país de los tártaros. Tuve que sentarme a la sombra de un tamarindo, porque el país era seco y el calor me abrasaba. La gente iba y venía, como moscas arrastrándose por una bandeja de cobre bruñido.

Al mediodía, se levantó una nube de polvo, y apenas la divisaron los tártaros, prepararon sus arcos, saltaron sobre sus caballos y galoparon hacia ella. Las mujeres subieron chillando a los carros y se escondieron tras las cortinas de fieltro.

"Los tártaros volvieron al caer la tarde; faltaban cinco de ellos, y muchos de los que regresaban estaban heridos. Subieron a los carros y se alejaron velozmente. Cuando salió la luna, vi los fuegos de un campamento y me dirigí hacia allá. Era una caravana de mercaderes, sentados en sus alfombras alrededor de una fogata.

"Al acercarme, su jefe se levantó y, desenvainando la espada, me preguntó qué quería.

"Respondí que en mi país yo era un príncipe y que había huido de los tártaros que me llevaban prisionero. El jefe sonrió, mostrándome cinco cabezas clavadas en varas de bambú.

"Luego me preguntó quién era el profeta de Dios, y yo le dije que Mahoma.

"Al oírme pronunciar el nombre del falso profeta, me tomó de la mano y me hizo sentar a su lado. Un negro me trajo leche de yegua y un trozo de cordero asado.

"Continuamos el viaje al salir el sol. Yo cabalgaba en un camello al lado del jefe, y un esclavo corría delante de nosotros agitando una lanza. Nos seguían los hombres de armas, desplegados a uno y otro lado, y detrás, las mulas con las mercancías.

"Cabalgamos durante mucho tiempo. Del país de los tártaros pasamos al país de los que odian a la Luna, donde vimos los grifos custodiando su oro sobre rocas blancas y los dragones cubiertos de escamas durmiendo en sus cavernas. Cuando cruzamos las montañas, conteníamos el aliento por miedo a que las nieves cayeran sobre nosotros. Al pasar por los valles, los pigmeos nos lanzaron flechas desde los huecos de los árboles, y durante la noche escuchamos los tambores de los salvajes. Cuando llegamos a la Torre de los Monos, les ofrecimos fruta y no nos hicieron daño. Cuando alcanzamos la Torre de las Serpientes, les ofrecimos leche tibia y nos dejaron pasar, mirándonos con sus ojos inescrutables.

"Los señores de cada ciudad nos exigían tributos de paso, pero no nos abrían sus puertas. Nos arrojaban pan, pastelillos de harina cocidos en miel y pasteles de cebada rellenos con dátiles desde lo alto de sus muros.

"Cuando los habitantes de las aldeas nos veían acercarnos, envenenaban sus pozos y escapaban a la cumbre de los cerros. Luchamos con los magdenses, que nacen viejos y se rejuvenecen año tras año hasta que mueren niños; con los lactros, que se dicen hijos de los tigres y se pintan de negro y amarillo; y con los aurantes, que sepultan a sus muertos en los árboles y viven en oscuras cavernas por miedo a que el sol, que es su dios, les quite la vida.

"Un tercio de nuestra caravana murió peleando, y un tercio pereció de hambre. El resto murmuraba en contra mía, diciendo que les había traído la mala suerte. Entonces tomé una víbora de debajo de una piedra y la dejé que me mordiera. Cuando vieron que no me pasaba nada, sintieron temor, pero no me amaron.

"Tras cuatro meses de viaje agobiante, llegamos a la ciudad de Illiel. Era de noche y, al amanecer, llamamos a sus inmensas puertas. Los centinelas preguntaron qué queríamos, y nosotros respondimos que veníamos de la isla de Siria con gran cantidad de mercancías. Ellos nos dijeron que abrirían las puertas al mediodía.

"Y así lo hicieron; abrieron las puertas cuando el sol estaba en el cenit y, apenas entramos, la gente acudió a vernos, y un pregonero recorrió la ciudad. Nos detuvimos en el mercado, donde los mercaderes mostraron los lienzos encerados de Egipto, las telas pintadas de los etíopes, las esponjas purpúreas de Tiro y los tapices azules de Sidón.

"El primer día vinieron a comprar los sacerdotes, al segundo los nobles y al tercero los artesanos y los esclavos.

"Permanecimos allí toda una luna hasta que, hastiado, me puse a vagar por las calles de la ciudad. Así llegué al jardín de su dios. Los sacerdotes, vestidos de amarillo, paseaban silenciosos entre los árboles verdes, y sobre un pavimento de mármol negro se alzaba el palacio rosado que sirve de mansión al dios.

"Uno de los sacerdotes me preguntó qué deseaba.

"Le respondí que quería ver al dios.

"—El dios ha ido de cacería —dijo el sacerdote, mirándome con sus ojos oblicuos.

"—Dime a qué selva ha ido, pues quiero cabalgar con él —respondí.

"El sacerdote peinó los flecos de su túnica con sus uñas puntiagudas y replicó:

"—El dios está durmiendo.

"—Dime en qué lecho, y velaré su sueño —repliqué.

"—El dios está en la fiesta —gritó el sacerdote.

"—Si el vino es dulce, beberé con él, y si es amargo, beberé también —contesté.

"El sacerdote, asombrado, me tomó de la mano y me condujo al templo.

"En la primera cámara había un ídolo sentado en un trono de jaspe. Era de ébano tallado y tenía la estatura de un hombre. Llevaba un rubí en la frente, y sus pies estaban enrojecidos por la sangre de un cabrito recién degollado.

"Le pregunté al sacerdote:

"—¿Es este el dios?

"Y él me respondió:

"—Este es el dios.

"—Enséñame al dios —grité—, o te mataré sin vacilar.

"Y le toqué la mano, que se marchitó enseguida.

“El sacerdote me imploró, diciendo:

“—Cure mi señor a su siervo y le mostraré al dios.

“Le soplé en la mano y se curó de inmediato. Temblando, me condujo a un segundo aposento, donde había un ídolo de pie sobre un loto de jade. Era todo de marfil y el doble de la estatura de un hombre. Tenía un crisólito en la frente, y sus pechos estaban ungidos de mirra y cinamomo.

“Yo interrogué al sacerdote:

“—¿Es este el dios?

“Y él me respondió:

“—Este es el dios.

“—Enséñame al dios —rugí—, o te mataré sin vacilar.

“Y le toqué los ojos, que quedaron ciegos.

“El sacerdote me suplicó, diciendo:

“—Cure mi señor a su siervo, y le mostraré al dios.

“Le soplé en los ojos, y la vista volvió a ellos. Temblando de pavor, el sacerdote me llevó entonces a una tercera estancia. Allí, ¡oh maravilla!, no había ídolo ni imagen alguna, sino solamente un espejo redondo de metal, colocado encima de un altar de piedra.

“Y dije al sacerdote:

“—¿Dónde está el dios?

“Y él me contestó:

“—No hay más dios que este Espejo, que es el Espejo de la Sabiduría. Todas las cosas del cielo y de la tierra las refleja, excepto el rostro de quien se mira en él. No lo refleja para que el que mire pueda ser sabio. Todos los demás espejos son espejos de la opinión. Solo este es el Espejo de la Sabiduría. Quienes poseen este Espejo lo saben todo, y no hay nada oculto para ellos. Y quienes no lo poseen, no adquieren la Sabiduría. Este es el dios que adoramos nosotros.

“Miré el espejo, y era tal como él me había dicho.

“Hice entonces una cosa muy singular… No viene al caso que te lo diga, pero en un valle que está a solo un día de camino, tengo escondido el Espejo de la Sabiduría. Permíteme que vuelva a entrar en ti para servirte, y serás más sabio que todos los sabios, y tuya será la Sabiduría. Permíteme entrar en ti, y no habrá nadie tan sabio como tú.

El joven Pescador se echó a reír.

—El amor es mejor que la sabiduría —exclamó—, y la sirenita me ama.

—Te equivocas, no hay nada mejor que la sabiduría —dijo el alma.

—El amor es mejor —repitió el joven Pescador, y volvió a sumergirse en las honduras del mar, mientras el alma se alejaba llorando a través de las marismas.

Cuando el segundo año hubo transcurrido, llegó el alma a la orilla del mar y llamó al joven Pescador. Una vez más, este subió desde las profundidades y preguntó:

—¿Para qué me has llamado?

Y el alma repuso:

—Acércate más, para poder hablar contigo, porque he visto cosas maravillosas.

Y él se acercó a la orilla y, echado sobre el agua, escuchó con la cabeza apoyada en la mano.

El alma dijo entonces:

—Cuando nos separamos, miré hacia el Mediodía y caminé hacia allá. Del Mediodía viene todo lo que hace riqueza. Caminé seis días por las sendas que conducen a la ciudad de Aster y, al amanecer del día séptimo, divisé la ciudad a mis pies, en el fondo de un valle.

"En los muros de la ciudad hay nueve puertas, y en cada una de ellas hay un caballo de bronce que relincha cuando los beduinos bajan de la montaña. Sus murallas están cubiertas de cobre y, en cada una de sus torres, hace guardia un arquero. Cuando sale el sol, disparan una flecha contra un gong, y al ponerse el sol, tocan una bocina de cuerno.

"Quise entrar, y los centinelas me preguntaron quién era. Repliqué que era un derviche en camino hacia la Meca, donde está la roca Kaaba y sobre ella hay un velo negro con el Corán bordado en letras de oro por mano de los ángeles. Ellos quedaron maravillados y me rogaron que entrara.

"Dentro de esa ciudad, todo es un bazar. ¡Lástima que no estuvieras conmigo! Los mercaderes se sientan en el umbral de sus tiendas sobre tapices de seda. Tienen barbas negras y turbantes cubiertos de broches de oro. Algunos venden gálbano y nardo, extraños perfumes de las Indias, aceite de rosa, jugo cristalizado de las hojas de un árbol y florecillas de clavel de olor. Otros venden brazaletes de plata incrustados con turquesas azules, colgantes de perlas, garras de tigre engarzadas en oro, arracadas de esmeralda y anillos de jade. De las casas de té llega el sonido del laúd, y los fumadores de opio, con sus blancos rostros sonrientes, miran pasar a los viandantes.

"Es una lástima que no estuvieras conmigo. Los vendedores de vino llevan grandes pellejos negros a la espalda. Casi todos venden vino de

Chiraz, que es dulce como la miel, y lo sirven en tacitas de metal con pétalos de rosas. Un día vi pasar por allí un elefante. Llevaba el cuerpo pintado con bermellón y cúrcuma. Se detuvo frente a una de las tiendas y se puso a comer naranjas mientras el dueño reía. ¡Qué gente tan extraña! Cuando están contentos, van donde un vendedor de pájaros, compran un centenar de ellos y los dejan libres para aumentar su alegría; y cuando están tristes, se azotan con espinos para que su tristeza sea mayor.

"Es de verdad una pena que no estuvieses conmigo. En la fiesta de la Luna Nueva, el joven Emperador salió de su palacio para ir a rezar a la mezquita. Llevaba la barba y los cabellos cubiertos con pétalos de rosas, y las mejillas cubiertas con oro pulverizado.

"Salió de su palacio al amanecer con una vestidura de plata, y al atardecer volvió con otra vestidura de oro. La gente se arrojaba al suelo, ocultando sus rostros, excepto yo, que no quise imitarlos. Me mantuve de pie junto al mesón de un vendedor de dátiles, esperando.

"Al verme, el Emperador se detuvo. Pero yo continué inmóvil, sin rendirle homenaje. La gente se maravilló de mi audacia y me aconsejaron que huyera de la ciudad. Pero no les hice caso, y fui a sentarme con los vendedores de dioses extranjeros, que por su oficio son abominados. Cuando les dije lo que había hecho, me regalaron dioses, pero me suplicaron que me alejase de ellos.

"Aquella noche, mientras dormía entre almohadones, en una casa de té que hay en la calle de las Granadas, entraron los guardias del Emperador y me llevaron al palacio. Apenas entré, cerraron las puertas y las aseguraron con cadenas. En el interior había un vasto patio, los muros eran de alabastro blanco, adornados con azulejos verdes y azules. Las columnas eran de mármol verde, y el pavimento de un mármol color damasco. Nunca había visto nada similar.

"Cuando atravesé el patio, dos mujeres veladas me maldijeron desde una galería. Los guardias abrieron una puerta de marfil labrado y me encontré en un patio dispuesto en siete terrazas. Estaba lleno de maceteros con tulipanes, girasoles y áloes. En el centro se abría un surtidor de agua, rodeado de cipreses que parecían antorchas apagadas, y en cada uno de ellos cantaba un ruiseñor.

"Al acercarnos a un pequeño pabellón que se levantaba al extremo del jardín, salieron dos eunucos a nuestro encuentro. Sus cuerpos obesos se balanceaban al caminar y me miraban de soslayo, con ojos de párpados amarillentos.

"Entonces, el capitán de la guardia me indicó la entrada del pabellón. Entré apartando la cortina.

"El joven Emperador estaba reclinado sobre un lecho cubierto de pieles de león. Detrás de él se erguía un nubio, desnudo hasta la cintura, con turbante de bronce y pesados aretes. Encima de una mesa, al lado del lecho, descansaba un gran alfanje de acero.

"Cuando me vio, el Emperador frunció el ceño y me dijo:

"—¿Cuál es tu nombre? ¿Acaso no sabes que soy el Emperador de esta ciudad?

"Pero yo no le contesté.

"Entonces el Emperador señaló la cimitarra con el dedo, y el nubio la empuñó y, abalanzándose sobre mí, me asestó un tajo terrible. La hoja pasó zumbando a través de mi cuerpo, pero no me hizo daño alguno. El verdugo rodó por tierra y, al levantarse, sus dientes castañeteaban de terror. Corrió a protegerse tras el lecho.

"El joven Emperador se levantó, tomó una lanza y la arrojó contra mí. Pero yo la cogí al vuelo y la quebré en dos pedazos. Entonces él me disparó una flecha, pero levanté las manos y la detuve en el aire. Luego desenvainó una daga y apuñaló la garganta del nubio para que no pudiese contarle a nadie la afrenta que había recibido. El esclavo se retorció como una serpiente, y la roja espuma le salió a borbotones entre los labios.

"Al verlo ya muerto, el Emperador se volvió hacia mí y, después de secarse el sudor con una toalla de seda carmesí, me dijo:

"—¿Eres acaso un profeta, que no puedo herirte, o el hijo de un profeta, que no puedo dañarte? Te ruego que salgas de mi ciudad esta noche, porque mientras estés aquí, yo ya no seré el Señor.

"Y yo le respondí:

"—Quizás acepte marcharme, pero a cambio de la mitad de tus tesoros. Dame la mitad de tus tesoros y me iré de tu ciudad.

"El Emperador me tomó de la mano y me guió fuera del jardín. Cuando me vio el capitán de la guardia, se maravilló. Cuando los eunucos me vieron, les temblaron las rodillas y cayeron al suelo.

"Hay en el Palacio una habitación que tiene ocho paredes de pórfido rojo y un techo artesonado de bronce, del que cuelgan las lámparas. El Emperador tocó una de las paredes y esta se abrió. Bajamos entonces por un corredor iluminado por antorchas. En nichos, a uno y otro lado, había grandes cántaros, llenos hasta el borde de monedas de plata. Cuando llegamos al centro del corredor, el Emperador dijo la palabra que no puede ser dicha y giró una puerta de granito. Él se cubrió el rostro con las manos, por temor a que sus ojos quedaran deslumbrados.

"No puedes imaginar qué sitio tan maravilloso. Había grandes conchas de tortuga rebosantes de perlas y selenitas de gran tamaño amontonadas con rubíes rojos. El oro estaba almacenado en arcas de piel de elefante, y el oro en polvo en botellas de cuero de bestias marinas. Había ópalos y zafiros; los primeros en copas de cristal, los segundos en copas de jade. Ordenadas en bandejas de marfil había esmeraldas verdes, y en un rincón, grandes sacos de seda, unos con turquesas y otros con berilos. Y aún no he podido decirte ni la décima parte de lo que allí había. Cuando el Emperador apartó las manos de su rostro, me expresó:

"—Este es mi tesoro, y tal como te prometí, la mitad de él es tuya. Y te daré camellos y camelleros para que lleves tu parte a cualquier lugar del mundo que se te antoje. Y todo quedará hecho esta misma noche, pues no quiero que el Sol, que es mi padre, vea que en mi ciudad hay un hombre al que no puedo matar.

"Pero yo le respondí:

"—El oro que hay aquí es tuyo, y también es tuya la plata, y tuyas las piedras preciosas. No los necesito para nada, ni aceptaré otra cosa tuya que ese anillo que llevas en el dedo.

"Y el Emperador frunció el ceño y exclamó:

"—Es una sortija de plomo, sin ningún valor. Toma la mitad del tesoro y vete.

"—No —repliqué—, solo aceptaré ese anillo de plomo, porque sé muy bien lo que hay escrito por dentro y con qué fin.

"Y el Emperador tembló y me imploró, diciendo:

"—Toma el tesoro entero, pero vete de mi ciudad. La mitad mía también será tuya.

"Y entonces hice una cosa muy singular... Pero no importa lo que hice, porque en una gruta, que está solo a un día de camino, tengo escondido el Anillo de la Riqueza. Un día de marcha nada más. Quien posee ese anillo es más rico que todos los reyes de la tierra. Ven, tómalo, y todas las riquezas del mundo serán tuyas.

Pero el joven Pescador se echó a reír:

—El amor es mejor que la riqueza —exclamó—, y la sirenita me ama.

—No, no hay nada mejor que la riqueza —insistió el alma.

—El amor es mejor —replicó el joven Pescador.

Y volvió a hundirse en las profundidades, mientras el alma partía llorando a través de las marismas.

Pasado el tercer año, el alma regresó a la orilla del mar y llamó al joven Pescador. Este subió desde las profundidades y dijo:

—¿Para qué me llamas?

Y el alma le dijo:

—Acércate más para que pueda hablar contigo, porque he visto cosas maravillosas.

Él se acercó a la orilla y, echado sobre el agua, escuchó con la cabeza apoyada en la mano.

El alma le contó:

—En una ciudad que conozco hay una posada a la orilla de un río, donde estuve en compañía de unos marineros que bebían vinos de dos colores y comían pan de cebada con pescaditos salados, servidos en hojas de laurel con vinagre. Nos divertíamos allí cuando entró un viejo con una alfombra de cuero y un laúd que tenía dos cuernos de ámbar. Extendió el tapiz en el suelo y comenzó a tocar el laúd con la punta de una pluma. Entonces entró corriendo una muchacha con el rostro cubierto por un velo y comenzó a bailar ante nosotros. Tenía cubierto el rostro, pero los pies estaban desnudos. Sus pies descalzos se agitaban sobre el tapiz como dos pichones blancos. Jamás, en ninguno de mis viajes, vi nada tan maravilloso. Y la ciudad donde baila queda solo a una jornada de aquí.

Cuando el joven Pescador oyó las palabras de su alma, recordó que la sirenita no tenía pies y no podía danzar. Y se apoderó de él un gran deseo, y se dijo:

—Puesto que solo queda un día de camino, luego puedo volver al lado de mi amor.

Riendo, se puso de pie y caminó a grandes pasos hacia la orilla.

Al llegar a tierra firme volvió a reír y extendió los brazos hacia su alma. Y su alma lanzó un gran grito de alegría, corrió a su encuentro y penetró en él; y el joven Pescador vio delante de sí, sobre la arena, esa sombra del cuerpo que es el cuerpo del alma.

Y su alma le dijo:

—Ven, alejémonos de aquí ahora mismo, pues los dioses del mar son muy celosos y tienen monstruos que obedecen sus mandatos.

Se apresuraron y caminaron toda aquella noche bajo la luna, y todo el día siguiente bajo el sol. Al atardecer, llegaron a una ciudad.

Entonces el joven Pescador preguntó a su alma:

—¿Es esta la ciudad donde danza la muchacha de quien me hablaste?

Y su alma contestó:

—No, no es esta ciudad, es otra. Sin embargo, entremos.

Y entraron, y vagaron por las calles. Al pasar por el barrio de los joyeros, el joven Pescador se fijó en una copa de plata que estaba expuesta en una tienda. Y su alma le dijo:

—Toma esa copa de plata y escóndela.

Él tomó la copa y la escondió entre los pliegues de su capa. Luego, precipitadamente, salieron de la ciudad.

Cuando estuvieron a una legua de la ciudad, el joven Pescador frunció el ceño, arrojó lejos la copa y le dijo a su alma:

—¿Por qué me dijiste que tomara esa copa y la ocultara, siendo eso, como es, una acción vil?

Pero su alma le respondió:

—Cálmate, tranquilízate…

Al anochecer del segundo día, llegaron a otra ciudad, y el joven Pescador preguntó a su alma:

—¿Es esta la ciudad donde baila la muchacha de quien me hablaste?

Y su alma le contestó:

—No, no es esta ciudad, es otra. Sin embargo, entremos.

Y entraron y comenzaron a vagar por las calles. Al pasar por el barrio de los vendedores de sandalias, el joven Pescador vio a un niño que estaba de pie, cargando un cántaro de agua. Y su alma le dijo:

—Pégale, hazlo caer.

Y él le pegó al niño hasta hacerlo caer, llorando. Luego escaparon de la ciudad.

Y cuando estuvieron a una legua de la ciudad, el joven Pescador se irritó y dijo a su alma:

—¿Por qué me hiciste pegarle a ese niño, siendo eso, como es, una acción vil?

Pero su alma le respondió:

—Cálmate, tranquilízate…

Al amanecer del tercer día llegaron a otra ciudad, y el joven Pescador preguntó a su alma:

—¿Es esta la ciudad donde baila la muchacha de quien me hablaste?

Y su alma le contestó:

—Sí, quizás sea esta la ciudad. Entremos a ver.

Y entraron y recorrieron las calles. Pero en ningún sitio les fue posible encontrar el río ni la posada que se levantaba a orillas del río. Y la gente de la ciudad lo miraba con extrañeza, y el joven Pescador se atemorizó y le dijo a su alma:

—Vámonos de aquí, porque la muchacha que baila con pies blancos no está en esta ciudad.

Pero su alma le contestó:

—No, quedémonos en esta ciudad, porque la noche está oscura y puede haber ladrones en el camino.

Se sentaron entonces a descansar en el mercado, cuando al poco rato pasó un mercader vestido con una capa de paño de Tartaria que llevaba una linterna en el extremo de una caña.

El mercader le dijo:

—¿Por qué te sientas en el mercado cuando las tiendas ya están cerradas?

Y el joven Pescador repuso:

—No encontré ninguna posada en esta ciudad y no tengo pariente alguno que me hospede.

—¿Es que acaso no somos todos hermanos? —dijo el mercader—. ¿Acaso no nos hizo a todos el mismo Dios? Ven conmigo, yo tengo en mi casa una habitación para huéspedes.

Y el joven Pescador se levantó y siguió al mercader hasta su casa.

Cuando entraron, después de atravesar un jardín de granados, el mercader le trajo agua de rosas en un lavatorio de cobre para que se lavara las manos, y melones maduros para que apagara su sed, y un plato de arroz con una porción de cabrito asado para que saciara su hambre.

Una vez que hubo acabado de comer, lo llevó a la habitación para alojados y le deseó una buena noche. El joven Pescador le dio las gracias y besó el anillo que su anfitrión llevaba en el dedo. Luego se tendió sobre los tapices de pelo de cabra y, cubierto con pieles de cordero negro, se quedó dormido.

Tres horas antes de salir el sol, cuando todavía era de noche, su alma lo despertó y le dijo:

—Levántate y anda al cuarto del mercader, a la misma habitación donde duerme, y mátalo, y róbale el oro, porque tenemos necesidad de dinero.

El joven Pescador se levantó como sonámbulo y se deslizó sigilosamente hasta la alcoba del mercader. A los pies de su anfitrión había una espada curva y, en un azafate junto a él, nueve bolsas de oro. Extendiendo la mano, el joven Pescador tocó la espada, pero apenas lo hizo, despertó el mercader estremeciéndose y, saltando del lecho, empuñó la espada. Y dijo al joven Pescador:

—¿Vas a devolver el bien con mal y pagar con mi sangre la bondad que he tenido contigo?

Pero su alma le dijo al joven Pescador:

—¡Mátalo!

Entonces el joven Pescador golpeó al mercader y lo hizo perder el sentido. Luego se apoderó de las nueve bolsas de oro y huyó rápidamente atravesando el jardín de los granados, volviendo continuamente el rostro hacia la estrella de la mañana.

Cuando estuvieron a una legua de la ciudad, el joven Pescador se golpeó el pecho y dijo a su alma:

—¿Por qué me ordenaste que asesinara al mercader y le robara su oro? No cabe duda de que eres muy perversa.

Pero su alma le respondió:

—Cálmate, tranquilízate…

—¡No! —gritó el joven Pescador—. No puedo tranquilizarme, porque detesto todo lo que me has obligado a hacer. Y a ti también te detesto, y te ordeno que me expliques por qué me has obligado a actuar de esta manera.

Su alma le contestó entonces:

—Cuando te desprendiste de mí y me lanzaste al mundo, no me diste corazón; así que aprendí a hacer todas estas cosas y a gustar de ellas.

—¿Qué dices? —murmuró el joven Pescador.

—Bien lo sabes —contestó su alma—, lo sabes muy bien. ¿Te olvidaste de que no me diste corazón? Por eso, no te inquietes ni me perturbes a mí. Tranquilízate, porque no hay dolor que no puedas ahuyentar ni placer que no puedas conseguir.

Al oír estas palabras atroces, el joven Pescador tembló y replicó a su alma:

—Eres perversa y malvada, me has hecho olvidar mi amor, me has seducido con tus tentaciones y has encaminado mis pies por la senda del pecado.

Pero su alma replicó con petulancia:

—No olvides que cuando me arrojaste al mundo no me diste corazón. Ven, vamos ya a otra ciudad y divirtámonos, porque tenemos nueve bolsas de oro para gastar.

Esta vez el joven Pescador arrojó al suelo las nueve bolsas de oro y las pisoteó, gritando:

—¡No! ¡No quiero nada contigo, ni viajaré más en tu compañía! Tal como me desprendí de ti una vez, me desprenderé de nuevo ahora, porque no me has hecho más que daño.

Se volvió de espaldas a la luna y, con el cuchillito de mango de piel de víbora verde, trató de recortar, desde sus pies, esa sombra del cuerpo que es el cuerpo del alma.

Sin embargo, ahora el alma no se separó de él ni obedeció su mandato, sino que le dijo:

—El hechizo que te enseñó la bruja ya no te sirve ahora, porque ni yo puedo abandonarte ni tú puedes desprenderte de mí. Solo una vez en la vida un hombre puede separarse de su alma, pero aquel que la ha recibido de nuevo tiene que conservarla consigo para siempre; y este es su castigo y también su recompensa.

El joven Pescador palideció y apretó los puños, gritando:

—¡Fue una bruja malvada, porque eso no me lo dijo!

—No —repuso su alma—, ella fue fiel a Aquel a quien adora y servirá para siempre.

Cuando el joven Pescador comprendió que ya no podría librarse de su alma, que ahora era un alma perversa y que habitaría en él para siempre, cayó en tierra llorando amargamente.

Al amanecer, el joven Pescador se levantó y dijo a su alma:

—Amarraré mis manos para que no te obedezcan, cerraré mis labios para que no repitan tus palabras y volveré al lugar en que vive la sirena que amo. Caminaré de nuevo hacia el mar, hacia la bahía donde ella canta habitualmente, la llamaré y le contaré el mal que he hecho a otros y el mal que tú me has hecho a mí.

Y su alma lo tentó, diciéndole:

—¿Qué tan gran cosa es esa amada tuya para que quieras volver con ella? Hay muchas mujeres en el mundo que son mucho más hermosas. Existen las bailarinas de Samaris, que bailan imitando a las aves y los animales, y llevan los pies teñidos de alheña y cascabeles en las manos. Ellas ríen cuando bailan, y su risa es tan clara como la risa del agua. Ven conmigo y te las mostraré. Porque, ¿para qué te vas a preocupar de eso que tú crees que es pecado? ¿No fueron hechas para el goce las cosas sabrosas de comer? ¿Y acaso hay algún veneno en lo que es dulce de beber? No te perturbes más y ven conmigo a otra ciudad. Muy cerca de aquí se encuentra una ciudad donde hay un jardín de tulipanes poblado de pavos reales blancos y pavos reales de pecho azul. Cuando abren sus colas al sol, son como discos de marfil y como discos de oro. Y la muchacha que los alimenta baila con ellos y, algunas veces, baila sobre sus manos y otras veces baila sobre sus pies. Lleva los ojos pintados con antimonio, y las aletas de su nariz tienen el delicado molde de las alas de la golondrina. De una de ellas cuelga una flor tallada en una perla. Y ríe cuando baila, y los aros de plata que lleva en los tobillos tintinean como campanitas. No te mortifiques más y acompáñame a esa ciudad.

El joven Pescador ya no le contestó a su alma; cerró sus labios con un sello de silencio, amarró sus manos con una cuerda y emprendió el regreso hacia el lugar de donde había venido, hacia la bahía donde su amada cantaba. Aunque su alma lo tentó sin cesar durante todo el camino, el joven Pescador no respondió ni quiso seguir ninguno de sus pérfidos consejos. Tan grande era la fuerza de su amor.

Cuando por fin llegó a la orilla del mar, liberó sus manos de la cuerda, levantó de sus labios el sello de silencio y llamó a la sirenita. Pero esta vez ella no acudió a su llamado, a pesar de que él estuvo allí implorando todo el día.

Su alma se burlaba ahora y le decía:

—Poca es la alegría que te produce tu amor. Eres como aquel que, en tiempos de sequía, guarda su agua en un cántaro roto. Das lo que tienes y no recibes nada a cambio. Mejor será que te vengas conmigo, porque yo sé dónde está el valle de los Placeres y las cosas que pasan allí.

El joven Pescador siguió sin responder a su alma y, en una quebrada de la roca, se construyó una cabaña y habitó allí todo un año. Cada mañana llamaba a la sirenita, y todas las tardes la volvía a llamar, y pasaba las noches repitiendo su nombre.

Pero ella no salió del agua, jamás acudió a su encuentro y tampoco pudo encontrarla en ningún lugar del mar, a pesar de que la buscó en las grutas y en el agua verde, en las charcas de la marea y en los pozos que hay en las profundidades.

Y sin cesar, su alma lo tentaba, susurrándole cosas terribles. Pero no consiguió vencerlo, tan grande era la fuerza de su amor.

Y cuando pasó todo un año, pensó el alma:

—He tentado a mi dueño con el mal, y su amor es más fuerte que yo. Ahora voy a tentarlo con el bien, y quizás venga conmigo.

Habló entonces al joven Pescador, diciéndole:

—Te he referido los placeres del mundo y no me has escuchado. Déjame ahora que te hable del dolor del mundo y acaso quieras oírme. Porque, en verdad, el dolor es el rey del mundo, y no hay nadie que pueda escapar de sus redes. A unos les falta ropa y a otros no les queda pan. Hay viudas que se visten de púrpura y hay viudas que se visten de harapos. A través de los pantanos caminan los leprosos y son crueles unos con otros. De aquí para allá van los mendigos por los caminos con sus bolsillos vacíos. Por las calles de las ciudades pasea el Hambre y la Peste se estaciona en las puertas. Ven, vamos a remediar todo eso. ¿Para qué vas a quedarte aquí, llamando día y noche a tu amada, si ves que no viene nunca? ¿Qué tanto valor tiene ese amor tuyo para que le des tanta importancia?

Nuevamente el joven Pescador no quiso contestarle; tan grande era la fuerza de su amor. Y siguió llamando a la sirenita cada mañana, y todas las tardes la volvía a llamar, y pasaba las noches repitiendo su nombre. Sin embargo, ella nunca salió del agua para encontrarlo, ni tampoco pudo hallarla en ningún lugar del mar, a pesar de que la buscó en las corrientes y en los valles que hay debajo de las olas; la buscó en el mar que al atardecer se tiñe de rojo y en el mar que al amanecer se vuelve gris.

Cuando el segundo año transcurrió, una noche su alma dijo al joven Pescador, mientras estaba sentado en la cabaña:

—Te he tentado con el mal y te he tentado con el bien, pero tu amor es más fuerte que yo. No voy a volver a tentarte, pero te ruego que me dejes entrar en tu corazón, para ser de nuevo uno contigo, como fuimos antes.

—Por cierto que puedes entrar —dijo el joven Pescador—, porque en los días que vagaste por el mundo sin corazón, has tenido que sufrir mucho.

—¡Ay! —chilló el alma—. No hay sitio para mí en tu corazón, está repleto de amor.

—Yo quisiera ayudarte —dijo el joven Pescador.

En ese instante, un gran grito de duelo llegó del mar, como el grito que escuchan los hombres cuando muere un hijo del Mar.

El joven Pescador se puso en pie de un salto y corrió hacia la orilla. Las olas sombrías se precipitaron hacia la playa, trayendo una carga más blanca que la plata. Blanca como la espuma y semejante a una flor flotante sobre las olas encrespadas de negro. La marejada la arrancó de las olas, la espuma la arrancó de la marejada, la playa la recibió… y el joven Pescador vio tendido a sus pies el cuerpo de la sirenita. La sirenita estaba muerta a sus pies.

Con el corazón deshecho de dolor, el joven Pescador se echó sobre la arena, junto a la sirenita, y besó el rojo frío de su boca, y acarició el ámbar mojado de su cabellera. Se echó junto a la sirenita, llorando como quien tiembla de alegría, y la estrechó contra su pecho. Estaban fríos sus labios, pero él los besó. Estaba salada la miel de su carne, pero él la saboreó con cruel alegría.

Y habló con el cadáver. En las conchas de las orejas de la sirenita vertió el vino agrio de su historia. Puso las manos de ella alrededor de su cuello y, con sus dedos, le acarició la garganta delicada. Amarga, amarga era su alegría, y lleno de una extraña plenitud era su dolor.

El mar negro se acercaba hinchándose, y la blanca espuma gemía como un leproso. Con blancas manos de espuma, el mar se aferraba a la playa. Y del palacio del Rey del Mar se escuchó de nuevo el grito de dolor, y a lo lejos en alta mar, los tritones soplaron roncamente sus caracolas.

—Retírate —le advirtió su alma—, porque el mar se acerca cada vez más; si te demoras, vas a morir. Retírate a un lugar seguro. ¿No querrás enviarme al otro mundo sin corazón?

Pero el joven Pescador no la escuchaba. Llamaba a la sirenita y le decía:

—El amor es mejor que la sabiduría, y más precioso que las riquezas, y más bello que los pies de las hijas de los hombres. Al amor no lo consume el fuego, ni el agua puede apagarlo. Yo te llamaba al amanecer, y tú no acudiste a mi llamado. La luna oyó tu nombre, pero tú no escuchaste. Porque yo te había abandonado, y para mi daño vagué muy lejos de ti. Sin embargo, tu amor fue siempre conmigo a todas partes, y siempre fue poderoso, y nada prevaleció contra él, a pesar de que contemplé el mal y contemplé el bien. Y ahora que tú estás muerta, yo quiero también morir contigo.

Su alma le suplicaba que se retirase, pero él no quiso hacerlo; tan grande era su amor. Y el mar se acercó cada vez más y trató de cubrirlo con sus olas. Y cuando él supo que su muerte estaba próxima, besó con labios frenéticos los labios fríos de la sirenita, y su corazón se hizo pedazos. Y como la plenitud de su amor hizo estallar su corazón, el alma encontró una abertura, y por allí entró, y fue de nuevo una sola con el joven Pescador, tal como antes. Entonces, las sombrías olas del mar cubrieron al joven Pescador.

A la mañana siguiente, el sacerdote salió para bendecir el mar que había estado tormentoso, y con él venían los monjes y los músicos, y los acólitos llevando cirios, y una gran muchedumbre.

Cuando alcanzaron la orilla, el sacerdote vio al joven Pescador, ahogado sobre la playa con el cuerpo de la sirenita estrechamente abrazado. Y retrocedió frunciendo el ceño; y después de hacer la señal de la cruz, anunció con resentimiento:

—¡No bendeciré al mar, ni a nada de lo que encierra! ¡Malditos sean los hijos del Mar, y malditos los que tienen relaciones con ellos! Y en cuanto a este joven Pescador, que por causa del amor olvidó a su Dios y yace así, fulminado por el juicio de Dios, tomen su cuerpo y el cuerpo de su amante impía, y entiérrenlos al final del Campo de los Retamos, y no pongan encima marca ni señal alguna, para que nadie sepa el lugar donde descansan, porque fueron malditos en vida, y malditos son también en la eternidad de la muerte.

La gente le obedeció, y al final del Campo de los Retamos, en un sitio donde no crecía hierba, cavaron un profundo foso, y allí depositaron los cadáveres.

Cuando hubo pasado el tercer año, llegado el día de la gran fiesta, subió el cura a la parroquia para mostrarle al pueblo las llagas del Señor y hablar de la cólera divina.

Después de vestirse con sus paramentos sacerdotales, cuando entró y se inclinó ante el altar, vio que estaba todo cubierto de extrañas flores fragantes, que jamás había visto anteriormente. Eran muy singulares, y su rara belleza lo turbó, y el aroma fue dulce para su olfato, sugerente de nostalgias que jamás se cuajarían en recuerdos. Y se sintió alegre, sin saber por qué.

Después de abrir el tabernáculo, incensar la custodia que había dentro, demostrar la Santa Forma al pueblo y esconderla otra vez detrás del velo de los velos, comenzó a hablar al pueblo. Se había propuesto hablarles de la cólera divina. Pero la belleza de las flores blancas lo turbaba, su perfume era tan grato a su olfato, que otras palabras comenzaron a brotar de sus labios. Así, no habló de la ira de Dios, sino del Amor de Dios. ¿Y por qué hablaba así? No lo sabía.

Al término de su prédica, la gente lloraba, y el propio cura volvió a la sacristía con los ojos llenos de lágrimas.

Desde entonces, nunca más volvieron a crecer flores en aquel rincón del Campo de los Retamos, que volvió a quedar tan desierto como antes.

Tampoco volvieron a entrar los hijos del Mar en la bahía, como acostumbraban a hacerlo, porque se fueron a otro lugar del limpio océano.

EL JOVEN REY

Aquella noche, la víspera del día fijado para su coronación, el joven rey se hallaba solo, sentado en su espléndida cámara. Sus cortesanos se habían despedido todos, inclinando la cabeza hasta el suelo, según los usos ceremoniosos de la época, y se habían retirado al Gran Salón del Palacio para recibir las últimas lecciones del profesor de etiqueta, pues aún había entre ellos algunos que tenían modales rústicos, lo cual, apenas necesito decirlo, es una falta gravísima en cortesanos. El adolescente —todavía lo era, pues apenas tenía dieciséis años— no lamentaba que se hubieran ido y se había echado, con un gran suspiro de alivio, sobre los suaves cojines de su canapé bordado, quedándose allí, con los ojos distraídos y la boca entreabierta, como uno de los pardos faunos de la pradera o como un animal del bosque a quien acaban de atrapar los cazadores.

Y en verdad eran los cazadores quienes lo habían descubierto, cayendo sobre él casi por casualidad, cuando, semidesnudo y con su flauta en la mano, seguía el rebaño del pobre cabrero que lo había criado y a quien creyó siempre su padre.

Hijo de la única hija del viejo rey, casada en matrimonio secreto con un hombre muy inferior a ella en categoría (un extranjero, decían algunos, que había enamorado a la princesa con la magia sorprendente de su arte para tocar el laúd, mientras otros hablaban de un artista de Rímini, a quien la princesa había colmado de honores, quizás demasiados, y que había desaparecido de la ciudad súbitamente, dejando inconclusas sus labores en la catedral), fue arrancado, cuando apenas contaba una semana de nacido, del lado de su madre, mientras ella dormía, y entregado a un campesino pobre y a su esposa, que no tenían hijos y vivían en un lugar remoto del bosque, a más de un día de camino de la ciudad.

El dolor, o la peste, según el médico de la corte, o, según otros, un rápido veneno italiano servido en vino aromático, mató, una hora después de su despertar, a la blanca princesa, y cuando el fiel mensajero que llevaba al niño sobre la silla de su caballo bajaba del fatigado animal y tocaba a la puerta de la cabaña del cabrero, el cuerpo de la joven madre descendía a la tumba abierta en el patio de una iglesia abandonada, fuera de las puertas de la ciudad. En aquel sepulcro yacía, según la voz popular, otro cuerpo, el de un joven extranjero de singular hermosura, cuyas manos estaban atadas a su espalda con una nudosa cuerda, y cuyo pecho estaba lleno de rojas puñaladas.

Tal era, al menos, la historia que la gente susurraba en secreto. Lo cierto era que el viejo rey, en su lecho de muerte, ya sea movido por el remordimiento de su gran pecado o por el deseo de que el reino quedara en manos de su único descendiente, había hecho buscar al adolescente y, en presencia del Consejo de la Corona, lo había reconocido como heredero suyo.

Y parece que, desde el primer momento en que el joven fue reconocido, dio muestras de aquella extraña pasión por la belleza que debía ejercer tan gran influencia sobre su vida. Los que lo acompañaron a las habitaciones que se dispusieron para su servicio hablaban a menudo del grito de felicidad que se le escapó al ver las finas vestiduras y ricas joyas que allí lo esperaban, y de la alegría casi feroz con que arrojó su basta túnica de cuero y su tosco manto de piel de oveja. Echaba de menos, eso sí, a veces, la hermosa libertad de la vida en el bosque, y se mostraba pronto al enojo ante las fastidiosas ceremonias de corte que le ocupaban tanto tiempo cada día; pero el maravilloso palacio —"Joyeuse", lo llamaba—, del cual era ahora su señor, le parecía un mundo nuevo recién creado para su alegría; y en cuanto podía escaparse de las reuniones del Consejo y de las cámaras de audiencia, bajaba corriendo la gran escalera, donde había leones de bronce dorado y escalones de reluciente pórfido, y vagaba de sala en sala y de corredor en corredor, como quien busca en la armonía el remedio contra el dolor, la cura para una enfermedad.

En estos viajes de descubrimiento, según él los llamaba —y en verdad lo eran para él, verdaderos viajes a través de una tierra prodigiosa—, lo acompañaban en ocasiones los delgados y rubios pajes de la corte, con sus mantos flotantes y alegres cintas voladoras; pero la mayor parte del tiempo iba solo, porque, con rápido instinto, que casi era adivinación, comprendió que los secretos del arte se aprenden mejor en silencio.

De él se contaban, en aquella época de su vida, muchas historias curiosas. Se decía que un gordo burgomaestre, que había venido a pronunciar una florido discurso en representación de los habitantes de la ciudad, lo había sorprendido contemplando con verdadera adoración un hermoso cuadro que acababan de traer de Venecia. En otra ocasión, se había perdido durante varias horas y, después de largas pesquisas, se le descubrió en un camarín, en una de las torrecillas del lado norte del palacio, adorando, como en éxtasis, una joya griega.

Se le había visto, según otro relato, iluminado ante una estatua antigua de mármol que se había encontrado en el fondo del río, cuando se construyó el puente de piedra. Se había pasado toda una noche contemplando el efecto que producía la luz de la luna sobre una imagen plateada de una diosa.

Todos los materiales raros y preciosos lo fascinaban, y en su deseo de obtenerlos había enviado a países extranjeros a muchos mercaderes: unos a comprar ámbar a los rudos pescadores de los mares del Norte; otros a Egipto, en busca de aquella curiosa turquesa verde que solo se encuentra en las tumbas de los reyes y dicen que posee propiedades mágicas; otros aún a Persia, en busca de alfombras de seda y alfarería pintada; y otros, en fin, a la India a comprar gasa y marfil teñido, piedras lunares y brazaletes de jade, madera de sándalo y esmalte azul, y mantos de lana fina.

Pero lo que más le había preocupado era el traje que habría de llevar en la fiesta de su coronación: el traje de oro entretejido, la corona tachonada de rubíes y el cetro con sus hileras y cercos de perlas. En realidad, en eso pensaba aquella noche, mientras yacía en su lujoso canapé, con la vista fija en el gran leño de pino que ardía en la chimenea abierta. Los diseños, que eran obra de los más famosos artistas de la época, habían sido sometidos a su aprobación meses antes, y él había dado órdenes para que los artífices trabajaran día y noche a fin de ejecutarlos, y para que en el mundo entero se buscaran gemas dignas de su traje.

Con la imaginación se veía de pie ante el altar mayor de la catedral, con las hermosas vestiduras regias, y una sonrisa jugueteaba en sus labios infantiles e iluminaba con lustroso brillo sus oscuros ojos.

Poco después se levantó de su asiento y, recostado sobre la repisa de la chimenea, paseó su vista en derredor de la habitación, tenuemente iluminada. Un gran armario con incrustaciones de ágata y lapislázuli llenaba uno de los rincones, y frente a la ventana había un arcón curiosamente labrado con láminas de oro, barnizadas de laca, sobre el cual había unas finas copas de cristal veneciano y una taza de ónix de vetas oscuras. En la colcha de seda de la cama estaban bordadas amapolas pálidas, como si el sueño las hubiera dejado escapar de unas manos fatigadas, y altos junquillos de marfil estriado sostenían el dosel de terciopelo, del cual subían, como espuma blanca, grandes plumas de avestruz hasta la plata pálida del techo calado. Sobre la mesa había un ancho tazón de amatista.

Afuera, el príncipe veía la enorme cúpula de la catedral, elevándose como una burbuja sobre las casas sombrías, y observaba a los centinelas haciendo su recorrido, llenos de aburrimiento, sobre la nebulosa terraza del río. Muy lejos, en un huerto, cantaba un ruiseñor. Un vago aroma de jazmín entraba por la ventana.

El joven rey echó hacia atrás sus cabellos y, tomando en las manos un laúd, dejó vagar sus dedos sobre las cuerdas. Sus párpados, pesados, cayeron, y una extraña languidez se apoderó de él. Nunca había sentido con tanta intensidad y alegría la magia y el misterio del arte.

Cuando la medianoche sonó en el reloj de la torre, tocó un timbre, y sus pajes entraron y lo desvistieron con mucha ceremonia, echándole agua de rosas en las manos y regando flores sobre su almohada. Pocos momentos después de haber salido los pajes, el rey dormía.

Y mientras dormía, soñó, y este fue su sueño:

Creyó estar de pie en un desván largo, de techo bajo, entre el zumbido y repiqueteo de muchos telares. Escasa luz penetraba a través de las enrejadas ventanas, y le mostraba las flacas figuras de los tejedores, inclinados sobre sus bastidores. Niños pálidos, de aspecto enfermizo, se agachaban en los enormes travesaños. Cuando las lanzaderas corrían entre la urdimbre, levantaban las pesadas tablillas, y cuando las lanzaderas se detenían, dejaban caer las tablillas y juntaban los hilos. Sus rostros estaban contraídos por el hambre, y sus manos temblaban y se estremecían. Unas mujeres demacradas se hallaban sentadas alrededor de una mesa, tejiendo. Un olor horrible impregnaba el lugar. El aire estaba pestilente y denso, y los muros chorreaban humedad.

El joven rey se acercó a uno de los tejedores, se detuvo junto a él y lo contempló.

El tejedor lo miró con ira y dijo:

—¿Por qué me miras? ¿Eres un espía, puesto aquí por el amo?

—¿Quién es tu amo? —preguntó el joven rey.

—¡Nuestro amo! —exclamó el tejedor, con amargura—. Es un hombre como nosotros. Pero, en realidad, hay mucha diferencia entre nosotros: él lleva buena ropa, mientras yo llevo harapos, y mientras yo padezco hambre, él sufre por exceso de alimentación.

—El país es libre —dijo el rey— y tú no eres esclavo de nadie.

—En la guerra —dijo el tejedor—, los fuertes hacen esclavos a los débiles, y en la paz, los ricos hacen esclavos a los pobres. Tenemos que trabajar para vivir, y nos pagan un salario tan escaso que nos morimos de hambre. Trabajamos para ellos todo el día, y ellos amontonan oro en sus cofres, mientras nuestros hijos se marchitan antes de tiempo y los rostros de los que amamos se vuelven duros y amargos. Nosotros pisamos las uvas y otros beben el vino. Sembramos el trigo, y nuestra mesa está vacía. Estamos encadenados, aunque nadie lo ve; y somos esclavos, aunque los hombres nos llamen libres.

—¿Y ocurre así con todos? —preguntó el rey.

—Así ocurre con todos —contestó el tejedor—, con los jóvenes y con los viejos, con las mujeres y con los hombres, con los niños pequeños y con los ancianos encorvados por el peso de los años. Los mercaderes nos oprimen y tenemos que hacer su voluntad. El sacerdote pasa junto a nosotros repasando las cuentas de su rosario, y nadie se ocupa de nosotros. A través de nuestras callejuelas sin sol se arrastra la Pobreza con sus ojos hambrientos, y el Pecado, con su rostro descompuesto, la sigue de cerca. La Desgracia nos despierta en la mañana y la Vergüenza nos acompaña en la noche. Pero ¿qué te importa a ti? Tú no eres de los nuestros. Tienes un rostro demasiado feliz.

Y le volvió la espalda gruñendo y echó su lanzadera a través de la urdimbre, y el joven rey vio que trabajaba con hilos de oro.

Y un grave terror se apoderó de él, y dijo al tejedor:

—¿Qué vestidura es la que tejes?

—Es la vestidura para la coronación del joven rey —respondió el obrero—. ¿A ti qué más te da?

Y el joven rey lanzó un gran grito y despertó; y he aquí que se hallaba en su propia habitación, y a través de la ventana vio la gran luna color de miel suspendida en el aire oscuro.

Y se durmió de nuevo, y soñó, y este fue su sueño:

Creyó encontrarse sobre la cubierta de una enorme galera en la que remaban cien esclavos. Sobre una alfombra, junto a él, estaba sentado el jefe de la galera. Era negro como el ébano, y su turbante era de seda carmesí. Grandes aros de plata pendían de los gruesos lóbulos de sus orejas, y en sus manos tenía una balanza de marfil.

Los esclavos estaban desnudos, salvo el paño de la cintura, y cada hombre estaba atado con cadenas a su vecino. El sol tórrido caía a plomo sobre ellos, y los negros corrían sobre el puente y los azotaban con látigos de cuero. Los esclavos movían los brazos y empujaban los remos a través del agua. Al golpe del remo, la espuma salada saltaba al aire.

Al fin llegaron a una pequeña bahía y comenzaron a sondear. Un ligero viento soplaba desde la tierra y cubría de fino polvo rojo el maderamen y la gran vela latina. Tres árabes montados sobre asnos salvajes aparecieron en la playa y arrojaron lanzas sobre ellos. El jefe de la galera tomó en sus manos un arco pintado e hirió en la garganta a uno de los árabes, que cayó pesadamente sobre la arena, mientras sus compañeros huían galopando. Una mujer envuelta en un velo amarillo los seguía despacio sobre un camello y, de cuando en cuando, volvía la cabeza hacia el muerto.

Cuando hubieron echado el ancla y bajado la vela, los negros descendieron a la cala del buque y sacaron una larga escala de cuerdas con lastre de plomo. El jefe de la galera la echó al agua después de haber enganchado el extremo en dos puntales de hierro. Entonces, los negros tomaron al más joven de los esclavos, le quitaron sus grilletes, le llenaron de cera las narices y las orejas y le ataron una gran piedra a la cintura. Con aire cansado descendió por la escala y desapareció en el mar. Unas cuantas burbujas se elevaron del lugar donde se hundió. Algunos de los otros esclavos miraron con curiosidad hacia el agua. En la proa de la galera estaba sentado un encantador de tiburones, tocando monótonamente un tambor para alejarlos.

Momentos después, el buzo surgió del agua y, jadeando, asió la escala. Traía la perla en la mano derecha. Los negros se la quitaron y volvieron a echarlo al agua. Los esclavos, agotados, se quedaron dormidos sobre sus remos.

Una y otra vez bajó y subió el joven esclavo, y cada vez traía en la mano una hermosa perla. El jefe de la galera las pesaba y las guardaba en un saquito de cuero verde.

El joven rey quería hablar, pero su lengua parecía pegada al paladar y sus labios se negaban a moverse. Los negros parloteaban entre sí y comenzaron a pelearse por una sarta de cuentas brillantes. Dos grullas volaban en torno al barco.

El buzo subió por última vez, y la perla que traía era más hermosa que todas las perlas de Ormuz, porque tenía la forma de la luna llena y era más blanca que la estrella de la mañana. Pero el rostro del buzo tenía una extraña palidez, y se le vio caer sobre la cubierta del buque: le brotaba sangre de la nariz y de las orejas. Se agitó durante breves momentos y luego quedó inmóvil. Los negros se encogieron de hombros y arrojaron su cadáver al agua.

Y el jefe de la galera lanzó una carcajada y, extendiendo la mano, tomó la perla, y cuando la hubo contemplado, la apretó contra su frente y se inclinó como saludando.

—Será —dijo— para el cetro del joven rey.

E hizo señas a los negros para que levaran el ancla.

Y cuando el joven rey oyó esto, dio un gran grito y despertó, y a través de la ventana vio los largos dedos de la aurora atrapando las estrellas que se apagaban.

Y se quedó de nuevo dormido, y soñó, y este fue su sueño:

Creyó que vagaba por un bosque oscuro, lleno de frutos extraños y de lindas flores venenosas. Los áspides silbaban a su paso, y los loros relucientes volaban, gritando de rama en rama. Enormes tortugas yacían dormidas sobre el barro caliente. Los árboles estaban llenos de monos y de pavos reales.

Caminó largo tiempo hasta llegar a la salida del bosque, y allí vio una inmensa multitud de hombres que trabajaban en el lecho de un río seco. Llenaban la tierra como hormigas. Abrían hoyos profundos en el suelo y descendían en ellos. Unos rompían las rocas con grandes hachas; otros escarbaban en la arena. Arrancaban de raíz los cactus y pisoteaban las flores de color escarlata. Se movían con prisa, gritaban y ninguno estaba ocioso.

Desde la oscuridad de una caverna, la Muerte y la Avaricia los observaban, y la Muerte dijo:

—Estoy cansada, dame una tercera parte de ellos y déjame ir.

Pero la Avaricia movió la cabeza negativamente:

—Son mis siervos —dijo.

Y la Muerte le preguntó:

—¿Qué tienes en la mano?

—Tengo tres granos de trigo —contestó la Avaricia—; ¿qué te importa?

—Dame uno de ellos —dijo la Muerte— para plantarlo en mi huerto; uno solo de ellos, y me iré.

—No te doy nada —dijo la Avaricia, y escondió la mano en los pliegues de su vestidura.

Y la Muerte lanzó una carcajada, tomó en sus manos una taza y la sumergió en un charco de agua, y de la taza se levantó la Fiebre Palúdica. Con ella atravesó la multitud, y la tercera parte de ellos cayó muerta. Una fría niebla la seguía, y las serpientes de agua corrían a su lado.

Y cuando la Avaricia vio que tantos hombres morían, se golpeó el pecho y lloró. Se golpeó su pecho estéril y lanzó gritos de desesperación.

—Has matado a la tercera parte de mis siervos —gritó—. ¡Vete! Hay guerra en los montes de Tartaria, y los reyes de cada facción te llaman. Los afganos han matado al toro negro y marchan al combate. Golpean sus escudos con sus lanzas y se han puesto los yelmos de hierro. ¿Qué tiene mi valle para que te detengas tanto tiempo en él? Vete y no vuelvas más.

—No —respondió la Muerte—, no me iré mientras no me des el grano de trigo.

Pero la Avaricia cerró su mano y apretó los dientes:

—No te doy nada —murmuró.

Y la Muerte lanzó una carcajada, tomó en sus manos una piedra y la arrojó al bosque, y de la maleza de cicutas silvestres salió la Fiebre, vestida con un traje de llamas. Atravesó la multitud y tocó a los hombres, y cada hombre a quien ella tocó cayó muerto. La hierba se secaba bajo sus pies.

Y la Avaricia tembló y se echó ceniza sobre la cabeza.

—Eres cruel —gritó—, eres cruel. Hay hambre en las amuralladas ciudades de la India, y las cisternas de Samarcanda se han secado. Hay hambre en las amuralladas ciudades de Egipto, y las langostas llegan desde el desierto. El Nilo no ha rebasado sus orillas, y los sacerdotes maldicen a Isis y a Osiris. Vete adonde te necesitan y déjame mis siervos.

—No —respondió la Muerte—; mientras no me hayas dado un grano de trigo, no me iré.

—No te doy nada —dijo la Avaricia.

Y la Muerte lanzó otra carcajada y silbó entre sus dedos, y por el aire vino volando una mujer. El nombre de Peste estaba escrito en su frente, y una multitud de buitres flacos volaba en torno suyo. Cubrió el valle con sus alas, y ningún hombre quedó vivo.

Y la Avaricia huyó gritando a través del bosque, y la Muerte subió sobre su caballo rojo y partió al galope, y su galope era más rápido que el viento.

Y del lodo, en el fondo del valle, brotaron dragones y seres horribles con escamas, y los chacales llegaron trotando entre la arena, olfateando el aire.

Y el joven rey lloró y preguntó:

—¿Quiénes eran estos hombres, y qué buscaban?

—Rubíes para la corona de un rey —le respondió una voz.

Sobresaltado, el rey se volvió y vio a un hombre con hábito de peregrino, que sostenía un espejo de plata en la mano.

Y el rey palideció y preguntó:

—¿Para qué rey?

Y el peregrino contestó:

—Mira en este espejo y lo verás.

Y miró en el espejo y, al ver su propio rostro, lanzó un gran grito y despertó, y la vívida luz del sol entraba a torrentes en la habitación, y en los árboles del jardín cantaban los pájaros.

Y el chambelán y los altos funcionarios del Estado entraron y le hicieron homenaje; y los pajes le trajeron la vestidura de oro entretejido, y pusieron delante de él la corona y el cetro.

Y el joven rey los miró, y eran de gran belleza. Más bellos que todo lo que había visto hasta entonces. Pero recordó sus sueños y dijo a sus caballeros:

—Llévense estas cosas, que no voy a usarlas.

Y los cortesanos se asombraron y hubo quienes se rieron, porque creían que se trataba de una broma.

Pero les habló de nuevo con severidad y dijo:

—Llévense estas cosas y escóndanlas lejos de mí. Aunque sea el día de mi coronación, no las usaré. Porque en los telares de la Desgracia y con las blancas manos del Dolor se ha tejido la vestidura. Hay Sangre en el corazón del rubí y hay Muerte en el corazón de la perla.

Y les contó sus tres sueños.

Y cuando los cortesanos los oyeron, se miraron entre sí y murmuraron:

—Ciertamente está loco. ¿Pues no son sueños los sueños y visiones las visiones? No son cosas reales para que hagamos caso de ellas. ¿Y qué tenemos que ver con la vida de los que trabajan para nosotros? ¿No ha de comer pan el hombre mientras no haya visto al sembrador de trigo, ni ha de beber vino mientras no haya hablado con el viñatero?

Y el chambelán habló al joven rey y le dijo:

—Señor, le ruego que aleje de usted esos pensamientos oscuros. Vístase con la hermosa vestidura y ponga la corona sobre su cabeza. Porque, ¿cómo sabrá el pueblo que es rey, si no lleva vestidura de rey?

Y el joven rey lo miró y preguntó:

—¿Es así, en verdad? ¿No sabrán que soy rey si no llevo vestidura de rey?

—No lo conocerán, señor —dijo el chambelán.

—Creí que había hombres que tenían aire de reyes —respondió—; pero puede que sea verdad lo que dices. Y, sin embargo, no me pondré esa vestidura, ni me coronaré con esa corona, sino que saldré del palacio como entré en él.

Y pidió a todos que se fueran, excepto a un paje a quien retuvo como compañero, un adolescente más joven que él en un año, lo retuvo para su servicio, y, cuando se hubo bañado en agua clara, abrió un gran arcón pintado y de él sacó la túnica de cuero y el tosco manto de piel de oveja que usaba cuando desde las colinas vigilaba las hirsutas cabras del cabrero. Se puso la túnica y el manto rústico y tomó en sus manos el rudo cayado del pastor.

Y el pajecito abrió con asombro sus grandes ojos azules y le dijo sonriendo:

—Señor, veo su túnica y su cetro, pero ¿dónde está su corona?

Y el joven rey arrancó una rama de espino que trepaba por el balcón, la dobló e hizo con ella un cerco y se lo puso sobre la cabeza.

—Esta será mi corona —respondió.

Y así ataviado salió de su cámara al Gran Salón, donde los nobles lo esperaban.

Y los nobles se burlaban, y hubo quienes gritaron:

—Señor, el pueblo espera a su rey y usted le muestra un mendigo.

Y otros se indignaban y decían:

—Pone en vergüenza al Estado y es indigno de ser nuestro señor.

Pero él no respondió palabra, sino que siguió adelante. Descendió por la reluciente escalera de mármol rojo y salió por las puertas de bronce. Montó sobre su caballo y fue hacia la catedral, mientras el pajecito corría tras él.

Y la gente se reía y decía:

—Es el bufón del rey el que pasa a caballo.

Y se burlaban de él.

Y el rey detuvo el caballo y dijo:

—No, soy el rey.

Y les contó sus tres sueños.

Y un hombre salió de entre la multitud y le habló con amargura:

—Señor, ¿no sabe que del lujo de los ricos se sustenta la vida del pobre? Su vanidad nos nutre y sus vicios nos dan pan. Trabajar para el amo duro es amargo; pero es más amargo aún no tener amo para quien trabajar. ¿Cree usted que los cuervos nos han de alimentar? ¿Y qué remedio propone para estas cosas? ¿Dirá al comprador: "Comprarás tanto", y al vendedor: "Venderás a tal precio"? De seguro que no. Vuelva, pues, a su palacio y vístase de púrpura y lino. ¿Qué tiene que ver con nosotros, ni con lo que sufrimos?

—¿No son hermanos el rico y el pobre? —preguntó el rey.

—Sí —respondió el hombre—, y el hermano rico se llama Caín.

Y al joven rey se le llenaron los ojos de lágrimas, y siguió avanzando a caballo entre los murmullos de la gente, y el pajecito se asustó y lo abandonó.

Y cuando llegó al pórtico de la catedral, los soldados le cruzaron sus alabardas y le dijeron:

—¿Qué buscas aquí? Nadie ha de entrar por esta puerta sino el rey.

Y su rostro se enrojeció de ira, y les dijo:

—Soy el rey.

Y apartando las alabardas, pasó entre ellos y entró al templo.

Y cuando el anciano obispo lo vio entrar vestido de cabrero, se levantó asombrado de su trono, avanzó a recibirlo y le dijo:

—Hijo mío, ¿es este el traje de un rey? ¿Y con qué corona he de coronarte, y qué cetro colocaré en tus manos? Ciertamente, para ti este debiera ser un día de gozo y no de humillación.

—¿Debe la Alegría vestirse con lo que fabricó el Dolor? —dijo el joven rey. Y contó al obispo sus tres sueños.

Y cuando el obispo los oyó, frunció el ceño y dijo:

—Hijo mío, soy un anciano y estoy en el invierno de mis días, y sé que se hacen muchas cosas malas en el ancho mundo. Los bandidos feroces bajan de las montañas y se llevan a los niños para venderlos a los moros. Los leones acechan a las caravanas y saltan sobre los camellos. Los jabalíes salvajes arrancan de raíz el trigo de los valles, y las zorras roen las vides de la colina. Los piratas asolan las costas del mar, queman los barcos de los pescadores y les quitan sus redes. En los pantanos salinos viven los leprosos; tienen casas de juncos y nadie puede acercárseles. Los mendigos vagan por las ciudades y comen su comida con los perros. ¿Puedes impedir que estas cosas sean? ¿Harás del leproso tu compañero de lecho y sentarás al mendigo a tu mesa? ¿Hará el león lo que le mandes y te obedecerá el jabalí? ¿No es más sabio que tú aquel que creó la desgracia?

—Rey, no aplaudo lo que has hecho, sino que te pido que vuelvas al palacio y te pongas las vestiduras que corresponden a un rey, y con la corona de oro te coronaré y el cetro de perlas colocaré en tus manos. Y en cuanto a los sueños, no pienses más en ellos. La carga de este mundo es demasiado grande para que la soporte un solo hombre, y el dolor del mundo es demasiado para que lo sufra un solo corazón.

—¿Eso dices en esta casa? —interrogó el joven rey; y dejó atrás al obispo, subió los escalones del altar y se detuvo ante la imagen de Cristo.

A su mano derecha y a su izquierda se hallaban los vasos maravillosos de oro, el cáliz con el vino amarillo y el óleo santo. Se arrodilló ante la imagen de Cristo y las velas ardían esplendorosamente junto al santuario enjoyado, mientras el humo del incienso se rizaba en círculos azules al ascender a la cúpula. Inclinó la cabeza en oración y los sacerdotes, con sus vestiduras rígidas, huyeron del altar.

Y de pronto se oyó el tumulto desatado que reinaba en la calle, y los nobles entraron al templo espada en mano, agitando sus plumeros y embrazando sus escudos de pulido acero.

—¿Dónde está el soñador de locuras? —exclamaban—. ¿Dónde está el rey vestido de mendigo, el que trae la vergüenza sobre el Estado? En verdad que hemos de matarlo, porque es indigno de regirnos.

Y el joven rey inclinó de nuevo la cabeza y oró, y he aquí que, a través de las vidrieras de colores, bajaba sobre él a torrentes la luz del día, y los rayos del sol tejieron en torno suyo una vestidura más hermosa que aquella que fue tejida para darle placer. El cayado seco floreció y se llenó de lirios más blancos que las perlas. La seca rama de espino floreció y dio rosas más rojas que los rubíes. Más blancos que perlas finas eran los lirios, y sus pecíolos eran de plata reluciente. Más rojas que los rubíes espinelas eran las rosas, y sus hojas eran de oro batido.

Se quedó inmóvil en su traje de rey, y las puertas del enjoyado santuario se abrieron, y del cristal de la custodia radiante brotó una maravillosa y mística luz. Permaneció erguido en su traje de rey, y la Gloria del Señor llenó el lugar, y los santos en sus nichos labrados parecían moverse. Con el hermoso traje regio quedó inmóvil ante ellos, y el órgano lanzó su música, los trompeteros soplaron en sus trompetas, y los niños cantores alzaron sus voces.

Y el pueblo cayó de rodillas con espanto, y los nobles envainaron sus espadas y le rindieron homenaje, y el obispo palideció y le temblaron las manos:

—Te ha coronado uno más grande que yo —dijo, y se arrodilló ante él.

Y el joven rey bajó del altar mayor y volvió al palacio, atravesando la multitud. Pero ninguno se atrevió a mirarlo a la cara, porque era semejante a la de los ángeles.

EL CUMPLEAÑOS DE LA INFANTA

Era el día del cumpleaños de la infanta, la princesita real de España. Ella cumplía doce años, y el sol iluminaba con esplendor los jardines del palacio.

Por más que fuese una princesa de sangre real, y además infanta del inmenso imperio de España, también ella debía resignarse a no tener más que un cumpleaños cada año, lo mismo que los hijos de los plebeyos del reino. Era, por lo tanto, muy importante para todos que ese día fuera un día hermoso. ¡Y era un día lindísimo! Los arrogantes tulipanes se erguían en sus tallos, como largas filas de soldados, y miraban desafiantes a las rosas, diciendo:

—¡Hoy somos tan hermosos como ustedes!

Las rojas mariposas revoloteaban alrededor, con alas empolvadas de oro, y visitaban una por una todas las flores; las lagartijas de verde tornasol habían salido de los muros para tomar el sol, y las granadas se abrían con el calor, dejando ver sus corazones rojos. Hasta los pálidos limones amarillentos, que crecían a lo largo de las arcadas sombrías, tomaban del sol un color más rico y resplandeciente, y las magnolias abrían sus grandes flores color marfil, embalsamando el aire con un perfume dulce y punzante al mismo tiempo.

La princesita, con sus compañeros, se paseaba por la terraza del palacio que se abría sobre aquel jardín, y después jugó a las escondidas alrededor de los jarrones de piedra y las antiguas estatuas cubiertas de musgo. Por lo general, solo se le permitía jugar con niños de su misma alcurnia, así que casi siempre tenía que jugar sola. Pero su cumpleaños era una ocasión excepcional, y el rey había ordenado que la niña pudiese invitar a todos los amigos que quisiera.

Los movimientos de los esbeltos niños españoles tenían una gracia majestuosa; los muchachos con sus sombreros anchos, adornados de plumas, y sus capas flotantes; las niñas, recogiendo la cola de sus largos vestidos de brocado y protegiendo sus ojos del sol con grandes abanicos negro y plata. Pero la infanta era la más encantadora de todas, y la mejor vestida, según la aparatosa moda de aquellos tiempos. Llevaba un traje de raso gris con amplias mangas abullonadas, damasquinadas de plata, y un rígido corpiño cruzado por hilos de perlas finas. Al caminar, dos pequeños escarpines, con moñitos de cinta carmesí, se asomaban debajo de la falda. Su inmenso abanico de gasa era rosa y nácar, y en la cabellera, que rodeaba su carita pálida como un halo de oro, llevaba prendida una rosa blanca.

Triste y melancólico, el rey observaba a los niños desde una ventana del palacio. Detrás de él estaba, de pie, su hermano, don Pedro de Aragón, a quien odiaba, y su confesor, el gran inquisidor de Granada, sentado a su lado.

El rey estaba más triste que de costumbre, porque al ver a la infanta saludando con gravedad infantil a los cortesanos, o riéndose detrás del abanico de la horrible duquesa de Alburquerque, quien la acompañaba siempre, se acordaba de la reina, la madre de la infanta, que había venido del alegre país de Francia para marchitarse en el sombrío esplendor de la Corte de España. Su amada reina había muerto seis meses después de nacer su hija, sin alcanzar a ver florecer dos veces los almendros del jardín. Tan grande había sido el amor del rey por ella, que no permitió que la tumba se la robara por completo. Un médico moro, al que perdonaron la vida —porque, según se murmuraba en el Santo Oficio, era hereje y sospechoso de practicar la brujería—, la embalsamó, y el cuerpo de la reina todavía descansaba en su ataúd, en la capilla de mármol negro del palacio, tal como los monjes la habían dejado un tempestuoso día de marzo, doce años atrás. Cubierto por una capa oscura y con una bujía en la mano, el rey iba a arrodillarse al lado del sepulcro cada primer viernes del mes.

—¡Reina mía, reina mía! —gemía roncamente.

Y a veces, olvidando la rígida etiqueta que gobernaba cada acto de la vida y limitaba hasta las expresiones del dolor en un rey, tomaba entre las suyas aquellas manos pálidas y enjoyadas, y trataba de reanimar con besos insensatos aquel rostro maquillado y frío.

Sin embargo, aquella mañana le parecía verla de nuevo tal como aquella vez en que la contempló por primera vez en el castillo de Fontainebleau, cuando él solo tenía quince años, y ella era aún menor. Fue en aquella ocasión cuando sellaron los esponsales ante el nuncio de su santidad, el propio rey de Francia y toda su corte. Poco después, él había regresado a El Escorial, llevando junto al corazón un rizo de cabellos rubios y el recuerdo de dos labios infantiles que se inclinaban a besarle la mano cuando subía a la carroza. Más tarde celebraron su matrimonio en Burgos, ciudad próxima a la frontera de ambos países, y en seguida entraron solemnemente en Madrid, asistieron a la tradicional misa mayor en la Iglesia de Atocha y dictaron un auto de fe más solemne que de costumbre, por el cual más de trescientos herejes fueron entregados a la hoguera.

Sí, el rey la había amado con locura, y para su propio infortunio. Apenas permitía que se apartara de su lado, y por ella olvidaba, o al menos parecía olvidar, los graves asuntos del Estado. La amaba tanto que jamás llegó a comprender que las complicadas ceremonias con que trataba de entretenerla solo conseguían agravar la extraña enfermedad que ella padecía. Cuando la reina falleció, el rey anduvo algún tiempo como privado de razón. Y sin duda habría abdicado para recluirse en el Gran Monasterio Trapense de Granada, si no hubiese temido dejar a la infanta, que todavía no tenía un año, en manos de su hermano, cuya crueldad y ambición eran famosas en toda España. Además, muchos sospechaban que don Pedro de Aragón había provocado la muerte de la reina, ofreciéndole unos guantes envenenados cuando ella lo visitó en su castillo de Aragón.

Después de pasar los tres años de luto oficial que ordenó en todos sus dominios, el rey no toleró que sus ministros le hablasen de un nuevo matrimonio. El mismo emperador de Alemania le ofreció la mano de su sobrina, la encantadora archiduquesa de Bohemia, pero el rey dijo a los embajadores que él ya había contraído nupcias con el Dolor. Esta respuesta le costó a su trono perder las ricas provincias de los Países Bajos, que se rebelaron contra él, acaudilladas por los fanáticos hugonotes.

Mientras veía a la infanta jugar en la terraza, recordaba toda su vida conyugal, con sus goces vehementes y su terrible agonía.

Escondió entre las manos sus facciones, y cuando la infanta miró nuevamente hacia la ventana, las cortinas estaban corridas, y el rey se había retirado.

La infanta hizo un gesto de desagrado y se encogió de hombros. Su padre tendría que haberla acompañado el día de su cumpleaños… ¿Qué podían importarle los aburridos asuntos del Estado? ¿O acaso se había ido a la sombría capilla, donde ardían continuamente los cirios y a donde a ella no la dejaban entrar? ¡Qué tontería, cuando el sol brillaba alegremente y todo el mundo estaba contento! Además, se iba a perder el simulacro de corrida de toros, que ya anunciaban los sones de trompeta, sin contar los títeres y las demás maravillas.

Su tío Pedro y el gran inquisidor eran más cuerdos. Habían bajado a la terraza para saludarla y decirle frases bellas y galantes. Levantó entonces su cabecita y, de la mano de don Pedro, descendió lentamente las escalinatas para dirigirse hacia un gran pabellón de seda púrpura que habían levantado en un extremo del jardín. Los demás niños la seguían por orden riguroso de precedencia, ya que iban primero aquellos que tenían una serie más larga de apellidos.

Un cortejo de niños nobles, vestidos de toreros, salió a su encuentro, y el joven conde de Terra Nova, de catorce años y belleza asombrosa, se quitó el sombrero con toda la gracia de un hidalgo y la condujo con solemnidad a un pequeño trono de oro y marfil, colocado sobre un alto estrado que dominaba la plaza. Las muchachas se apiñaron a su alrededor, agitando sus inmensos abanicos y susurrando entre ellas. Don Pedro y el gran inquisidor se quedaron riendo a la entrada. Hasta la duquesa, dama de facciones enjutas y duras, no parecía de tan mal humor como de ordinario, y por su rostro se veía vagar algo parecido a una sonrisa fría y desvaída.

Fue, por cierto, una soberbia corrida de toros, mucho más bonita, pensaba la infanta, que la corrida de verdad que había visto en Sevilla cuando el duque de Parma visitó a su padre. Algunos muchachos caracoleaban sobre caballos de madera y mimbre, esgrimiendo largas lanzas adornadas con gallardetes de colores brillantes; otros iban a pie, agitando delante del toro sus capas escarlatas y saltando ágilmente la barrera cuando arremetía contra ellos. En cuanto al toro, era idéntico a uno de verdad, aunque solo fuera de mimbre forrado de cuero, y mostrara una marcada tendencia a correr en dos patas por la plaza, cosa que nunca haría un toro verdadero. Sin embargo, se portó con tanta valentía, que las entusiasmadas doncellitas terminaron subidas a los bancos, agitando sus pañuelos de encaje y voceando:

—¡Bravo toro! ¡Bravo, toro bravo! —igual que si fueran personas mayores.

Finalmente, el condecito de Terra Nova logró vencer al toro y, tras recibir la venia de la infanta, hundió con tanta fuerza su estoque de madera en el morrillo del animal, que la cabeza cayó a tierra, dejando ver el rostro sonriente del vizconde de Lorena, hijo del embajador de Francia en Madrid.

Después de eso, entre aplausos entusiastas, dos pajecitos moros despejaron el ruedo, arrastrando solemnemente los caballos muertos, y tras un corto intermedio, en el que un equilibrista francés realizó unos ejercicios vertiginosos sobre la cuerda floja, aparecieron en el escenario de un teatro, expresamente construido para ese día, unas marionetas italianas representando la tragedia semiclásica de Sofonisba. La representaron tan bien y con gestos tan naturales, que al final de la obra los ojos de la infanta estaban bañados de lágrimas. Algunos niños lloriqueaban también, y hubo que consolarlos con golosinas. El mismo gran inquisidor se sintió tan conmovido que comentó a don Pedro que le parecía intolerable que unos simples objetos de madera y cera, movidos por alambres, pudieran ser tan desdichados y sufrir tantas calamidades.

Apareció después un malabarista africano que traía una gran canasta cubierta con un velo rojo. La puso en el centro del ruedo, extrajo de su turbante una flauta de caña y comenzó a tocar. De pronto, el paño comenzó a agitarse y, mientras la flauta emitía sonidos cada vez más penetrantes, dos serpientes de verde y oro asomaron sus extrañas cabezas triangulares y se fueron levantando muy despacio, balanceándose al ritmo de la música, como una planta acuática se balancea en la corriente. Los niños se asustaron un poco, pero se divirtieron mucho más cuando el malabarista hizo brotar de la tierra un naranjo diminuto, que súbitamente se cubrió de preciosas flores blancas y, por último, exhibió racimos de verdaderas naranjas. También se sintieron fascinados cuando el africano le pidió su abanico a la hija del marqués de Las Torres y lo transformó en un pájaro azul, que revoloteó cantando entusiasmado alrededor del pabellón. Entonces, el deleite y asombro de los niños no tuvo límite.

Luego vino el espectáculo encantador del solemne minué que bailaron los niños del coro de la iglesia de Nuestra Señora del Pilar, de Zaragoza. La infanta no había presenciado nunca esta maravillosa ceremonia que cada año se celebra durante el mes de mayo ante el altar mayor de la Virgen. Además, ningún miembro de la familia real había vuelto a entrar en la catedral de Zaragoza desde que un sacerdote loco, y según se dijo, sobornado por la solterona Isabel de Inglaterra, había intentado hacer comulgar al príncipe de Asturias con una hostia envenenada. Por eso, la infanta solo conocía de oídas aquel minué que todos llamaban la "Danza de Nuestra Señora".

Estos niños zaragozanos venían vestidos con trajes antiguos, de terciopelo blanco, y sus tricornios estaban ribeteados de plata y adornados con grandes penachos de blanquísimas plumas de avestruz. Todo el mundo se sintió encantado por la lindura y dignidad con que bailaron las complicadas figuras de la danza y por la gracia de sus ademanes y reverencias. Cuando terminaron, se sacaron los sombreros para saludar a la infanta, y ella contestó con mucha cortesía, prometiendo además mandar un gran cirio al santuario, para agradecer la alegría y el placer con que la habían agasajado.

En el momento en que salían de la iglesia, un grupo de gitanitos avanzó por la plaza. Se sentaron con las piernas cruzadas, formando círculo, y empezaron a tocar suavemente sus guitarras y cítaras, al tiempo que canturreaban, casi imperceptiblemente, un aire soñador y melancólico. Cuando divisaron a don Pedro, algunos se aterraron y otros pusieron el ceño adusto y embravecido, pues pocas semanas atrás don Pedro había mandado a ahorcar por brujería a dos hombres de la tribu; pero la infanta, que los contemplaba por encima del abanico con sus grandes ojos azules, les encantó transformándoles el ánimo. Una criatura tan encantadora no podía ser cruel con nadie.

Y continuaron tocando muy dulcemente, rozando las cuerdas con sus largas uñas e inclinando sobre el pecho la cabeza, mientras cantaban como si estuvieran a punto de quedarse dormidos. Después se levantaron, desaparecieron por un instante y regresaron con un lanudo oso pardo, sujeto por una cadena, que llevaba en los hombros varios monos de Berbería. El oso se puso de cabeza con la mayor gravedad, y los monos hicieron todo tipo de piruetas con dos gitanillos de diez años. En verdad, los gitanos tuvieron un gran éxito con su presentación.

Pero lo más divertido de la fiesta, lo mejor de todo sin duda alguna, fue la danza del enanito. Cuando apareció en la plaza tambaleándose sobre sus piernas torcidas y balanceando su enorme cabezota deforme, los niños estallaron en ruidosas exclamaciones de alegría, y la infanta rió tanto que la camarera se vio obligada a recordarle que, si bien muchas veces en España la hija de un rey había llorado delante de sus pares, no había precedente de que una princesa de sangre real se mostrara tan regocijada en presencia de personas inferiores a ella. Pero el enano era irresistible, y ni siquiera en la Corte de España, conocida por su afición a lo grotesco, se había visto jamás un monstruo tan extraordinario.

Fuera de eso, esta era la primera aparición en público del enano. El día anterior, mientras cazaban en uno de los sitios más apartados del bosque de encinas que rodeaba la ciudad, lo habían descubierto dos nobles corriendo locamente entre los árboles. Los nobles pensaron que podía servir de diversión a la princesa y lo llevaron al Palacio, ya que el padre del enano, un mísero carbonero, no puso dificultad alguna en que lo libraran de un hijo que era tan horrible como inútil. Tal vez lo más divertido era la absoluta inconsciencia que tenía el enano de su grotesco aspecto. Al contrario, parecía muy feliz y orgulloso. Tanto, que cuando los niños se reían, él también reía, tan franca y alegremente como ellos, y al terminar cada danza los saludaba con las más divertidas reverencias, como si fuera igual a ellos, y no un ser raquítico y deforme, que solo servía para que los demás tuviesen algo de qué burlarse.

La infanta lo había fascinado de un modo tal que al enano se le hacía imposible dejar de mirarla, y parecía bailar solamente para ella. Cuando terminó de bailar, la niña recordó haber visto a las grandes damas de la Corte arrojarle ramos de flores a Caffarelli, el famoso tiple italiano, y entonces, en parte por burla y en parte para enojar a su camarera mayor, sacó la rosa blanca de sus cabellos y la arrojó a la plaza con la más dulce de sus sonrisas.

El enano tomó la cosa muy en serio, besó la flor con sus gruesos labios y se llevó la mano al corazón antes de arrodillarse delante de la infanta, gesticulando con sus ojos chispeantes de alegría.

Con esto se quebrantó la seriedad y compostura de la infanta, que no pudo contener la risa, ni siquiera cuando el enanito desapareció de la plaza, y manifestó a su tío el deseo de que se repitiera la danza de inmediato. Pero la camarera mayor decidió que el sol calentaba demasiado y que sería preferible que su alteza regresara sin tardanza al Palacio, donde le habían preparado una fiesta maravillosa.

Al fin, la infanta se puso de pie con suma dignidad y dio la orden de que el enanito danzase de nuevo para ella después de la siesta. Agradeció también al condecito de Terra Nova por su encantador recibimiento y se retiró a sus habitaciones, seguida por los niños, en el mismo orden en que habían entrado.

Al saber que iba a bailar de nuevo ante la infanta, obedeciendo sus expresas órdenes, el enanito se sintió tan orgulloso y feliz, que se lanzó a correr por el jardín besando la rosa blanca en un absurdo transporte de alegría y gesticulando del modo más estrambótico y pagano.

Hasta las flores se indignaron de aquella insolente invasión a sus dominios, y cuando le vieron hacer piruetas por los paseos y agitar los brazos de modo tan ridículo, no pudieron contenerse.

—Es demasiado horrible para permitirle estar donde estamos nosotros —exclamaron los tulipanes.

—¡Ojalá bebiera jugo de amapolas, que lo hiciera dormir más de mil años! —dijeron las grandes azucenas, encendidas de ira.

—¡Qué cosa tan horrible! —aullaron las calceolarias—. Es contrahecho y rechoncho, y no puede haber mayor desproporción entre su cabeza y sus piernas. Si se nos llega a acercar, va a conocer nuestros pelitos urticantes.

—¡Y lleva una de mis rosas más bellas! —exclamó el rosal blanco—. Yo mismo se la di esta mañana a la infanta, como regalo de cumpleaños. No cabe duda de que la ha robado.

Y se puso a gritar con todas sus fuerzas:

—¡Atajen al ladrón! ¡Al ladrón! ¡Al ladrón!

Incluso los rojos geranios, que no suelen creerse grandes señores y se les conoce por sus numerosas relaciones de dudosa calidad, se encresparon de disgusto cuando lo vieron. Y hasta las violetas mismas observaron, aunque dulcemente, que si por cierto el enano era sumamente feo, la culpa no era de él. Algunas agregaron que, siendo la fealdad del enanito casi ofensiva, demostraría más prudencia y buen gusto adoptando un aire melancólico o siquiera pensativo, en lugar de andar saltando como un enajenado y haciendo gestos tan grotescos y estúpidos.

En su despreocupación, el enano llegó a pasar rozando el viejo reloj de sol que antiguamente indicaba las horas nada menos que al emperador Carlos V. El venerable reloj se desconcertó tanto, que casi se olvidó de señalar los minutos, y comentó con el pavo real plateado que tomaba el sol en la balaustrada, que todo el mundo podía advertir que los hijos de los reyes eran reyes, y carboneros los hijos de los carboneros. Afirmación que aprobó el pavo real:

—¡Indudablemente, indudablemente! —dijo con voz tan áspera y chillona que los peces dorados que vivían en la fuente sacaron del agua la cabeza, preguntando qué ocurría a los grandes tritones de piedra que arrojaban sus gruesos chorros para mantener fresca el agua.

Sin embargo, los pájaros amaban al enanito. Lo habían visto bailando en la selva, como un duendecillo detrás de los torbellinos de hojas, o acurrucado en el hueco de la vieja encina, compartiendo sus nueces con las ardillas, y no les importaba en absoluto que no tuviese esos rasgos que los humanos consideran belleza. Para ellos, el enano no era en absoluto feo. El mismo ruiseñor que canta tan dulcemente en los bosques de naranjos no es muy hermoso que digamos. Además, el enanito había sido muy bueno con ellos y, durante aquel invierno crudísimo, cuando ya en los árboles no quedaba fruta ni semilla alguna, y la tierra estaba dura como el hierro, y los lobos aullaban en las mismas puertas de la ciudad buscando alimento, el enanito no los había olvidado ni un solo día; siempre les dio migajas de su mendrugo de pan negro y compartió con ellos su almuerzo, por más pobre que fuera.

Es por eso que volaron a su alrededor, rozándole el rostro con una caricia de alas y hablando entre sí. El enanito estaba tan maravillado que les mostró la hermosa rosa blanca y les dijo que se la había dado la propia infanta, en prueba de amor.

Los pájaros no le entendieron ni una palabra, pero no importaba, porque ladeaban la cabeza y lo miraban con aire doctoral.

También las lagartijas sentían un aprecio muy grande por él, y cuando el enanito se cansó de dar volteretas por todos lados y se tendió sobre la hierba a descansar, jugaron y brincaron alrededor de él entreteniéndolo lo mejor posible.

—No todos pueden ser tan hermosos como una lagartija —exclamaban—, sería mucho pedir. Y, aunque parezca absurdo, no es tan feo cuando uno cierra los ojos y deja de verlo.

Las lagartijas son de naturaleza extraordinariamente filosófica, y muy a menudo se pasan horas y horas meditando, cuando no tienen otra cosa que hacer o llueve o hace demasiado frío para salir a pasear.

Las flores, ante esto, se sintieron fastidiadas por la manera en que actuaban los lagartos y los pájaros, que para ellas resultaba desleal.

—Esto demuestra con toda claridad —decían— cómo reblandece el cerebro ese ir y venir, ese revolotear sin sentido. La gente bien educada no se mueve de su sitio, como hacemos nosotras. ¿Quién nos ha visto corretear por los paseos o rodar sobre la hierba detrás de las libélulas? Cuando necesitamos cambiar de aire, mandamos venir al jardinero, y él nos traslada de sitio. Pero los pájaros y los lagartos no tienen sentido del reposo, y de los pájaros en particular hasta se puede decir que no tienen domicilio fijo. Son simples vagabundos, como los gitanos, y como tales deberían ser tratados.

Y alzando sus corolas, adoptaron un aire más altanero todavía; solo volvieron a mostrarse alegres cuando vieron que, poco rato después, el enanito se levantó de la hierba y atravesó la terraza en dirección al Palacio.

—Como asunto de higiene pública, deberían encerrarlo bajo llave para el resto de su vida —comentaron las flores—. ¿Han visto esa joroba y esas piernas retorcidas? —y empezaron a reír burlonamente.

Pero el enanito no había escuchado nada. Amaba profundamente a las aves y a las lagartijas, y pensaba que las flores eran la cosa más maravillosa del mundo, exceptuando naturalmente a la infanta, porque ella le había dado la rosa blanca, y le amaba, y eso establecía una gran diferencia.

¡Cómo anhelaba volver a encontrarse ante la princesita! Ella lo sentaría a su diestra, y le sonreiría, y después no volvería a apartarse de su lado; iba a ser su compañero, y le enseñaría juegos deliciosos. Porque, a pesar de no haber estado nunca antes en un Palacio, él sabía hacer muchas cosas admirables. Sabía hacer jaulitas de junco para encerrar los grillos y que cantaran dentro; y con las cañas nudosas podía fabricar flautas y caramillos. Imitaba el grito de todas las aves y podía hacer bajar a los estorninos de la copa de los árboles y atraer a las garzas de la laguna.

Él sabía reconocer las huellas de todos los animales y podía seguir la pista de la liebre por su rastro casi invisible, y la de los jabalíes por unas pocas hojas pisoteadas. Conocía todas las danzas salvajes: la danza desenfrenada del otoño, en traje rojo; la danza estival sobre las mieses, en sandalias azules; la danza con blancas guirnaldas de nieve, en el invierno; y la danza embriagada de las flores a través de los jardines en la primavera. Sabía en qué lugares las palomas torcaces ocultan sus nidos, y una vez que un cazador había capturado a los padres, él crió a los polluelos construyéndoles un pequeño palomar en la oquedad de un olmo desmochado. Y los domesticó con tanta habilidad que todas las mañanas acudían a comer en su mano. La infanta también los amaría, lo mismo que a los conejos, que se hacen invisibles entre los grandes helechos y las zarzas; y a los grajos, de plumas aceradas y picos negros; y a los puercoespines, que pueden convertirse en una bola de púas, y a las grandes galápagos, que se arrastran lentamente, menean la cabeza y comen hojas tiernas y raíces suculentas. Sí, la infanta iría a la selva y jugaría con él. Por las noches le cedería su propia cama para que ella durmiese, y él la cuidaría hasta el alba, para que los lobos hambrientos no se allegasen demasiado a la choza. Y al amanecer, la despertaría con unos golpecitos en la ventana. Y se irían al bosque, y allí, bailando juntos, dejarían transcurrir el día entero.

Pero ¿dónde estaba la infanta? Interrogó a la rosa blanca, pero no obtuvo respuesta. Todo el Palacio parecía dormir, y hasta en las ventanas abiertas colgaban pesados cortinajes para amortiguar la resolana.

Después de dar mil vueltas buscando una entrada, halló finalmente una puertecilla, que había quedado entreabierta. Se deslizó dentro con cautela y se encontró en un salón espléndido, mucho más espléndido, pensó atemorizado, que la misma selva. Todo era dorado, y hasta el piso estaba hecho de primorosos baldosines de colores, dispuestos en dibujos geométricos.

Pero la infanta tampoco estaba allí; solo había unas maravillosas estatuas blancas, que lo miraban desde lo alto de sus zócalos de jaspe, con ojos de mirada ambigua y una extraña sonrisa en los labios.

Al fondo del salón había una cortina de terciopelo negro, lujosamente bordada con soles y estrellas; era la enseña favorita del rey. ¿No estaría la infanta ahí detrás?

Avanzó sigilosamente y descorrió la cortina. No había nadie. Era otra habitación, todavía más hermosa que la anterior. Las paredes estaban cubiertas con tapices de Arras, en tonos verdes y castaños, representando una escena de cacería. En otro tiempo, esa había sido la habitación de Jean Le Fou, como llamaban a ese rey loco, tan apasionado por la cacería, que más de una vez, en su delirio, había querido montar en los grandes corceles encabritados de los tapices y perseguir al ciervo acosado por los enormes sabuesos. Ahora la habían destinado a sala del consejo, y sobre la mesa del centro se veían las carteras rojas de los ministros y consejeros.

El enano miró a su alrededor, lleno de asombro, y casi sin atreverse a seguir su camino, observó a los extraños jinetes silenciosos que galopaban tan velozmente por el bosque sin hacer el menor ruido en la tapicería. Le parecía que eran los Comprachos, esos terribles fantasmas de los que había oído hablar a los carboneros, que solo cazan de noche y, si encuentran a un hombre, lo transforman en ciervo para cazarlo.

Pero el recuerdo de la encantadora infantita le hizo recobrar el coraje. Necesitaba encontrarse a solas con ella y decirle que él también la amaba.

Atravesó corriendo las alfombras persas y abrió la puerta siguiente. ¡No! Tampoco estaba allí. La habitación estaba completamente vacía.

Era el imponente salón del Trono, destinado a la recepción de los embajadores extranjeros, cuando el rey accedía a darles audiencia, cosa que sucedía rara vez. Las colgaduras eran de cuero dorado de Córdoba, y una pesada lámpara dorada colgaba del techo blanco y negro, con suficientes brazos como para sostener trescientas bujías. El trono se alzaba bajo un gran dosel de brocado de oro, donde estaban bordados los leones y las torres de Castilla. Sobre el segundo escalón del trono estaba el reclinatorio de la infanta, con su cojín de tisú de plata; y más abajo, fuera del dosel, el asiento del nuncio pontificio, único dignatario que tenía el derecho de estar sentado en presencia del rey.

En la pared frente al trono pendía un retrato, en tamaño natural, de Carlos V en traje de caza, acompañado de su gran mastín. Otro cuadro representaba a Felipe II recibiendo el homenaje de sus vasallos de Flandes.

Mas poco le importaba toda esta magnificencia al enanito. No habría cambiado su rosa blanca por todas las perlas del dosel, ni habría dado un solo pétalo por el mismísimo trono. Lo único que quería era ver a la infanta antes de que ella fuese al pabellón y pedirle que se marchara con él cuando la danza concluyese.

Dentro del Palacio, el aire era sofocante y pesado, mientras que en la selva el viento soplaba filtrándose alegremente entre hojas fragantes y la luz del sol apartaba las ramas con sus manos doradas. También había flores en la selva, no tan espléndidas como las flores del jardín, pero de perfume más dulce: como los jacintos tempranos, las prímulas amarillas, las brillantes celidonias, las verónicas azules y los lirios de color morado y oro. ¡Sí, la princesa se iría con él una vez que lograse encontrarla! Lo acompañaría a la selva, y él pasaría el día entero bailando para ella. Esta idea lo hizo sonreír y entró sin vacilar en la cámara siguiente.

De todas las habitaciones donde ya había estado, esta era la más espléndida y hermosa. Las paredes estaban tapizadas de damasco rojo, salpicado de pájaros y flores de plata; los muebles eran de plata maciza y, ante las dos enormes chimeneas, se abrían dos grandes pantallas con pavos reales y papagayos de hilo de oro bordado en relieve. El pavimento, de ónix color verde mar, parecía perderse en la lejanía. Pero aquí no estaba solo. Desde la sombra de la puerta, al otro extremo de la habitación, una pequeña figura lo contemplaba. Le tembló el corazón, dejó escapar un grito de alegría y avanzó. Entonces, la figura avanzó también y el enanito consiguió distinguirla con claridad.

¿Era la infanta? No, quien se le acercaba era un monstruo, el monstruo más grotesco que podía existir. No era proporcionado como todo el mundo, sino jorobado y patizambo, con una cabezota enorme que se bamboleaba de un lado a otro y una hirsuta crin negra. El enanito frunció el ceño, y el monstruo también lo frunció. Se echó a reír, y el monstruo se puso a reír con él, dejando caer los brazos lo mismo que él. Le hizo una reverencia burlona, y el monstruo le respondió con una reverencia todavía más irónica. Avanzó hacia él, y el monstruo vino a su encuentro remedando todos sus gestos y deteniéndose cuando él se detenía. Gritó alegremente y corrió hacia él, alargándole la mano, y la mano del monstruo tocó la suya y era fría como el hielo. Se asustó y retiró la mano, y la mano del monstruo le imitó vivamente, mientras ponía una grotesca expresión de miedo.

Hizo un intento de esquivarlo y seguir adelante, pero lo detuvo aquel ente, poniéndosele siempre por delante con su contacto duro y resbaladizo. La cara del monstruo estaba muy cerca de la suya, como si tratase de besarlo, y se veía patéticamente aterrorizada. Retiró los mechones que le caían sobre los ojos, y el monstruo hizo lo mismo. Lo golpeó, y el monstruo le devolvió golpe por golpe, le hizo muecas y, en el rostro del monstruo, se dibujaron las mismas muecas. Retrocedió, y el monstruo retrocedió también, entreabriendo una jeta repulsiva.

¿Qué extraño fenómeno era ese? Reflexionó un momento, mirando en torno suyo por todo el salón. Era extraño: todo parecía tener su igual detrás de ese muro invisible de agua transparente y sólida. Sí, cuadro por cuadro y asiento por asiento, todo estaba allí como duplicado. El fauno dormido, junto a la puerta, tenía su hermano gemelo que dormía también; y la Venus de plata, en pie bajo los rayos del sol, extendía los brazos a otra Venus tan hermosa como ella.

¿Sería aquello el Eco?

Recordó aquella ocasión en que había llamado al eco en el valle y el Eco le había respondido palabra por palabra. ¿Podría burlar la vista, como burlaba la voz? ¿Podría crear un mundo a imitación, idéntico al mundo real? ¿Las sombras de las cosas podrían tener color y vida y movimiento? ¿Sería posible que…?

Se estremeció y, sacando de su pecho la rosa blanca, la besó. ¡Pero he aquí que el monstruo también tenía una rosa, pétalo por pétalo idéntica a la suya! ¡Y la besaba con igual deleite y la estrechaba contra su corazón haciendo gestos grotescos!

Cuando, al final, la verdad se abrió paso en su mente, el enano lanzó un aullido, un grito de desesperación, y cayó al pavimento sollozando. ¡Ese ser deforme y jorobado, de aspecto horrible y grotesco, era él! ¡Era él mismo, él era el monstruo! ¡Y era de él de quien se habían reído todos los muchachos… y la princesita, en cuyo amor creyera… ella también se había burlado de su fealdad, había hecho mofa de sus piernas torcidas! ¿Por qué no lo habían dejado en el bosque, donde no había espejo que le mostrara su horror? ¿Por qué no lo había matado su padre antes de permitir que se burlaran de él? Lloró lágrimas quemantes, y sus manos destrozaron la rosa blanca… y el monstruo hizo lo mismo y esparció por el aire los delicados pétalos.

El enanito se cubrió los ojos con las manos y se alejó del espejo, temiendo verlo una vez más.

Como un pobre ser herido, se arrastró hacia la sombra y allí se quedó gimiendo.

En ese preciso instante, por el ventanal abierto, entró la propia infanta con su séquito, y cuando vieron al horroroso enanito de bruces en el pavimento, golpeándolo con los puños del modo más fantástico, estallaron en alegres carcajadas.

—Sus danzas son muy graciosas —dijo la infanta—, pero su manera de actuar es mucho más divertida todavía. Lo hace casi tan bien como las marionetas, aunque con menos naturalidad.

Agitó su abanico y aplaudió.

Pero el enanito no levantó la cabeza. Sus sollozos eran cada vez más débiles, hasta que exhaló un extraño suspiro y se oprimió el costado. Luego, cayó boca arriba y quedó inmóvil.

—¡Lo has hecho estupendo! —aplaudió la infanta después de una pausa—. Pero ahora te toca bailar.

—Sí —gritaron los demás niños—, tienes que levantarte y bailar. Eres tan inteligente como los monos de Berbería y mucho más gracioso.

Pero el enanito no contestó.

La infanta, airada, dio un golpe en el suelo con su pie y llamó a su tío, que estaba paseando con el chambelán mientras leían unas cartas recién llegadas de México, donde se acababa de establecer la Santa Inquisición.

—Mi enanito se está haciendo el desobediente —gritó la infanta—. ¡Levantenlo y díganle que baile!

Los caballeros sonrieron entre sí y entraron sin prisa. Al llegar junto al enanito, don Pedro se inclinó y lo golpeó suavemente en la mejilla con su guante bordado.

—Baila ya, petit monstre —dijo—. La infanta de España y de todas las Indias quiere que la diviertas.

Pero el enanito permaneció inmóvil.

—Habrá que hacer venir al verdugo —dijo enojado don Pedro.

Pero el chambelán, que miraba la escena con rostro grave, se arrodilló junto al enanito y le puso la mano sobre el corazón. Después de un momento, se encogió de hombros y, levantándose, hizo una profunda reverencia a la infanta diciendo:

—Mi bella princesa, tu enanito no volverá a bailar. Y es lamentable, porque es tan feo que, con seguridad, habría hecho sonreír al propio rey.

—¿Y por qué no volverá a bailar? —preguntó la infanta con aire decepcionado.

—Porque su corazón se ha roto —contestó el chambelán.

Y la infanta frunció el ceño, y sus finos labios se contrajeron en un delicioso gesto de fastidio.

—De ahora en adelante —exclamó, echando a correr al jardín—, procura que los que vengan a jugar conmigo no tengan corazón.

EL NIÑO-ASTRO

Érase una vez dos pobres leñadores que regresaban a su casa cruzando un gran pinar. Era invierno y hacía un frío terrible. La nieve caía espesa sobre la tierra y los árboles; el hielo acumulado rompía las ramas más pequeñas y débiles, y cuando los leñadores llegaron al Torrente de la Montaña, vieron que este colgaba inerte en el aire porque había recibido el beso del Rey de Hielo. Tanto frío hacía, que aun los animales, hasta los mismos pájaros, no sabían qué hacer.

—¡Muh! —gruñó el lobo, saltando entre los matorrales con su cola entre las patas—. ¡Hace un tiempo perfectamente horrible! ¿Por qué no trata de remediarlo el gobierno?

—¡Uit! ¡Uit! ¡Uit! —gorjeaban los verdes colorines—; la anciana Tierra ha muerto, y le han puesto su mortaja blanca.

—La Tierra se va a desposar, y este es su traje de bodas —murmuraban las tórtolas entre sí. Tenían sus piececitos rosados heridos por el hielo, pero sentían que era un deber considerar la situación de un modo romántico.

—¡Vamos! —gruñó el lobo—. Les digo que toda la culpa la tiene el gobierno, y a quien no me crea, me lo comeré.

El lobo poseía un gran sentido práctico y nunca le faltaban argumentos sólidos.

—Bueno, lo que es por mí —dijo un pajarillo que había nacido filósofo—, las explicaciones me importan… una teoría atómica. Si una cosa es así, pues es así, y ahora lo que hay es que hace un frío horrible.

Verdaderamente, el frío era atroz. Las ardillas que vivían dentro del gran abeto no dejaban de frotarse las naricitas unas con otras a fin de conservarlas calientes, y los conejos permanecían acurrucados en sus madrigueras sin atreverse siquiera a asomarse. Los únicos seres que parecían contentos eran los búhos; sus plumas estaban atiesadas por la escarcha, pero eso los tenía sin cuidado. Movían sus grandes ojos amarillos y no cesaban de llamarse unos a otros a través del bosque:

—¡Tu-juit! ¡Tu-ju! ¡Tu-juit! ¡Tu-ju! ¡Qué tiempo más delicioso tenemos!

Los dos leñadores caminaban uno tras otro, frotándose las manos violentamente, y sus botas bastas y claveteadas dejaban marcado el camino sobre la nieve endurecida. Una vez se hundieron en un arroyo profundo y salieron de él blancos como los molineros cuando se mueve el molino, y otra vez, por donde las lagunas se habían helado, resbalaron sobre la dura llanura del hielo. Se soltaron los nudos de sus gavillas de leña y tuvieron que recogerlas y atarlas de nuevo. Otra vez se creyeron perdidos, y un gran terror se apoderó de ellos, porque sabían cuán cruel es la nieve para quien se duerme en sus brazos. Pero confiaban en el buen San Martín, que vela por todos los viajeros, y, rehaciendo el camino, avanzaban prudentemente. Por fin llegaron al final del bosque y vieron a lo lejos, en el valle que se extendía por debajo de ellos, las luces de su aldea.

Tan locos de alegría estaban al verse salvados, que se pusieron a reír a carcajadas. La tierra les pareció una flor de plata y la luna, una flor de oro.

Pero después de tanto reír se quedaron tristes, pues recordaron su pobreza, y uno de ellos le dijo al otro:

—¿A qué alegrarnos, puesto que la vida es para los ricos y no para aquellos que están como nosotros? Más nos valía haber perecido de frío en el bosque o haber sido devorados por una fiera.

—Verdad es —contestó su compañero— que a algunos se les da mucho y a otros bien poco. La injusticia ha repartido el mundo y no hay partes iguales de nada, salvo de dolor.

Y he aquí que, mientras lamentaban su miseria, sucedió un hecho extraño. Cayó del cielo una estrella muy brillante y hermosa; se deslizó hacia abajo, pasando en su curso por entre las demás estrellas, y mientras los leñadores la contemplaban asombrados, les pareció que se hundía tras un grupo de sauces situado junto a un pequeño establo que se encontraba al alcance de una piedra.

—Bueno, habrá oro para quien lo encuentre —exclamaron los dos, y, en su afán de hallar oro, echaron a correr hacia allí.

Uno de ellos corría más aprisa y se adelantó a su compañero. Siguió su carrera a través de los sauces, salió al otro lado y, he aquí, realmente había un objeto de oro destacándose sobre la blancura de la nieve. Se apresuró a cogerlo, se inclinó para ello y vio que era un manto de tisú de oro adornado con estrellas y doblado en muchas vueltas. Gritó a su camarada, diciéndole que había encontrado el tesoro caído del cielo, y cuando el camarada llegó junto a él, se sentaron los dos en la nieve y empezaron a desdoblar el manto para repartirse las monedas de oro.

Pero ¡ay!, no había oro en el manto, ni plata, ni tesoro de ninguna clase, sino solamente un niño pequeño que estaba dormido.

Y uno de los leñadores le dijo al otro:

—¡Qué mal acaba nuestra esperanza! ¡Qué poca suerte tenemos! ¿Qué puede sacar un hombre de un niño? Dejémoslo aquí y sigamos nuestro camino, ya que somos pobres y tenemos a nuestros hijos, cuyo pan no podemos dar a otro.

Pero su compañero le replicó:

—No, sería una mala acción dejar aquí a este niño para que se muera de frío entre la nieve, y aunque soy tan pobre como tú y debo alimentar muchas bocas, teniendo poco en el puchero para ello, me llevaré este niño a mi casa y mi mujer cuidará de él.

Cogió al niño con ternura, lo envolvió en el manto para preservarlo del frío cortante y volvió a descender la colina, dirigiéndose hacia la aldea, mientras su compañero quedaba asombrado por tanta necedad y tanta blandura de corazón.

Y llegando a la aldea, le dijo a su camarada:

—Ya que tú tienes al niño, dame a mí el manto, pues justo es que repartamos el hallazgo.

Pero él le contestó:

—No, porque el manto no es ni tuyo ni mío, sino del niño. ¡Buena suerte, pues!

Y se despidió, dirigiéndose a su casa.

Llamó. Al abrir la puerta y ver que su marido había regresado con felicidad, su mujer lo abrazó, lo besó, lo ayudó a deshacerse del haz de leña que llevaba a la espalda, le limpió la nieve de las botas y le dijo que entrara.

Pero él contestó:

—He encontrado algo en el bosque y te lo traigo para que cuides de ello —y no pasaba del umbral de la puerta.

—¿Qué es? —preguntó ella—. Muéstramelo, que la casa está vacía y son muchas las cosas que nos hacen falta.

Él, entonces, descubrió el manto y mostró al niño dormido.

—¡Pero, hombre! —murmuró la mujer—. ¿No tenemos ya a nuestros hijos, que necesitas traer un intruso a sentarse en nuestro hogar? ¡Y acaso nos traiga mala suerte! ¿Y cómo voy a cuidarlo yo?

Y se puso furiosa contra su marido.

—No, que es un Niño-Astro —contestó él, y le contó la extraña aventura.

Pero ella no se apaciguaba; le hizo burla, se enfureció más y exclamó por fin:

—Nuestros hijos carecen de pan y ¿vamos a dar de comer al hijo de otros? ¿Quién atenderá entonces a los nuestros? ¿Quién les dará de comer?

—Dios cuida hasta de los gorriones y les da alimento —repuso él.

—¿Acaso no mueren también los gorriones de hambre durante el invierno? —contestó ella—. ¿Y no estamos ahora en invierno?

El hombre no dijo nada, pero no se movió del umbral de la puerta. Un viento horrible, venido del bosque, hacía temblar la puerta abierta. La mujer tiritaba y le dijo al marido:

—¿Por qué no cierras la puerta? Penetra en casa un viento horrible y tengo frío.

—En la casa donde hay un mal corazón, ¿no entra acaso siempre un viento horrible? —replicó él.

La mujer calló y se acercó al fuego.

Después de unos momentos, volvió y miró a su marido con los ojos arrasados de lágrimas. Él, entonces, entró rápidamente, le puso al niño en los brazos, y ella lo besó y lo acostó en una cuna, en la cual estaba durmiendo el más pequeño de sus hijos. Al día siguiente, el leñador tomó el extraño manto de oro y lo guardó en un arca; y su mujer cogió una cadena de ámbar que rodeaba el cuello del niño y la guardó también junto al manto.

Así fue como el Niño-Astro creció con los hijos del leñador; se sentaba a su mesa y era su compañero de juegos. Y cada año que transcurría se hacía más hermoso, y todos los habitantes de la aldea admiraban su belleza, pues, mientras ellos eran morenos y de cabello oscuro, él era blanco y delicado como el marfil, y los rizos de su cabellera se asemejaban a los anillos del narciso. Sus labios eran como los pétalos de una flor encarnada; sus ojos, como violetas en un río de agua cristalina, y su cuerpo, como los narcisos de un campo virgen, inmaculado de segadores.

Pero su hermosura le inspiraba el mal. Creció altivo, cruel y egoísta. Despreciaba a los hijos del leñador y a los demás niños de la aldea, diciéndoles que eran de origen humilde, mientras que él era de noble estirpe, porque había nacido de una estrella. Y se erigió en señor de todos ellos, y los llamaba sus criados; no sentía piedad por los desvalidos, ni por los ciegos o mutilados, ni por los afligidos, sino que, por el contrario, les tiraba piedras, los arrojaba a la carretera y les prohibía mendigar el pan, de modo que nadie, salvo los que estaban fuera de la ley, llegaban dos veces hasta aquella aldea a pedir limosna. Estaba convencido hasta tal punto de su propia belleza, que se reía de los raquíticos y poco agraciados, burlándose de ellos.

El leñador y su mujer lo reprendían a menudo, diciéndole:

—Nosotros no te tratamos como tratas tú a los que se quedan solitarios, sin tener quién los ampare. ¿Por qué te muestras tan duro con quienes necesitan compasión?

A menudo, también el anciano sacerdote lo mandaba llamar e intentaba inculcarles el amor a los seres vivientes, diciéndole:

—La mosca es hermana tuya; no le hagas daño. Los pájaros silvestres que vuelan por el bosque tienen derecho a la vida; no te diviertas poniendo trampas. Dios creó al gusano y al topo, y cada uno tiene designado su lugar en el mundo. ¿Quién eres tú para traer penas a la creación de Dios? Hasta el ganado del campo alaba al Señor.

Pero el Niño-Astro no prestaba atención a estas palabras; ponía mala cara, profería insultos y se iba a gobernar a sus compañeros. Y estos lo seguían porque era hermoso, tenía los pies ligeros y sabía hacer música con la flauta. Y dondequiera que el Niño-Astro los llevaba, ellos lo seguían, y cualquier cosa que el Niño-Astro les mandaba, ellos la hacían. Y cuando él, con una caña afilada, le saltaba al topo los ojos turbios, ellos se echaban a reír; y cuando tiraba piedras a un leproso, también se reían. En todo los gobernaba, y los hizo volverse tan duros de corazón como él.

Un día pasó por la aldea una pobre mendiga. Tenía la ropa desgarrada y andrajosa, los pies le sangraban a causa del áspero camino recorrido, y toda su apariencia era miserable. Y como estaba muy cansada, se sentó a descansar debajo de un castaño.

Al verla, el Niño-Astro dijo a sus compañeros:

—Miren, bajo aquel hermoso árbol cubierto de hojas verdes está sentada una mendiga asquerosa. Vamos a echarla de aquí, porque es fea y desagradable.

Dicho esto, se aproximó a la anciana, la apedreó y se burló de ella. La mujer lo miraba con terror y no le apartaba la vista de encima.

Cuando el leñador, que se hallaba partiendo leña en un montecillo cercano, vio lo que hacía el Niño-Astro, corrió a reprenderlo, diciéndole:

—Verdaderamente tienes el corazón muy duro y no sabes lo que es tener misericordia. ¿Qué daño te ha hecho esa pobre mujer para que la trates de ese modo?

El Niño-Astro se puso furioso, pateó la tierra y contestó:

—¿Quién eres tú para interrogarme acerca de lo que hago? No soy tu hijo y no te debo obediencia.

—Dices bien —repuso el leñador—, pero yo te enseñé la piedad cuando te hallé en el bosque.

Al oír estas palabras, la mendiga dio un gran grito y se desmayó. El leñador la llevó a su casa, donde su mujer la atendió y, cuando recobró el conocimiento, colocaron ante ella comida y bebida para que se reconfortara.

Pero ella, en lugar de comer y beber, le dijo al leñador:

—¿No dijiste que el niño fue encontrado en el bosque? Y ¿no han transcurrido diez años desde entonces?

—Sí —contestó el leñador—; en el bosque encontré yo al niño, y van diez años de ello.

—Y ¿qué encontraste junto a él? —prosiguió la mendiga—. ¿No llevaba alrededor del cuello un collar de ámbar? ¿No iba envuelto en un manto de tisú de oro bordado con estrellas?

—Cierto —contestó el leñador—, era como tú dices —y sacó, del arca donde los guardaba, el collar de ámbar y el manto de oro, y se los mostró.

Al verlos, la mendiga se echó a llorar de alegría y exclamó:

—Es mi hijito, al que yo perdí en el bosque. Te suplico que mandes pronto por él, porque vengo recorriendo el mundo en su busca.

El leñador salió con su mujer a llamar al Niño-Astro:

—Entra en casa —le dijeron—, que allí está tu madre esperándote.

Entró el niño, con gran frialdad y asombro; pero al ver quién lo esperaba, se echó a reír desdeñosamente, diciendo:

—¿Y dónde está mi madre? Porque aquí solo veo a esta mendiga.

Ella le dijo entonces:

—Yo soy tu madre.

—Estás loca —exclamó él, colérico—. Yo no soy tu hijo, tú eres una mendiga fea y harapienta. Por lo tanto, vete de aquí y no vuelvas a mostrarme tu repugnante cara.

—No, que eres verdaderamente mi hijito, el que yo perdí en el bosque —exclamó ella. Y, cayendo de rodillas, le tendió los brazos—. Te robaron unos ladrones y te dejaron para que murieras —continuó diciendo—; pero te he reconocido en seguida y también reconozco el manto de tisú de oro y el collar de ámbar. Te suplico que vengas conmigo, pues he errado por toda la tierra buscándote. Ven conmigo, hijo mío, ven, que necesito tu cariño.

Pero el Niño-Astro permaneció inmóvil y cerró las puertas de su corazón. No se oía ningún ruido, salvo el llanto de la mendiga que lloraba de pena.

Y, por fin, habló el niño, con voz dura y severa:

—Si realmente eres mi madre —dijo—, mejor hubieras hecho en marcharte que en venir a avergonzarme, ya que yo me creía hijo de una estrella y no de una mendiga como tú. Vete de aquí, y que no te vuelva a ver más.

—¡Ay!, hijo mío —repuso ella—. ¿No me besarás siquiera antes de que me vaya? Mira que mi dolor ha sido muy grande al encontrarte.

—No —contestó el Niño-Astro—, que estás muy sucia. Besaría a una víbora o a un sapo antes que a ti.

La mendiga se levantó entonces y se fue al bosque, llorando amargamente. Al ver que se había ido, el Niño-Astro se puso muy contento y volvió junto a sus compañeros para seguir jugando.

Pero al verle llegar, estos se volvieron contra él, diciéndole:

—Eres tan vil como el sapo y tan aborrecible como la víbora. Márchate de aquí, que no queremos que juegues con nosotros.

Y lo echaron fuera del jardín.

El Niño-Astro se enfureció, murmurando:

—¿Qué es lo que me han dicho? Iré al pozo, me miraré detenidamente y el pozo me dirá cuán hermoso soy.

Así lo hizo, pero ¡ay!… Su cara era como la de un sapo y su cuerpo tenía escamas como el de una víbora. Entonces se echó a llorar sobre la hierba, diciendo:

—Seguramente me sucede esto en castigo de mi pecado. He negado a mi madre, la he echado de mi lado y me he mostrado altivo y cruel con ella. Por lo tanto, debo ir a buscarla por todo el mundo y no descansaré hasta haberla encontrado.

En ese instante se acercó la más pequeña de las hijas del leñador y, poniéndole la mano encima del hombro, le preguntó:

—¿Qué te ocurre que has perdido tu hermosura? Quédate con nosotros, que yo no me burlaré de ti.

Y él contestó:

—No, porque he sido cruel con mi madre y este mal me ha sido enviado en castigo; así que debo irme de aquí y andar por todo el mundo hasta encontrarla y conseguir su perdón.

Así, marchó al bosque y llamó a su madre, pero en vano. Todo el día la estuvo llamando; cuando se puso el sol, se tendió en un lecho de hojas para dormir. Los pájaros y todos los animalitos huían de él, recordando su crueldad, y se quedó solo. Únicamente le hacían compañía el sapo, que parecía servirle de guardia, y la víbora, que pasaba arrastrándose lentamente.

A la mañana siguiente se levantó, cogió de los árboles algunas frutas amargas, se las comió y, llorando lastimosamente, emprendió el camino a través del bosque inmenso. Y a todo el que encontraba le preguntaba si por casualidad había visto a su madre. Al topo le dijo:

—Tú, que andas por debajo de la tierra, dime: ¿está mi madre allí?

Y el topo le contestó:

—Me has dejado ciego, ¿cómo quieres que la vea?

Le dijo al colorín:

—Tú, que puedes volar por encima de los árboles y puedes verlo todo, dime: ¿no ves a mi madre?

Y el colorín le contestó:

—Me has cortado las alas por divertirte, ¿cómo quieres que vuele?

Y a la pequeña ardilla, que vivía solitaria dentro del abeto, le dijo:

—¿Dónde está mi madre?

Y la ardilla le contestó:

—A mí me mataste, ¿quieres acaso matarla también?

El Niño-Astro lloró, bajó la cabeza, pidió a Dios que le perdonara todas sus culpas y siguió por el bosque buscando a su madre mendiga. Y al tercer día había atravesado todo el bosque y descendió hacia la llanura.

Cuando pasaba por las aldeas, los niños le hacían burla y lo apedreaban, y los campesinos no le permitían dormir en los establos sino después de sacar fuera todo el estiércol. Estaba tan sucio, que lo echaban de todas partes y nadie se apiadaba de él. En ningún lugar pudo saber de la mendiga que era su madre, a pesar de vagar por el mundo durante tres años. A menudo le parecía verla frente a él por algún camino, y la llamaba y corría tras ella hasta ensangrentarse los pies con los puntiagudos guijarros, pero no lograba alcanzarla. Y aquellos a quienes preguntaba por ella contestaban que sí, que la habían visto, y si no, que habían visto a otra parecida, y se reían de su pena.

Por espacio de tres años anduvo errando por el mundo, y en el mundo no había para él ni amor, ni afecto, ni caridad; y es que aquel mundo era el que él mismo se había forjado en los días de su altivez.

Una noche llegó a la puerta de una ciudad rodeada de fuertes murallas y situada junto a un río, y como estaba muy cansado y tenía los pies heridos, decidió entrar en ella. Pero los soldados que montaban la guardia no le permitieron la entrada, cruzaron sus lanzas y le preguntaron duramente qué buscaba en la ciudad.

—Voy en busca de mi madre —contestó él—, y les suplico que me dejen pasar, pues quizás esté en esta ciudad.

Pero se burlaron de él, y uno de los soldados, que tenía una gran barba negra, apoyó su arma en el suelo y exclamó:

—En verdad que para tu madre no habrías de ser ninguna alegría, pues eres más feo que el sapo de la laguna y la víbora que se arrastra por el pantano: ¡lárgate de aquí!

Otro soldado, que sostenía un estandarte amarillo, le preguntó:

—¿Quién es tu madre y por qué la andas buscando?

Y él contestó:

—Mi madre es una mendiga como yo, y la traté mal; te ruego que me dejes pasar para que me perdone, si es que se ha detenido en esta ciudad.

Pero los soldados no hicieron caso de lo que decía y lo pincharon con sus lanzas.

Cuando ya se alejaba, llorando, llegó un hombre cuya armadura tenía incrustaciones de flores doradas y cuyo yelmo ostentaba un león alado. Se acercó y preguntó a los soldados quién era aquel que había solicitado entrar.

—Es un mendigo, hijo de una pordiosera, y lo hemos echado de aquí —dijeron los soldados.

—No —exclamó riendo el recién llegado—, podemos venderlo como esclavo; lo daremos por una copa de vino dulce.

Un viejo de mal aspecto que pasaba por allí dijo entonces:

—Lo compro por ese precio.

Y después de pagar lo convenido, cogió al Niño-Astro de la mano y entró con él en la ciudad.

Después de recorrer muchas calles, llegaron ante una puertecita abierta en una pared, junto a la cual había un granado. El viejo golpeó la puerta con un anillo de jaspe tallado, la puerta se abrió y bajaron por cinco escalones de bronce a un jardín lleno de amapolas negras y jarrones verdes de barro cocido. El viejo sacó entonces de su turbante un pedazo de seda bordado, vendó con él los ojos del Niño-Astro y lo hizo avanzar.

Cuando le quitó la venda, el Niño-Astro se encontró en un calabozo alumbrado por un farol de cuerno.

El viejo colocó encima de una mesa un pedazo de pan añejo y le dijo:

—¡Come!

Le sirvió un poco de agua en una taza y le dijo:

—¡Bebe!

Y después de haberlo visto comer y beber, se fue, cerrando la puerta tras de sí y asegurándola con una cadena de hierro.

A la mañana siguiente, el viejo, que debía poseer tantas habilidades como los magos de Libia y que había aprendido su ciencia de uno de ellos que habitaba en las tumbas del Nilo, entró y, con malos modos, le dijo:

—En un bosque que está cerca de las puertas de esta ciudad de Giaours hay tres monedas de metal. Una es de metal blanco, otra de metal amarillo y la tercera de metal rojizo. Hoy me vas a traer la pieza de metal blanco, y si vuelves sin ella, te daré cien latigazos. Ve de prisa: al ponerse el sol, te esperaré a la puerta del jardín. Y no dejes de traer el metal blanco, o te irá mal conmigo: eres mi esclavo, pues te compré por una copa de vino dulce.

Le vendó los ojos con la venda de seda blanca, lo condujo a través de la casa y del jardín de amapolas, le hizo subir los cinco escalones de bronce y, abriendo la puerta con su anillo, lo puso en la calle.

El Niño-Astro salió de las puertas de la ciudad y llegó al bosque.

Desde afuera, el bosque estaba hermosísimo; parecía lleno de pájaros cantarines y de flores deliciosamente perfumadas, así que el Niño-Astro penetró en él con gran alegría. Pero aquel esplendor no le servía de nada, pues dondequiera que iba, zarzas y espinas brotaban a su paso y lo cercaban, ortigas dañinas lo pinchaban y hojas de cardo le agujereaban la piel; de modo que pronto se encontró en un terrible aprieto, y tampoco pudo hallar por ningún lado la moneda de metal blanco, de la cual le había hablado el mago, a pesar de buscarla desde el amanecer hasta el mediodía y desde el mediodía hasta la puesta del sol. Entonces volvió a la casa llorando desconsoladamente, pues sabía demasiado bien lo que allí le esperaba.

Pero al llegar a la orilla del bosque oyó un grito, como de alguien que se quejaba, que provenía de un matorral; y olvidando sus propias penas, volvió sobre sus pasos y vio una liebre pequeñita atrapada en una trampa puesta por algún cazador.

El Niño-Astro tuvo piedad de la liebre y la liberó, diciéndole:

—No soy más que un esclavo, pero puedo devolverte tu libertad.

La liebre le contestó entonces:

—Es verdad, tú me has liberado; ¿qué puedo darte a cambio?

—Estoy buscando una moneda de metal blanco —le dijo el Niño-Astro—, no la encuentro por ninguna parte y si no se la llevo a mi amo, me dará de palos.

—Ven conmigo —repuso la liebre—, que yo te llevaré adonde está, pues sé dónde fue escondida y con qué fin.

El Niño-Astro siguió a la liebre, y he aquí que dentro de un gran roble vio la moneda de metal blanco tan buscada. Lleno de alegría la cogió y dijo a la liebre:

—El servicio que te presté, me lo has pagado con creces, y el cariño que te demostré me lo has devuelto centuplicado.

—No es nada —contestó la liebre—, solo te he tratado como tú me trataste.

Dicho esto, desapareció rápidamente, y el Niño-Astro se dirigió hacia la ciudad.

En la puerta de esta se hallaba sentado un leproso. Sobre su cara pendía una capucha de tela gris, a través de cuyos agujeros brillaban sus ojos como carbones encendidos. Al ver llegar al Niño-Astro, golpeó su taza de madera, agitó su cascabel y, llamándolo, le dijo:

—Dame una moneda, pues si no, me moriré de hambre; me han echado de la ciudad y no hay quien se apiade de mí.

—¡Ay! —exclamó el Niño-Astro—, solo tengo una moneda dentro de mi bolsa y si no se la llevo a mi amo, me apaleará, pues soy su esclavo.

Pero tanto rogó y suplicó el leproso, que el Niño-Astro se compadeció y le dio la moneda de metal blanco.

Cuando llegó a casa del mago, este le abrió la puerta y, haciéndolo entrar, le preguntó:

—¿Traes la moneda de metal blanco?

—No la traigo —contestó el Niño-Astro.

Entonces el mago se lanzó sobre él, lo maltrató y, colocándolo ante una mesa vacía, le dijo:

—¡Come!

Y dándole una taza vacía, añadió:

—¡Bebe!

Y lo encerró de nuevo en el calabozo.

Al día siguiente llegó y le dijo:

—Si hoy no me traes la moneda de metal amarillo, te retendré como esclavo para siempre y te daré trescientos latigazos.

El Niño-Astro se fue al bosque y estuvo todo el día buscando la moneda de metal amarillo, pero no pudo dar con ella por ninguna parte. Al ponerse el sol, se sentó en el suelo y rompió a llorar. Mas he aquí que, mientras lloraba, llegó la liebre a la que había liberado de la trampa.

—¿Por qué lloras? —le preguntó la liebre—. ¿Y qué haces en el bosque?

—Estoy buscando una moneda de metal amarillo que está aquí escondida —contestó el Niño-Astro—, y si no la encuentro, mi amo me pegará y me retendrá como esclavo.

—¡Sígueme! —ordenó la liebre.

Y corrieron por el bosque hasta llegar a una laguna. En el fondo de la laguna estaba la moneda de metal amarillo.

—¿Cómo darte las gracias? —dijo el Niño-Astro—, pues esta es ya la segunda vez que me salvas.

—Tú tuviste compasión de mí primero —dijo la liebre, y desapareció velozmente.

El Niño-Astro cogió entonces la moneda de metal amarillo, la metió en su bolsillo y se dirigió hacia la ciudad. Pero el leproso lo divisó de lejos, corrió a su encuentro y, arrodillándose ante él, exclamó:

—Si no me das una moneda, me moriré de hambre.

—No tengo en mi bolsillo más que una moneda de metal amarillo —le dijo el Niño-Astro—, y si no se la llevo a mi amo, me apaleará y me retendrá como esclavo.

Pero el leproso le suplicó tan lastimosamente, que el Niño-Astro acabó por compadecerse y darle la moneda de metal amarillo.

Y cuando llegó a la casa, el mago le abrió la puerta, lo hizo entrar y le preguntó:

—¿Traes la moneda de metal amarillo?

Y el Niño-Astro hubo de contestar:

—No la traigo.

Entonces el mago se lanzó sobre él, le pegó, lo cargó de cadenas y lo arrojó de nuevo al calabozo.

Al otro día llegó y le dijo:

—Si me traes hoy la moneda de metal rojizo, te dejaré libre; pero si no me la traes, te mataré sin remedio.

El Niño-Astro se fue al bosque y durante todo el día buscó la moneda de metal rojizo sin poder hallarla por ninguna parte. Al ponerse el sol, se sentó y rompió a llorar, y mientras lloraba, llegó la liebre.

Y la liebre le dijo:

—La moneda que buscas se halla en la caverna que está detrás de ti. Por lo tanto, alégrate en vez de llorar.

—¿Cómo recompensarte? —exclamó el Niño-Astro—, pues ya es la tercera vez que me salvas.

—Tú te compadeciste de mí primero —repuso la liebre, y desapareció rápidamente.

El Niño-Astro entró en la caverna y, en el sitio más recóndito, halló la moneda de metal rojizo. La metió en su bolsillo y volvió a la ciudad. Viéndolo venir, el leproso se interpuso en su camino y dijo:

—¡Dame la moneda de metal rojizo o me muero!

El Niño-Astro tuvo lástima de él y le entregó la moneda, diciéndole:

—Tu necesidad es mayor que la mía.

Pero su corazón quedó oprimido, pues sabía la suerte que le esperaba.

Mas he aquí que, al pasar por las puertas de la ciudad, los soldados de la guardia le saludaron con grandes reverencias, diciendo:

—¡Qué hermoso es nuestro señor!

Y una muchedumbre lo seguía, exclamando:

—Seguramente no habrá nadie tan hermoso en el mundo.

El Niño-Astro lloraba, pensando: "Se están burlando de mí para hacerme sentir mi desgracia". Y tal era la muchedumbre, que el Niño-Astro se extravió en su camino y fue a parar a una gran plaza en la que se elevaba el palacio de un rey. Se abrió la puerta del palacio y los sacerdotes y altos dignatarios de la ciudad salieron a su encuentro, diciéndole, inclinándose profundamente:

—Tú eres nuestro señor, el hijo de nuestro rey, a quien estábamos esperando.

—No —les contestó el Niño-Astro—. Yo no soy el hijo del rey, sino el hijo de una pobre mendiga. ¿Y por qué me dicen hermoso, si yo sé que soy muy feo?

Entonces, uno cuya armadura tenía incrustaciones de flores doradas y cuyo yelmo ostentaba un león alado, alzó su escudo de armas y exclamó:

—¿Por qué dice mi señor que no es hermoso?

El Niño-Astro se miró en el escudo y, he aquí, se vio nuevamente como había sido en otros tiempos. Y los sacerdotes y los altos dignatarios se inclinaron, diciendo:

—Hace mucho fue profetizado que en este día vendría quien habría de gobernarnos. Por lo tanto, tome nuestro señor esta corona y este cetro y sea en su misericordia y su justicia nuestro rey.

Pero él les contestó diciendo:

—No soy digno de ello, pues he negado a mi madre, la que me dio a luz, y no descansaré hasta encontrarla y conseguir su perdón. Así pues, déjenme ir, que debo seguir errando por el mundo y no me puedo detener, aunque me ofrezcan una corona y un cetro.

Pero al acabar de hablar, volvió su rostro hacia la calle que conducía a la puerta de la ciudad y, ¡oh milagro!, entre la muchedumbre apiñada tras los soldados, vio a la mendiga que era su madre y, junto a ella, al leproso del camino.

Dio un grito de júbilo, corrió apartando a la gente y, arrodillándose ante su madre, le besó las heridas de los pies y las regó con sus lágrimas. Bajó la cabeza y, sollozando como quien tiene el corazón desgarrado, le dijo:

—Madre, te negué en la hora de mi orgullo; recíbeme en la hora de mi humildad. Madre, te aborrecí; dame tu amor. Madre, te rechacé; acoge ahora a tu hijo.

Pero la mendiga no le respondió una palabra. Él entonces se abrazó a los pies del leproso, diciéndole:

—Tres veces tuve compasión de ti; dile a mi madre que no permanezca en silencio.

Pero el leproso no le respondió una palabra, y él sollozó de nuevo y dijo:

—Madre, mi sufrimiento es superior a mis fuerzas. Perdóname y permíteme que vuelva al bosque.

Y la mendiga, poniéndole la mano sobre la cabeza, le dijo:

—¡Levántate!

Y el leproso, poniéndole la mano sobre la cabeza, le dijo también:

—¡Levántate!

Se puso en pie, los miró y... ¡eran un rey y una reina!

Y la reina le dijo:

—Este es tu padre, a quien socorriste.

Y el rey le dijo:

—Esta es tu madre, cuyos pies has regado con tus lágrimas.

Y lo abrazaron, lo besaron y lo llevaron al palacio, donde lo vistieron con ropas magníficas y le colocaron la corona sobre la cabeza y el cetro entre las manos. Y él gobernó la ciudad junto al río. Y fue su dueño y señor. Fue justo y misericordioso con todos; desterró al mago perverso y colmó de grandes regalos al leñador y su mujer, y de honores a sus hijos. No permitió que nadie se mostrara cruel con los animales ni con los pájaros; dio ejemplo de amor y caridad, vistió al desnudo, y hubo paz y prosperidad sobre la tierra.

Pero no gobernó mucho tiempo; sus sufrimientos habían sido tan grandes y tan terrible la fuerza de su prueba, que murió tres años más tarde.

Y su sucesor gobernó mal.

GUÍA DE ESTUDIO PARA PADRES E HIJOS

1. ¿Cómo te sentís después de leer el cuento del Príncipe Feliz?
2. ¿Por qué el Príncipe Feliz le pide ayuda a la golondrina?
3. ¿Qué cosas hace la golondrina con las riquezas de la estatua?
4. ¿Cómo se siente la golondrina al principio cuando el Príncipe le pide ayuda y cómo cambia su actitud?
5. ¿Qué harías vos de ser la golondrina del cuento?
6. ¿Qué pasa con la estatua del Príncipe Feliz cuando ya no tiene riquezas?
7. ¿Qué lección nos enseña la historia sobre la generosidad y la bondad?
8. ¿Por qué el Príncipe Feliz decidió dar todo lo que tenía a los demás en lugar de quedarse con su riqueza?
9. ¿Qué te parece la acción del Príncipe Feliz? ¿Y la de la Golondrina?
10. ¿Cómo crees que se sintieron las personas que recibieron la ayuda del Príncipe Feliz y la golondrina?
11. Si fueras el Príncipe Feliz o la golondrina, ¿a quién ayudarías y por qué?